Generaciones
y semblanzas

Letras Hispánicas

Fernán Pérez de Guzmán

Generaciones y semblanzas

Edición de José Antonio Barrio Sánchez

CÁTEDRA

LETRAS HISPÁNICAS

Esta obra ha sido publicada con la ayuda de la Dirección General del Libro, Archivos y Bibliotecas del Ministerio de Educación y Cultura.

Ilustración de cubierta: Pero López de Ayala implorando a San Blas obispo

© Ediciones Cátedra, S. A., 1998
Juan Ignacio Luca de Tena, 15. 28027 Madrid
Depósito legal: M. 40.147-1998
I.S.B.N.: 84-376-1663-8
Printed in Spain
Impreso en Gráficas Rógar, S. A.
Navalcarnero (Madrid)

Índice

Introducción

A la memoria de M. C.
A la presencia de M. L.

I. NOTICIAS BIOGRÁFICAS

Los datos biográficos que poseemos de Fernán Pérez de Guzmán se nos han transmitido en breves referencias que se encuentran dispersas en las crónicas de la época[1]. No conocemos su vida minuciosamente, pero sí una serie de hechos que nos permiten acercarnos a su personalidad y que pueden ofrecernos alguna luz para la comprensión y explicación de su obra.

Fernán Pérez de Guzmán nace en los últimos años del reinado de Enrique II o en los iniciales del de Juan I, señalándose como fecha aproximada el período comprendido entre 1377 y 1379[2]. Hijo de Pero Suárez de Toledo y de Elvira de Ayala[3], se inserta en una tradición literaria familiar que en

---

[1] *Vid.* al respecto los estudios de J. Domínguez Bordona y R. B. Tate en sus respectivas ediciones de las *Generaciones y semblanzas*. (Cfr. J. Domínguez Bordona, ed., *Generaciones y semblanzas*, Barcelona, 1941, 2.ª ed. págs. XIII-XVIII; R. B. Tate, ed., *Generaciones y semblanzas*, Londres, 1965, págs. IX-XI).

[2] Amador de los Ríos, basándose en el testamento de Pedro Suárez, padre de Pérez de Guzmán, apunta la fecha de 1376 (Cfr. J. Amador de los Ríos, *Historia crítica de la literatura española*, Madrid, 1861-65, vol. VI, pág. 212, n. 2), rebatiendo la hipótesis anterior de G. Ticknor que señalaba el año de 1400 (Cfr. G. Ticknor, *Historia de la literatura española*, Madrid, 1851, vol. I, cap. XX). Posteriormente, Foulché-Delbosc, partiendo de los documentos aportados por Amador de los Ríos, precisó el período indicado (Cfr. Foulché-Delbosc, «Étude bibliographique sur Fernan Perez de Guzman», en *RH*, XV, 1907, pág. 26).

[3] El árbol genealógico de Pérez de Guzmán, según lo trazó Salazar y Castro en el manuscrito conservado en la Real Academia de la Historia (MS Salazar D-26, fol. 81r), se remonta a Pedro Ruy de Guzmán, mayordomo mayor de Alfonso VIII *(vid.* Tate, ob. cit., págs. IX-X, n. 5). Por lo que se refiere al apellido Guzmán, Domínguez Bordona lo explica basándose en las *Dignidades seglares* de Salazar de Mendoza *(vid.* Domínguez Bordona, ob. cit., pág. XIII, n. 1).

gran parte puede aclarar y representar su propia situación en la literatura del siglo XV: sobrino del Canciller Ayala, es tío del Marqués de Santillana[4] y bisabuelo de Garcilaso de la Vega.

De su infancia y juventud apenas nos han llegado datos. Si admitimos como válida lo que parece ser una nota autobiográfica recogida en los *Loores de los claros varones*, parece haber estado en Aviñón, donde afirma haber visto a Benedicto XIII[5].

De sus primeros poemas también hemos de deducir sus simpatías hacia López Dávalos y hacia los Mendoza, en sus intentos de limitar la influencia de la vieja nobleza. Con respecto al primero, muestra abiertamente su desaprobación en la pregunta que «fizo por quanto el rey don Enrrique avía apartado de su corte al Condestable viejo e en su lugar privava el Cardenal de España», don Pedro de Frías, personaje éste al que Pérez de Guzmán no deja de reiterar una patente animadversión cuando, en 1405, el Cardenal, expulsado de la Corte, se resiste a abandonar Soria[6]. En relación con los Mendoza, es suficientemente significativo el poema que le dedica a la muerte de don Diego Hurtado de Mendoza, donde nos presenta al Almirante mayor de Castilla amonestándonos acerca de lo efímero de la vida humana, y de la banalidad de las glorias y riquezas mundanas como merecimiento de la verdadera gloria, la eterna[7]. Dichas simpatías venían predeterminadas por la propia ascendencia de Pérez de Guzmán, perteneciente a una familia que, como los Ayala, los Álvarez de Toledo o los mismos Mendoza, había prosperado bajo los Trastamara.

---

[4] La madre de Pérez de Guzmán era hermana del Canciller Ayala. En cuanto al parentesco con los Mendoza, como señala Amador de los Ríos, venía determinado por los Ayala, es decir, era político y no de sangre (ob. cit., vol. VI, págs. 79-80, n. 1).

[5] «El viso un poco alçado / le dixe: "Muy santo padre, / de la Iglesia nuestra madre / un vicario indubitado, / miénbrame avervos mirado / yo muy niño en Aviñón, / en aquella turbaçión / que fue çisma en el papado"» (c. 384. Para las citas de la poesía de Pérez de Guzmán seguimos nuestra edición. Cfr. J. A. Barrio Sánchez, *El Cancionero de Fernán Pérez de Guzmán,* Tesis Doctoral en microficha, Madrid, UNED, 1992).

[6] *Vid.* en la edición citada las composiciones 38 y 39 respectivamente.

[7] *Vid.* composición núm. 26 de la edición citada.

Tercer Señor de Batres, título heredado de su padre[8], estuvo casado con la Marquesa de Avellaneda, aunque ignoramos la fecha de su boda[9].

Es en torno a la segunda década del siglo xv cuando comienzan a aparecer referencias a su persona en las crónicas de la época. En 1419 aparece citado en la *Crónica de Juan II* entre los partidarios del infante don Enrique de Aragón lo que explica su inclinación hacia don Fernando I de Antequera, quien se asoció con el infante. En 1421, parte como embajador del infante don Enrique, de Ocaña hacia Arévalo, acompañando a don Lope de Mendoza, arzobispo de Santiago, para tratar con Juan II y con doña Leonor, madre del infante y reina de Aragón, las disputas que ocasionaba el marquesado de Villena, el cual era reclamado por don Enrique desde 1418[10]. Sin embargo, la oposición de Juan II y de don Álvaro de Luna cercenó los ambiciosos proyectos de don Enrique y sus intentos de controlar al, por entonces, joven rey Juan II. Tras el alarde realizado por el infante en el Espinar el 30 de septiembre de 1424, éste se ve obligado a dispersar sus gentes

---

[8] El señorío de Batres había sido fundado por Pero Suárez de Toledo y su mujer María Ramírez de Guzmán, heredándolo su hijo, Pero Suárez, casado con Elvira de Ayala: de estos últimos era hijo Fernán Pérez de Guzmán *(vid.* A. Marichalar, «Lares de Garcilaso; Batres», en *Clavileño,* II, 1951, pág. 17).

[9] Domínguez Bordona apunta la posibilidad de que antes tal vez estuviera casado con doña Leonor de los Paños (ob. cit., pág. XIII y n. 2). J. Rodríguez Arzúa lo afirma (ed. *Mar de historias,* Madrid, 1944, pág. 5). Sin embargo, y a falta de una mayor documentación, se trata de una suposición bastante arriesgada, por cuanto se hace basándose únicamente en la rúbricas de los dos poemas del *Cancionero de Baena* que Pérez de Guzmán dirige a Leonor de los Paños (composiciones 34 y 35), y si bien en dicho Cancionero se incluye un tercer poema en «loores de su muger» (núm. 36), no se especifica en esta ocasión que se tratase precisamente de Leonor de los Paños. Por otra parte, P. J. Pidal, en su edición del *Cancionero de Juan Alfonso de Baena,* identifica este personaje femenino como Leonor Álvarez, camarera de doña Leonor, reina de Aragón (cfr. Pidal [ed.], *El Cancionero de Juan Alfonso de Baena,* Madrid, 1851, pág. 700, n. 551).

[10] *Vid.* el episodio en *CODOIN,* XCIX, cap. XXXII, págs. 246 y 247. Una mala interpretación de este episodio llevó a Menéndez Pelayo a afirmar que Pérez de Guzmán había sido embajador en Aragón en tiempos de don Enrique III (cfr. M. Menéndez Pelayo, *Antología de poetas líricos castellanos,* Madrid, 1944-1945, vol. V, pág. LII).

de armas, retornando los caballeros que le apoyaban a sus señoríos.

La *Crónica del halconero de Juan II* y su *Refundición* nos presentan a Pérez de Guzmán en 1429 como embajador real, junto con Pero González de Ávila, para hacer desistir de su propósito a un grupo de nobles que, partidarios del infante don Enrique, querían desnaturalizarse en Alburquerque[11]. Dos años más tarde, según Gómez de Cibdarreal, interviene en la batalla de la Higueruela, siendo arrestados él y Juan de Vera por mandato del rey Juan II, al discutir aquéllos en la presencia de éste a quién le correspondía el honor de haber salvado la vida de Pero Menéndez de Valdés en la batalla[12].

En febrero de 1432 participa con otros caballeros, muchos de ellos parientes suyos, en la oposición al creciente poder de don Álvaro de Luna. Acusados ante el rey de que «andauan en algunos tratos que no cunplían a su seruicio», los conjurados, con la excepción de don Íñigo López de Mendoza, que se había retirado a su castillo aprestándose para la defensa, son detenidos en Zamora, siendo Pérez de Guzmán entregado a la custodia de Pero Carrillo de Huete[13]. La falta de pruebas y la intervención del Papa en favor del obispo don Gutierre de Toledo[14], unido a la intercesión de uno de los propios detenidos, el Conde de Haro, y a la del propio don Álvaro

---

[11] *Vid.* Juan de Mata Carriazo, *Crónica del halconero de Juan II*, ed. Carrillo de Albornoz, Madrid, 1946, pág. 47; y su ed. de Lope de Barrientos, *Refundición de la crónica del halconero*, Madrid, 1946, pág. 85.

[12] No obstante, este episodio es necesario reseñarlo con todo tipo de reservas, dada la fuente de la que procede. Sobre la escasa fiabilidad del *Centón epistolario*, *vid.* A. de Castro, *Memoria sobre la ilegitimidad del Centón epistolario*, Cádiz, 1857.

[13] Los conspiradores, además de Pérez de Guzmán y su sobrino el Marqués de Santillana, eran su primo, don Gutierre de Toledo, obispo de Palencia, el sobrino de éste, Fernán Álvarez de Toledo, Señor de Valdecorneja, don Pedro de Velasco, Conde de Haro, y Garci Sánchez de Alvarado. *Vid.* el episodio en la *Crónica del halconero*, ob. cit., págs. 122 y 124; y en su *Refundición*, ob. cit., págs. 129 y 130. *Vid.* también *CODOIN*, ob. cit., vol. C, pág. 336. El mismo Pérez de Guzmán alude a su prisión en las *Generaciones* al trazar la semblanza de don Álvaro de Luna.

[14] *Vid. CODOIN*, ob. cit., vol. C, págs. 336-337.

14

de Luna, dio lugar a su puesta en libertad en septiembre de 1432, después de unos ocho meses en prisión[15].

A partir de entonces, la figura de Pérez de Guzmán desaparece de los documentos de la época. Retirado en su señorío de Batres y entregado al estudio, su actividad política se eclipsa. A pesar de que no poseemos ninguna prueba al respecto, es dudoso que dicho retiro se debiese a causas totalmente voluntarias. Se evidencia en su poesía, en la que, de forma reiterada, formula continuas quejas acerca de su situación[16].

Aunque Tate anota que la actitud de Pérez de Guzmán denota una interferencia de puntos de vista políticamente dis-

---

[15] *Vid. CODOIN*, ob. cit., vol. C, págs. 362-363. *Vid.* también *Crónica del halconero*, ob. cit., pág. 137, y su *Refundición*, ob. cit., pág. 138.

[16] Así lo manifiesta en su *Requesta al Marqués de Santillana sobre la estruición de Constantinopla*:

> Como yo naturalmente
> sea de ingenio rudo,
> e de plática desnudo
> por enojoso accidente,
> pues entre rústica gente
> me fizo bevir fortuna
> donde non se trata alguna
> obra clara ni excellente.

(c. 2);

o en el tratado de las *Quatro virtudes cardinales*:

> ved aquí la invençión mía,
> nin sotil nin elevada,
> como en Batres fabricada
> así grosera e fría.

(c. 61);

insistiendo en el mismo motivo en el prólogo de los *Loores de los claros varones*:

> Sotil es la invençión
> mas gruesamente la escrivo;
> entre labradores bivo,
> non tengo otra escusaçión.

(c. 7).

tintos, cuya indecisión pudo contribuir a su alejamiento de la vida política[17], no se puede ignorar que su retiro, forzado más que presumiblemente, estuviese condicionado por su antigua parcialidad hacia el infante don Enrique y por su patente antagonismo con don Álvaro de Luna y con otros personajes importantes que detentaban el poder en la época. Baste como ejemplo el contador Fernán Alonso de Robles[18]. Así, es obvio que en una gran parte de la obra de Pérez de Guzmán subyace una profunda crítica de la situación política y social por la que atraviesa España, de la que, implícitamente, está haciendo responsable a Juan II y a sus ministros, en particular a don Álvaro de Luna, personajes a los cuales, sin embargo, no alude de forma directa, al menos mientras aún viven. No sería de extrañar que en todo ello desempeñase un papel, cuando menos importante, la adversa fortuna política de Pérez de Guzmán. De este modo, la relación de influencias entre la vida del autor y su obra es biunívoca: si su experiencia personal y política determina su obra, ésta refleja y trata de modificar en cierta medida las circunstancias que lo condenaron al ostracismo, y ello en tanto que toda crítica supone, por lo menos, un rechazo de la realidad que se constituye como su objeto.

Las *Generaciones y semblanzas* constituyen un claro ejemplo que confirma tal apreciación, la cual se ratifica si nos asomamos someramente a la poesía de Pérez de Guzmán. Su *Confesión rimada* transciende con frecuencia el ámbito de la declaración personal de los pecados, que, al menos en princi-

---

[17] Cfr. R. B. Tate, ob. cit., pág. XIX.
[18] Además de la semblanza de este personaje que realiza Pérez de Guzmán en las *Generaciones*, es suficientemente significativo el poema que le dedica a la mujer del contador:

> Maguer só conpañón pobre
> yo conosco aquí alguna
> que trocó plata por cobre,
> dexó fuente por laguna,
> dulçe dexó por salobre,
> de París vino a por cuna,
> más quiso sombra de robre
> que non resplandor de luna.

pio, debiera suponérsele, para adquirir un evidente carácter de crítica social contemporánea: clerecía, prelados y grandes señores son estamentos que no escapan a la denuncia del autor, y, por encima de todos ellos, la figura de Juan II y de sus validos no dejan de ser veladamente aludidas[19]. El *Tratado de viçios e virtudes* advierte de las condiciones «De buen rey e buena ley», entre las que destacan la discreción y la justicia[20]; principios generales que deberían ser inherentes a todo rey, y cuya ausencia parece determinar la penosa situación en la que contempla sumido al reino castellano, carente de proezas y «de concordia y justiçia»[21], lo que, en primera instancia, se traduce en una profunda división interna: no son de extrañar, pues, las amonestaciones que se dirigen contra la avaricia y contra la lujuria y la codicia de los reyes[22], motivos todos ellos presentes también en las *Generaciones*. Y la poetización histórica que suponen los *Loores de los claros varones de España* se convierte en un recurso tradicional que le sirve al poeta para contrastar las glorias del pasado con la crisis del

---

[19] Por citar sólo algún ejemplo, al hablar del pecado de avaricia, manifiesta:

> Tiene otro ramo de los que secrestos
> e los depósitos niegan con maliçia,
> e de los ministros que en la justiçia
> son por los reyes a buen regir puestos.

(c. 77);

añadiendo luego, en una más que probable referencia expresa a la minoría de edad de Juan II:

> Non son bien libres de aqueste mal viçio
> los que a su rey fazen entender
> con sus cautelas, artes e saber,
> que le han fecho singular serviçio;
> en su tierna hedad, por un gran ofiçio,
> arrebatan d'él o villa o lugar.
> Si Dios les querrá, quiero preguntar,
> sin restitución perdonar tal viçio.

[20] *Tratado de viçios e virtudes*, cc. 86-93, y 192 y 197, respectivamente.
[21] *Tratado de viçios e virtudes*, cc. 2 y 424-435, respectivamente.
[22] *Tratado de viçios e virtudes*, cc. 184 y 470-475, respectivamente.

presente, siendo de sobra expresiva la valoración que le merecen los reyes de su época cuando, al referirse a Enrique II, concluye: «Basta que después non vino / quien finchiese su lugar»[23].

José Luis Romero argumenta que todo ello es consecuencia de un observador espíritu crítico que está percibiendo los síntomas de la crisis político-social que lleva consigo el fin de la Edad Media[24]. No obstante, resulta innegable que tal presupuesto está fuertemente condicionado por la propia experiencia de Pérez de Guzmán, viniendo predeterminado por su militancia política al lado del infante don Enrique.

El resultado final de tal opción política ya nos es conocido: su retiro, presuntamente forzado, a su señorío de Batres, lo que le obliga, como único recurso, a adoptar una actitud senequista inequívoca, complementada con su predilección por el *Libro de Job* en que busca consuelo a su desgracia:

> Yo he por más virtuoso
> al que perdiendo e ganando
> e non sienpre prosperando
> pasa tienpo trabajoso,
> ca el que es victorioso
> sin aver algunt revés,
> el su nonbre bueno es
> o más propio venturoso[25].

En estos versos, escritos a partir de las vivencias personales del autor, se encuentra plasmado el propio fracaso político de Pérez de Guzmán, y, quizá, las esperanzas que pudiera alimentar en su castillo de Batres.

Sin embargo, su apartamiento de la actividad política no significa, en ningún caso, aislamiento. Si ya desde su juventud mantiene debates poéticos con Villasandino, con Imperial, con el mariscal Pero García, con Suero de Ribera y con el mariscal Íñigo de Estúñiga, y manifiesta su admiración ha-

---

[23] *Loores de los claros varones*, c. 381.
[24] Cfr. J. L. Romero, «Sobre la biografía española del siglo XV y los ideales de la vida», en *CHE*, I-II, 1944, pág. 126.
[25] *Loores de los claros varones*, c. 167.

cia don Diego Hurtado de Mendoza, así como su relación con su primo don Gutierre de Toledo, compañero de bandería política como partidario del infante don Enrique, su etapa de Batres, según los datos que pueden deducirse de la propia obra, permite suponer una intensa y continua comunicación con hombres eruditos de su tiempo, algunos de ellos pertenecientes a su propia familia.

Las dedicatorias de sus poemas nos muestran su relación con Fray Esteban de León, prior de Lupiana, a quien envía un himno a Nuestra Señora, o con su sobrino Fernán Gómez de Guzmán, Comendador Mayor de Calatrava, al que dedica los *Loores de los claros varones de España*. A ellos es preciso añadir su otro sobrino, el Marqués de Santillana, al que dirige su composición de las *Quatro virtudes cardinales* y con el que mantiene una constante interrelación literaria que va, desde la más que posible influencia que Pérez de Guzmán pudiera ejercer en Santillana, hasta el reconocimiento y admiración que aquél declara hacia la obra de su sobrino[26]. A todos estos personajes se añade Fray Gonzalo de Ocaña, prior del convento de Santa María de la Sisla, a quien Pérez de Guzmán, en una de sus cartas que se han conservado, anima a traducir al romance los *Diálogos* de San Gregorio[27]. De igual modo, Vasco de Guzmán, arcediano de Toledo, y también primo suyo, al que dedica los *Proverbios*, vierte al castellano, a ruegos de Fernán Pérez, las obras de Salustio, concretamente *De conjuratione Catilinae* y *De bello Jugurthino*[28].

Dignos de mención específica son los miembros de la familia Santa María, Alvar García y don Alonso de Cartagena.

---

[26] La admiración de Pérez de Guzmán hacia la obra de López de Mendoza se hace expresa en el prólogo de las *Quatro virtudes cardinales*, en el que reconoce a su sobrino como «marqués muy onorable / e de clarísima fama» (c. 2), sintiéndose satisfecho, en la conclusión, con que su propio poema «pase a Dios e a ventura / entre aquella fermosura / de las vuestras clavellinas: / ya vimos naçer espinas / entre lirios e verdura» (c. 63).

[27] Para la carta, *vid.* Domínguez Bordona, ob. cit., págs. 209-215.

[28] Así reza en la dedicatoria de dichas versiones, «a ruego e afincamiento de Pérez de Guzmán» *(vid.* A. Marichalar, art. cit., pág. 21). Ambas obras se incluyen en el inventario de la biblioteca de Batres que incluye R. B. Tate en el «Apéndice I» de su edición de las *Generaciones* (ob. cit., págs. 99-101).

La estrecha vinculación con el primero, a quien dedica toda una serie de poemas introducida con el *Tratado de viçios e virtudes*, se documenta por la existencia en la biblioteca de Batres de una extensa crónica rimada que Alvar García le dirige[29]. Don Alonso de Cartagena, obispo de Burgos, es para Pérez de Guzmán su verdadero maestro, su Séneca, de quien se declara Lucilo en el panegírico que le dedica con ocasión de su muerte[30]. Con él parece haber mantenido una larga correspondencia para consultarle cuestiones de la más diversa índole, ya teológicas o doctrinales, ya filosóficas o morales, ya meramente literarias, tal y como permite deducir la respuesta de Cartagena a la carta de su discípulo en la que éste le había propuesto el asunto de su *Oracional*[31]. Ciñéndose al aspecto literario, López Estrada ha subrayado el magisterio de don Alonso de Cartagena sobre Pérez de Guzmán, el cual puede resumirse en tres puntos básicos, que encuentran profundo eco en la obra de su pupilo: utilización del romance, intentando lograr una mayor comunicación y claridad de expresión; búsqueda de un estilo de fácil comprensión, asentado en el uso de las citas bíblicas, las frases populares y los términos sencillos; estudio de las letras clásicas tomando como fundamento las Sagradas Escrituras[32].

En un ambiente de meditación y estudio, en ininterrumpida comunicación con personalidades literarias y políticas de su tiempo, y ocupado en la producción de sus propias obras, Pérez de Guzmán, totalmente alejado de la vida públi-

---

[29] En el inventario de dicha biblioteca podemos leer: «Tratado en declaración de Brivia, que embió Alvar García de Santa María a Fernán Pérez de Guzmán: es en copla de arte mayor, y llega hasta el Rey Don Henrique el enfermo» (cfr. R. B. Tate, ob. cit., pág. 99).

[30] «Aquel Séneca espiró / a quien yo era Luçilo» (Composición núm. 28 de la ed. citada, c. 1).

[31] Es elocuente que en el inventario de la biblioteca de Batres también se registren dos obras de don Alonso de Cartagena, una versión de la obra de Séneca, *De vita beata*, realizada cuando aún no era obispo de Burgos, y la *Genealogía de los Reyes d'España* (cfr. R. B. Tate, ob. cit., págs. 99-100).

[32] Cfr. F. López Estrada, «La retórica en las *Generaciones y semblanzas* de Fernán Pérez de Guzmán», en *RFE*, XXX, 1946, págs. 339-349.

ca aunque no ajeno a ella, ve cómo discurren los últimos años de su vida en su retiro de Batres, hasta el día de su muerte, muy probablemente a finales de 1460[33].

II. La obra

La producción literaria de Pérez de Guzmán es fundamentalmente poética. Su poesía, que alcanza un innegable reconocimiento en su tiempo, a juzgar por el elevado número de manuscritos en que se nos ha transmitido y por la propia valoración que merecía entre sus contemporáneos[34], responde a un marcado carácter didáctico que acaba por absorber totalmente el interés del poeta, desplazando otras tendencias coexistentes en su época. Sin embargo, en la juventud del autor de las *Generaciones* también encuentra eco en sus versos la poesía amorosa y la poesía política y de circunstancias.

Lo que se puede denominar genéricamente como poesía didáctico-moralizante, nos ofrece perspectivas y motivos muy diversos que van, por citar sólo algunos ejemplos, desde la poetización acerca de los vicios y virtudes de la condición humana, hasta los loores marianos y hagiográficos, pa-

---

[33] Amador de los Ríos reproduce parte del testamento de Pérez de Guzmán, otorgado el 10 de septiembre de 1455 «dentro de la yglesia de San Ginés de Toledo ante los testigos Alfonso Martínez, Pedro de Cota y Juan Rodríguez», mandando que se le enterrase en el monasterio de San Pedro Mártir, en la misma capilla en la que estaban sepultados sus padres, por su patrimonio del señorío de Batres (cfr. J. Amador de los Ríos, ob. cit., vol. VI, págs. 213-214, n. 2). El hecho de que testara en Toledo lleva a suponer a Marichalar «que ni estaba rigurosamente confinado en Batres ni se movía fuera de allí con libertad suficiente y sin necesidad de amparo o asilo» (cfr. A. Marichalar, art. cit., pág. 14).
Después de la muerte de Pérez de Guzmán, el 29 de enero de 1461 se hace cargo del señorío de Batres su hijo, Pero de Guzmán y Avellaneda, quien se casa con doña María de Ribera, teniendo, a su vez, dos hijos: Pedro, muerto sin sucesión, y doña Sancha de Guzmán, en quien recae el señorío que aporta como dote en su boda con Garcilaso de la Vega, Comendador Mayor de León (*vid.* A. Marichalar, art. cit., págs. 15 y 17).
[34] Para el análisis y clasificación de la poesía de Pérez de Guzmán, *vid.* el estudio introductorio de la edición de su Cancionero (cfr. J. A. Barrio Sánchez, ob. cit.).

sando por una detallada atención histórica hacia los regidores y personas notables de los distintos reinos peninsulares. Diversidad unificada bajo el último propósito didáctico del autor, que pretende amonestar o presentar ejemplos edificantes a los posibles receptores.

Dentro de la poesía doctrinal podemos encontrar composiciones de carácter religioso, filosófico-moral o histórico. Las primeras se subdividen, a su vez, en poesía doctrinal, en la que se incluirían la *Confesión* y las paráfrasis oracionales del *Te Deum laudamus*, del *Pater noster* y del *Ave Maria*, y la poesía de loores, ya marianos, ya hagiográficos. En la poesía filosófico-moral se inscribirían como obras más significativas el *Tratado de viçios e virtudes*, los *Proverbios*, las *Quatro virtudes cardinales* y la *Doctrina que dieron a Sarra*, a las que hemos de añadir *Que tres virtudes son de grand mérito ante Dios* y *Que tres hombres son muy agradables*, junto con *Contra los que dizen que Dios en este mundo nin da bien por bien nin mal por mal*, los panegíricos compuestos a la muerte de don Alonso de Cartagena y de don Diego Hurtado de Mendoza, las preguntas que dirige a su primo don Gutierre de Toledo o el decir «por contemplación de los enperadores e reys e príncipes e grandes señores que la muerte cruel mató e levó d'este mundo, e cómo ninguno non es relevado d'ella». A la poesía histórica pertenecerían los *Loores de los claros varones de España*, poema que guarda estrechas relaciones con las *Generaciones y semblanzas*.

La poesía amorosa de Pérez de Guzmán, recogida casi exclusivamente en el *Cancionero de Baena*, esta constituida por una composición «en loores de su muger», otras dos dedicadas a Leonor de los Paños, y una última que dirige a «su amiga». Y es en este mismo Cancionero en el que se nos ha transmitido la casi totalidad de su poesía política y de circunstancias, entre la que incluimos las preguntas y respuestas. Poesía política propiamente dicha son tres poemas en los que el autor muestra su animadversión hacia sus enemigos, dos de ellos hacia don Pedro de Frías, privado de Enrique III, y un tercero hacia el Contador de Juan II, Alonso de Robles. Por lo que se refiere a la poesía de debate, que responde al carácter de divertimento cortesano propio de la poesía cancioneril del siglo XV, son cuatro los poemas conservados, dos preguntas y dos respuestas. Las preguntas lo son a Villasandino, y las respuestas a una composición del mismo Villasandino y a otra de Imperial.

Pero si orientativo puede resultar esbozar una clasificación de la poesía de Pérez de Guzmán, es especialmente significativa la determinación de su cronología, al menos por lo que respecta a la composición de las propias *Generaciones y semblanzas*. Fernán Pérez, en su juventud, se muestra abierto y receptivo a las modas poéticas más representativas que imperaban en su tiempo, ya cultivando poesía amorosa o moralizante, ambas características de la más genuina tradición poética cancioneril, ya empleando la forma del debate poético, ya sirviéndose de las innovaciones de la técnica alegórica introducidas por Imperial. Su presumiblemente no deseado retiro a Batres supone un acontecimiento decisivo en la evolución de su producción poética, por cuanto, a partir de entonces, se dedicará exclusivamente al cultivo de la poesía didáctico-moralizante, dando lugar a dos etapas perfectamente diferenciadas en la poesía de Pérez de Guzmán, las cuales incluso han sido percibidas con claridad por los propios compiladores de los Cancioneros que nos han transmitido su obra poética[35].

Si bien dicha evolución no es ajena al panorama general de la poesía cancioneril del siglo XV, en el que, a medida que avanza el siglo, se observa cómo los decires morales, religiosos y filosóficos se multiplican[36], también resulta incuestionable que el retiro a Batres resulta decisivo, ya no sólo en la evolución poética de Pérez de Guzmán, sino en su propia producción literaria. A juzgar por las obras que se han conservado y por los datos de que disponemos, tras su retiro a Batres, a finales de 1432, se suceden unos años en los que Fernán Pérez parece olvidarse de su quehacer poético, reanudándolo sólo a partir de la década siguiente y con todo su interés absorto por la poesía didáctico-moralizante, especificándose todavía más en los últimos años de su vida, en los que

---

[35] *Vid.* al respecto J. A. Barrio Sánchez, ob. cit., págs. 306 y ss.
[36] *Vid.* P. Le Gentil, «Trayectoria de los Cancioneros», en *Historia y crítica de la literatura española*, Barcelona, 1979, vol. I., pág. 313.

se acentúa su atención hacia una poesía religiosa propiamente dicha a la que se añade un intenso interés histórico, fruto del cual son las mismas *Generaciones y semblanzas*.

A su obra poética no es extraña la labor prosística de Pérez de Guzmán. En uno y otro caso se nos descubren similares intereses y propósitos: el interés histórico y un patente propósito didáctico moralizante. Como las *Generaciones*, consecuencia de dichas preocupaciones históricas es el *Mar de historias*[37], traducción al romance del *Mare historiarum* del dominico Giovanni della Colonna, aunque con diversas omisiones e interpolaciones, extractadas éstas de la obra *Planeta* del clérigo Diego de Campos, canciller de Fernando III[38]. Dividida la obra en siete libros, se distinguen dos partes claramente diferenciadas: una primera, en la que trata de los héroes clásicos, y una segunda, en la que recoge las vidas de los sabios y santos cristianos y sus respectivas obras[39]. Los principios que informaron a Pérez de Guzmán en su traducción son los mismos que nos son presentes en las *Generaciones*: la exaltación y defensa de los principios feudales caballerescos. Como señala R. B. Tate, la obra puede considerarse «como un florilegio erudito sin ninguna trabazón fuerte excepto una profunda creencia en la continuidad del imperio romano bajo emperador y Papa, y una exaltación de la obra misional de la orden dominicana»[40].

---

[37] Acerca de la descripción de los manuscritos, *vid.* J. Domínguez Bordona, ob. cit., págs. XXXI-XXXIII. El mismo Domínguez Bordona nos da noticia de las ediciones de dicha obra, la edición princeps de 1512, debida a Diego Gumiel, y su reimpresión en la *Revue Hispanique*, 1913, I, págs. 442-622 (cfr. J. Domínguez Bordona, ob. cit., pág. XXVII y n. 1). Posteriormente fue editada por J. Rodríguez Arzúa (Madrid, 1944).

[38] La admiración de Pérez de Guzmán hacia Diego de Campos es manifiesta en los *Loores de los claros varones*: «otro doctor castellano, / que en estilo asaz polido / yo me acuerdo aver leído / un volumen de su mano. / Diego de Canpos se llama / este doctor que yo digo, / en tienpo de don Rodrigo / grant perlado e de grant fama» (cc. 407 y 408).

[39] Amador de los Ríos había supuesto que las *Generaciones y semblanzas* constituían una tercera parte del *Mar de historias* (ob. cit., vol. VI, págs. 203 y ss.), lo cual ha sido totalmente desechado por J. Domínguez Bordona, quien ha demostrado que la publicación como una única obra sólo fue idea del regidor Cristóbal de Santiesteban, Comendador de Biezma (ob. cit., páginas XXVII-XXXIII).

[40] Cfr. R. B. Tate, ob. cit., pág. XV.

Otra obra atribuida a Pérez de Guzmán, aunque con muchas reservas, es la *Floresta de filósofos*[41]. Se trata de una colección de aforismos morales y políticos recogidos de filósofos e historiadores grecolatinos y de los padres de la Iglesia, siendo la mayor parte de los mismos tomados de Séneca[42]. Las dudas de la autoría surgen del único manuscrito en el que se nos ha transmitido la obra[43]. Sin embargo, el estudio de la correlación entre la *Floresta* y la obra poética de Pérez de Guzmán nos conduce a afirmar, como más que probable, la autoría de Fernán Pérez, puesto que el contenido de esta colección de sentencias forma parte integrante de muchos de sus poemas[44].

Mención específica merece la *Crónica de Juan II*. Atribuida durante mucho tiempo a Pérez de Guzmán, merced a la refundición editada por Galíndez de Carvajal en 1517[45], la crí-

---

[41] Fue publicada por R. Foulché-Delbosc, *RH*, IX, 1904, págs. 5-154.

[42] Para un análisis de los contenidos de la *Floresta*, *vid*. Marie de Menaca, «Senèque au XVe Siècle», en *Les Langues Néo-Latines*, núm. 213, 1975, págs. 3-49.

[43] Conservado en la Biblioteca Nacional de Madrid (MS 4515) y reseñado por R. Foulché-Delbosc (ed. *Floresta*, ob. cit., pág. 5, n. 1), se trata de un manuscrito de finales del siglo XV, quizá de principios del XVI, en el cual, en la margen superior del primer folio, y escrito con una letra distinta, se lee: «este libro es de hernan perez de guzman». Acerca de la autoría, R. Foulché-Delbosc en su edición se limita a anotar que, hasta ese momento, todos los que habían citado la obra la habían atribuido a Pérez de Guzmán, prometiendo un próximo estudio que nunca llegó a ver la luz (ob. cit., n. 1). Amador de los Ríos, basándose en la anotación inicial del manuscrito, considera a Pérez de Guzmán como el autor de la *Floresta*, pero Domínguez Bordona y Tate consideran que es un dato insuficiente para realizar esta atribución de modo definitivo (cfr. J. Domínguez Bordona, ob. cit., pág. XXV; y R. B. Tate, ob. cit., pág. XIV).

[44] Los argumentos en favor de la autoría de Pérez de Guzmán los expusimos en nuestro estudio introductorio a la edición de su *Cancionero* (*vid*. J. A. Barrio Sánchez, ob. cit., págs. 43 y 44). En la anotación de los distintos poemas hemos ido señalando las sentencias de la *Floresta* que, de forma textual o conceptual, son poetizadas o utilizadas en apoyo del discurso poético, siendo tres las composiciones en las que, de modo especial, es observable esa relación con la *Floresta* que nos induce a suponer la autoría de Pérez de Guzmán: la *Confesión*, los *Proverbios* y el *Tratado de viçios e virtudes*.

[45] *Vid*. Juan de Mata Carriazo, «Notas para una edición de la "Crónica" de Alvar García», en *Estudios dedicados a Menéndez Pidal*, vol. III, Madrid, 1952, págs. 489-505.

tica literaria moderna ha descartado tal atribución. Aunque R. B. Tate apunta que «la parte de Fernán Pérez de Guzmán en la revisión de la *Crónica de Juan II* es todavía incierta»[46], los argumentos ya aportados por Amador de Los Ríos hacen difícil pensar en la autoría de Fernán Pérez[47]. A dichos argumentos, basados en la avanzada edad de nuestro autor en la época en la que se le supone la refundición de la *Crónica de Juan II*, podríamos añadir nosotros que el propio retrato de Juan II en las *Generaciones y semblanzas*, así como la constante crítica a este personaje que subyace en la poesía de Pérez de Guzmán, constituyen por sí mismos motivos suficientes para rechazar su autoría en una obra de la naturaleza de la *Crónica de Juan II*, a pesar de que se trate de una refundición.

Otros dos escritos debidos con seguridad a la pluma de Pérez de Guzmán son sus cartas a don Alonso de Cartagena y a fray Gonzalo de Ocaña, prior del convento de Santa María de la Sisla: en la primera le propone a su maestro el asunto de su *Oracional*, y en la segunda le ruega al prior que traduzca al romance los *Diálogos de San Gregorio*[48]. A ellas se suman las glosas al *Fuero viejo de Castilla*, costumbre ésta de glosar que, como muestra Tate, debía ser habitual en Pérez de Guzmán[49].

La propia producción literaria de Fernán Pérez se complementa con su labor de fomentador de obras o traducciones por parte de otros autores. Al ya mencionado *Oracional*, escrito por Alonso de Cartagena a propuesta de nuestro autor, hemos de añadir los encargos de una versión al romance de las *Epístolas morales de Séneca*[50], y de otras dos traducciones de obras de Salustio, *De conjuratione*

---

[46] Cfr. R. B. Tate, ob. cit., pág. XIV, n. 21. Remite al artículo citado de Carriazo y a L. Terracini, *Intorno alla «Crónica de Juan II»*, Roma, 1961.

[47] *Vid.* J. Amador de los Ríos, ob. cit., vol. VI, págs. 210-213.

[48] Editadas por J. Domínguez Bordona, ed. *Generaciones*, ob. cit., páginas 217-221 y 209-215, respectivamente. Para una descripción de los manuscritos, *vid.* R. B. Tate, ob. cit., pág. XIV, n. 20).

[49] Cfr. R. B. Tate, ob. cit., pág. XII.

[50] La traducción fue realizada a través de la versión italiana hecha a instancias del florentino Riccardo Petri de Filiperti. Para sus ediciones, *vid.* R. Foulché-Delbosc, «Étude bibliographique...», art. cit., págs. 38-39.

Catilinae y *De bello Jugurthino*, debidas éstas a Vasco Ramírez de Guzmán[51].

Por último, hemos de citar dos obras que en algún momento se atribuyeron a Pérez de Guzmán, pero luego fueron restituidas a su verdadero autor. Nos referimos al *Valerio de historias* y a las *Batallas campales*, impresas a nombre del Señor de Batres desde 1520, pero debidas a Diego Rodríguez de Almela, otro discípulo de don Alonso de Cartagena[52].

Floranes también le atribuye una traducción de Bernaldo de Chartres, titulada *Doctrina del bienaventurado Bernaldo santo*[53], si bien parece una atribución más que carece de todo fundamento. Al respecto, J. Domínguez Bordona ni la reseña y R. B. Tate sólo se limita a anotarla.

III. «GENERACIONES Y SEMBLANZAS»

Las *Generaciones y semblanzas* nos ofrecen dos partes claramente diferenciadas. Un prólogo y las semblanzas propiamente dichas. El prólogo, fundamental en la concepción y explicación de la obra, constituye una autojustificación del autor ante su creación, pero además supone una reflexión sobre el papel que debe desempeñar la historia y el historiador, lo que ha llevado a Tate a calificarlo como «el primer tratado castellano sobre la naturaleza de la historia y los deberes del historiador»[54].

Comienza Pérez de Guzmán refiriéndose a las causas de la poca credibilidad de las «corónicas e estorias», hecho que considera bastante frecuente y que atribuye a dos factores esenciales: por una parte, la fantasía por la que se dejan arrastrar muchos historiadores, llegando a poner como ejemplo

---

[51] Para los manuscritos, *vid.* R. B. Tate, ob. cit., pág. XIV, n. 20.

[52] El reconocimiento de Rodríguez de Almela como el verdadero autor de ambas obras se debe a Juan Antonio Moreno en su edición de Madrid de 1793 (*vid.* Domínguez Bordona, ob. cit., pág. XXV).

[53] Esta obra, falsamente atribuida a Bernaldo de Claravalle, se titula *Epistola super gubernatione rei familiaris* (*vid.* R. B. Tate, ob. cit., pág. XIV, n. 20).

[54] Cfr. R. B. Tate, ob. cit., pág. XV.

de los errores en los que nunca se debe incurrir a Pedro del Corral, autor de la *Crónica sarracina*. Por otra parte, la relación de dependencia que se establece en los autores de las crónicas cuando escriben por mandato de reyes y príncipes, lo cual les lleva a adulterar los hechos relatados en función de la autocomplacencia de sus mecenas.

Señalados los defectos a evitar en toda obra histórica, apunta a continuación las condiciones indispensables que deben ornar a todo buen historiador:

a) Sabiduría, discreción y «retórica para poner la estoria en fermoso e alto estilo».

b) Conocimiento directo de los hechos a relatar o, en su defecto, recabar la información de fuentes fiables. Fiel a este propósito, Pérez de Guzmán retrata toda una galería de personajes de los dos reinos que conoció personalmente, el de Enrique III y el de Juan II.

c) Nunca se debe publicar la historia en vida de los personajes, con el objeto de evitar así toda posible mediatización. Eso explica que en las *Generaciones y semblanzas* aparezcan únicamente personajes ya fallecidos y que la obra se escribiese en dos períodos diferentes. Según los datos que nos ofrece el mismo texto, Pérez de Guzmán, a excepción de las dos últimas semblanzas, redacta las restantes hacia 1450[55], aguardando a la muerte de don Juan II y de don Álvaro de Luna para escribir sus retratos en 1455[56].

De no cumplirse estas condiciones el perjuicio es enorme para los personajes que el autor considera objeto fundamental de la historia: reyes y príncipes, valientes y virtuosos caba-

---

[55] Así se lee en la semblanza dedicada a don Fernando de Antequera: «En el qual tienpo, después de su muerte fasta este año, que es de mill e quatroçientos e çinquenta...» R. B. Tate, basándose en el hecho de que los dos tercios de los personajes retratados vivieron entre 1400 y 1430, apunta que sería lícito pensar en una fecha un poco más temprana a la de 1450 (cfr. R. B. Tate, ob. cit., pág. XVI). Sin embargo, no disponemos de datos que nos permitan rebatir la datación del propio Pérez de Guzmán.

[56] En la semblanza de don Juan II, muerto en 1455, se precisa: «Antes que este rey don Johan muriese poco más de un año,...»

lleros, sabios y letrados. En realidad, Pérez de Guzmán, además de establecer todo un código ético de la historia y del historiador, y a pesar de la tópica declaración medieval de la insuficiencia del autor para relatar la materia objeto de su atención[57], implícitamente se sitúa a sí mismo y a su obra como ejemplo sumo de dicho código, lo que se subraya cuando el propio autor declara como uno de los motivos de las *Generaciones* el temor de que «en la estoria de Castilla del presente tienpo aya algunt defeuto».

Concluye el prólogo Fernán Pérez caracterizando su obra, la cual no escribe «en forma e manera de estoria», sino «en manera de registro o memorial» de los dos reyes de su tiempo junto con algunos grandes señores, caballeros y prelados, declarando a continuación que sigue como modelo de su relato la *Estoria Troyana* de Guido della Colonna.

Es precisamente esta forma de narración la que ha dado lugar al reconocimiento casi unánime de la originalidad de las *Generaciones y semblanzas* en la historiografía hispánica. Alejándose del relato histórico tradicionalmente entendido, Pérez de Guzmán nos ofrece toda una serie de retratos cada uno de los cuales alcanza perfecta independencia. Algunos estudiosos, como Domínguez Bordona o Uriarte Rebaudi, opinan, pese a la afirmación explícita del autor, que las *Generaciones* no encuentran su fuente de inspiración en la *Estoria Troyana*, sino en el *Mare historiarum* de Giovanni della Colonna[58]. Sin embargo, como ya había indicado Tate, aun reconociendo que en el *Mare historiarum* se hallan retratos que se podrían relacionar con las *Generaciones*, Pérez de Guzmán «nunca confunde las dos obras y (...) la selección de la guerra de Troya como narración (para él histórica) de los hechos de

---

[57] «E por esto yo, non en forma e manera de estoria, que aunque quisiese non sabría, e si supiese non estó ansí instruido nin enformado de los fechos como era nesçesario a tal acto...» Tal tipo de declaraciones, tópicas de los prólogos o las introducciones a lo largo de todo el medioevo, constituyen, de hecho, una autoexaltación del propio autor, que, con una falsa apariencia de humildad, pretende el reconocimiento de la maestría de su pluma.

[58] Cfr. J. Domínguez Bordona, ob. cit., págs. XXI-XXII; y L. N. Uriarte Rebaudi, «Los modelos literarios de Fernán Pérez de Guzmán», en *Revista de educación*, La Plata, 12, 1961, pág. 85.

los héroes en el combate o en la cámara del consejo, corresponde a su intención general»[59]. Y si la *Estoria Troyana* representa el antecedente remoto de la obra de Pérez de Guzmán, las semblanzas que se interpolan en las crónicas de López de Ayala constituyen su precedente más inmediato[60].

Las *Generaciones y semblanzas* nos presentan treinta y cinco personajes seleccionados por el criterio personal del autor. José Luis Romero y R. B. Tate hablan de biografías[61], pero se aproximan mucho más al género del retrato, por cuanto el núcleo fundamental de todos y cada uno de los capítulos está constituido por la acumulación de los rasgos físicos y psicológicos más significativos de cada una de las figuras abordadas; a ellos se añade su genealogía y, con cierta frecuencia, algún hecho notable o significativo de su vida, pero casi siempre en función de la explicación de su personalidad. En todo caso, quizá la mejor definición del género elaborado por Pérez de Guzmán la encontramos en el propio título de la obra: *semblanzas*, en el sentido de bosquejos biográficos, a las que se suma o en las que se incluye las *generaciones*. El mismo autor se ha preocupado en el prólogo de delimitar lo que constituye su objeto de atención en cada uno de los personajes seleccionados, «la generación d'ellos e los semblantes e costunbres d'ellos, e por consiguiente los linajes e fações e condiçiones de algunos grandes señores, perlados e cavalleros que en este tienpo fueron»[62].

En todas las semblanzas se nos descubre un esquema común que el autor sigue con más o menos sistematicidad. Suelen comenzar con la explicación de la genealogía de cada uno de los personajes, que siempre se remonta a la generación anterior, pudiendo incluso llegar a aclarar el origen del linaje. Su determinación parece ser una preocupación cons-

---

[59] Cfr. R. B. Tate, ob. cit., págs. XVI-XVII.

[60] Para la relación entre las semblanzas de Pérez de Guzmán y las que se encuentran en las crónicas de Ayala, *vid.* L. N. Uriarte Rebaudi, art. cit., págs. 87 y ss.

[61] Cfr. J. L. Romero, art. cit., pág. 115; y R. B. Tate, ob. cit., pág. XVII.

[62] Acerca de la consideración de Pérez de Guzmán como creador del género del retrato en España, *vid.* M. W. Nichols, «Notes on Spanish Historical Portraiture», en *Hispania*, 1934, XVII, págs. 341 y ss.

tante de Fernán Pérez que la llega a convertir en condición indispensable de la presentación de cada uno de los personajes, llegando a manifestar sus quejas por la inexistencia de libros de linajes en el reino castellano[63]. Cuando en algún caso no se alude a la genealogía es debido a que la semblanza se inscribe en la misma línea genealógica de otro personaje ya retratado con anterioridad. Véase, por ejemplo, la semblanza de Fernando I de Antequera, que, como hermano de don Enrique III, no lleva consigo aclaración alguna sobre su linaje, si bien en otras ocasiones el mismo autor remite a la genealogía esbozada anteriormente[64].

A la determinación del linaje acostumbra a suceder la caracterización física del personaje, la cual suele reducirse a una visión general que, cuando se precisa, lo hace a través de una serie de rasgos muy reducidos y casi siempre reiterativos. Así, la caracterización general alude frecuentemente a la altura, a la gordura o delgadez, a la disposición o cuerpo, al gesto, semblante o rostro, pudiendo concretarse en algunos elementos físicos muy determinados, especialmente pertenecientes a la cabeza, siendo los más habituales la nariz, los ojos o el color. Aunque limitada, esta caracterización física adquiere su importancia a la luz de los versos de los *Viçios e virtudes*, en los que Pérez de Guzmán nos ofrece las «çinco maneras para conoçer al ome», siendo las dos primeras la presencia y la elocuencia[65]. Si a ello añadimos la creencia me-

---

[63] En la semblanza dedicada a don Gonzalo Núñez de Guzmán se expresan claramente las quejas del autor: «La verdat e çertidunbre del origen e nasçimiento de los linajes de Castilla non se puede bien saber, sinon quanto quedó en la memoria de los antiguos, ca en Castilla ovo sienpre e ay poca diligençia de las antigüedades, lo qual es grant daño.» Además, como en las *Generaciones*, en los *Loores de los claros varones* la poetización de cada uno de los personajes laudados también se inicia con la alusión, más o menos extensa según los casos, a su genealogía.

[64] *Vid.*, por ejemplo, la semblanza de don Juan Alfonso de Guzmán: «De su linaje non es neçesario de fablar, pues asaz es dicho en don Gonçalo Núñez de Guzmán, maestre de Calatrava.»

[65] *Vid.* «De çinco maneras para conosçer al ome», en *Viçios e virtudes* (cc. 406-408). La última copla de este fragmento nos resume esas çinco maneras de conocimiento: «La linda e gentil presençia / ella dize: "Aquí estó yo". / La dulçe e clara eloquençia / fablando dize: "Yo só". / Quien al esfuerço alabó, / las condiçiones e el seso, / al toque, balança e peso, / primero las ensayó.»

dieval de que el aspecto físico guardaba una profunda interrelación con el carácter de la persona[66], es obvio que las configuraciones físicas que nos ofrece Fernán Pérez están condicionadas por sus simpatías o animadversiones hacia cada uno de los personajes que retrata. Baste como muestra la semblanza de Alonso de Robles, enemigo político declarado del autor, cuya prosopografía es harto expresiva: «Fue de mediana altura, espeso de cuerpo, el color del gesto çetrino, el viso turbado e corto»[67].

El retrato se completa con la definición del carácter, la cual se realiza a través de un entramado de vicios y virtudes, casi siempre de modo lacónico y escueto, que, como ya ha analizado Carlos Clavería, responden al arquetipo del ideal feudal caballeresco[68]. Mientras que en la nobleza suele destacarse su esfuerzo en los hechos de armas, llegando a suponérsele incluso cuando no han tenido ocasión de demostrarlo[69], en el clero se realza su sabiduría, pero en uno y otro caso siempre al servicio de la fe cristiana. Pérez de Guzmán describe los distintos personajes en función del código caballeresco, el cual se basaba en el cultivo de las virtudes esenciales del dogma cristiano: las tres virtudes teologales y las cuatro cardinales. Dicho en palabras de Francisco María Tubino: «Siete virtudes exigía la Iglesia de los caballeros; de ellas tres teologales: fe, esperanza y caridad; cuatro cardinales: justicia, prudencia, fortaleza y templanza. El mundo les pedía ade-

---

[66] El mismo Pérez de Guzmán poetiza sobre este tema en los *Viçios e virtudes,* dedicándole un par de coplas bajo la rúbrica «De senblantes diformes»: «Los onbres mal façionados, / diformes e mal conpuestos, / si mirades los más d'estos, / verés mal condiçionados; / así como son privados / de la común proporçión, / así son en condiçión / de la virtud apartados» (c. 65).

[67] Para una mayor profundización en la relación entre el físico y el carácter de los personajes de las *Generaciones, vid.* C. Clavería, «Notas sobre la caracterización de la personalidad en *Generaciones y Semblanzas*», en *Anales de la Universidad de Murcia,* X, 1951-1952, págs. 481-526.

[68] *Vid.* C. Clavería, art. cit., págs. 509 y ss.

[69] Véase, por ejemplo, la semblanza de don Diego López de Estúñiga: «De su esfuerço non oí; esto creo porque en su tiempo non ovo guerras nin batallas en que lo mostrase, pero de presumir es, que un cavallero de tal linaje e de tanta discriçión, que guardaría su onrra e fama e vergüeña en que va todo el fruto del esfuerço de las armas.»

más largueza y cortesía»[70]. Cualquiera de los rasgos que caracterizan las figuras de las *Generaciones* podrían remitirse, ya en forma positiva como virtud, ya en forma negativa como vicio, a una u otra de las citadas virtudes[71]. Y cuando Fernán Pérez no emplea conceptos etopéyicos y recurre a los hechos, lo hace en función de subrayar la personalidad del personaje. En última instancia, para Fernán Pérez sigue vigente el código de valores propio de la caballería que se recoge en las *Partidas* de Alfonso X[72], y en relación a dicho código realiza la descripción de los protagonistas de su obra.

En algunas de las semblanzas, el retrato se interrumpe con digresiones de carácter histórico o moral, ya sea, por ejemplo, para intentar aclarar el origen de un linaje en el caso de don Diego Hurtado de Mendoza, ya para reflexionar sobre el problema de los conversos en el retrato de don Pablo, obispo de Burgos, ya para manifestar una interpretación divina de la historia cuando aborda la figura de don Juan II. Es en dichas digresiones cuando Pérez de Guzmán expone más directamente sus opiniones sobre los personajes, los acontecimientos y el momento histórico que le tocó vivir. Cuando la digresión concluye, el autor, consciente de la interrupción realizada, retoma el hilo de la descripción mediante una frase tópica de la literatura medieval, «tornando al propósito».

Mucho se ha hablado de las influencias de la historiografía clásica en las *Generaciones*. Si bien, como ha señalado López Estrada, la obra de Fernán Pérez se vincula a los principios retóricos de las *Artes poeticae* que circulaban en la época medieval[73], tratar de establecer relaciones más precisas parece no poder pasar de simples conjeturas. Menéndez Pelayo apunta una mayor aproximación a Salustio y a Tácito, lo que anota

---

[70] Cfr. F. M.ª Tubino, «El doctrinal de Caballeros por don Alonso de Cartagena», en *Museo Español de Antigüedades*, X, 1880, pág. 146.

[71] Para los conceptos caracterizadores de los personajes de las *Generaciones*, *vid.* el análisis realizado por F. Maíllo Salgado, *Un análisis del discurso histórico. La ideología*, Salamanca, 1980.

[72] Para la relación entre las *Partidas* y el ideal caballeresco, *vid.* J. Amador de los Ríos, «Estudios sobre la educación de las clases privilegiadas en España durante la Edad Media», en *Revista de España*, núm. 39, X, 1869, págs. 389-415.

[73] *Vid.* F. López Estrada, art. cit.

también, aunque con reservas, Domínguez Bordona[74]. Uriarte Rebaudi compara la técnica de Salustio con la de Pérez de Guzmán, señalando sus semejanzas y diferencias[75]. Carlos Clavería trata de vincular las *Generaciones* con Suetonio[76]. Y R. B. Tate, quizá con mayor acierto, indica que poco más podemos afirmar de la influencia de los clásicos en Pérez de Guzmán que sus probables lecturas de Séneca, Valerio Máximo y posiblemente Salustio[77]. En realidad, sin duda Fernán Pérez, de forma directa o indirecta, conocía a los clásicos de la historiografía, lo que le otorgó un bagaje cultural que de forma más o menos latente estaba actuando en la configuración y redacción de las *Generaciones*. En este sentido es fácil encontrar analogías, y por tanto también divergencias, con los diversos historiadores latinos antes mencionados, pero tratar de aseverar la influencia determinada de alguno de ellos se nos antoja un ejercicio de cierto malabarismo y de poco rendimiento. El fondo cultural de ascendencia clásica, que actuaba de forma generalizada en la cultura y en la literatura de finales de la Edad Media, no puede dejar de ejercer su influencia en las semblanzas de Pérez de Guzmán, sin que ello sea óbice para que el autor elabore su propio y personal estilo, caracterizado por la acumulación de frases breves y rasgos escuetos que confieren a los retratos de las *Generaciones* una imagen de gran sencillez.

Toda obra es resultado de la época histórica en la que se inscribe y de las circunstancias personales de su autor. Bajo este punto de vista, es obvio también que en Fernán Pérez actuaron unos determinados motivos e intencionalidades que le llevaron a escribir sus *Generaciones*. Si nos atenemos a las propias palabras que el autor manifiesta en el prólogo, la causa próxima parecen ser las frecuentes desviaciones históricas que padecían las crónicas de su tiempo, junto al intento de perpetuar la fama de aquellos caballeros y prelados que en

---

[74] Cfr. M. Menéndez Pelayo, ob. cit., vol. VI, pág. LXI; y J. Domínguez Bordona, ob. cit., pág. XXII.

[75] Cfr. L. N. Uriarte Rebaudi, «Los modelos literarios...», art. cit., págs. 85, 86.

[76] Cfr. C. Clavería, art. cit., págs. 495 y ss.

[77] *Vid.* R. B. Tate, ob. cit., págs. XX y XXI.

justicia la merecían. Todo ello ligado a un interés histórico general que se despierta en los últimos años de la vida de Pérez de Guzmán, fruto del cual no son sólo las *Generaciones y semblanzas*, sino también los *Loores de los claros varones de España*. Si aquéllas se redactan en 1450 y 1455, los *Loores* se sitúan en el mismo período, entre 1450 y 1453[78], guardando por sus contenidos una estrecha relación y misma continuidad. Los *Loores* constituyen un extenso poema laudatorio de caballeros, prelados y hombres de letras desde la época romana hasta don Enrique II, el pasado histórico, mientras que la contemporaneidad la aborda Pérez de Guzmán en las *Generaciones*, semblanzas de personajes que vivieron bajo los reinos de Enrique III y Juan II. El mismo título de ambas obras encuentra una fuente común, como ya había señalado María Rosa Lida, en el versículo inicial del capítulo 44 del *Eclesiástico*: «Laudemus viros gloriosos et parentes nostros in generatione sua»[79].

Pero bajo esta declaración de motivos, obtenida de las propias palabras del autor y de la evolución de su obra, subyacen causas eficientes e intencionalidades últimas que, perfectamente compatibles con las anteriores, vienen generadas por la situación de Pérez de Guzmán en una sociedad y en una época histórica precisa, así como por su propia experiencia política personal. Para tratar de determinarlas, hemos de partir necesariamente de los personajes retratados en las *Generaciones*. El criterio de selección parece responder a la importancia política de las distintas figuras, en las que se acostumbra a realzar sus virtudes o vicios caballerescos en el caso de la nobleza, y su más o menos sabiduría en el caso de los prelados. Tate indica que «no es fácil comprender por qué ha elegido algunas figuras menores cuando otras de mayor im-

---

[78] Para la datación de los *Loores*, *vid.* J. A. Barrio Sánchez, ob. cit., páginas 126, 127.

[79] Cfr. M.ª R. Lida de Malkiel, *La idea de la fama en la Edad Media castellana*, México, 1952, pág. 271. La cita bíblica se parafrasea además en la introducción de los *Loores*: «Loemos los muy famosos / príncipes de nuestra España, segunt que Sirac se baña / en loar los gloriosos / varones e virtuosos / príncipes del pueblo ebreo, / pues de nuestros muchos leo / nobles e virtuosos» (c. 10).

portancia son omitidas»[80]. En realidad, en la selección realizada por Pérez de Guzmán actúa un doble criterio perfectamente complementado. Por una parte, Fernán Pérez es y se considera un miembro integrante de la nobleza feudal, es el Señor de Batres. El objeto de su obra son los hombres capaces de hacer historia, los componentes de su propia clase social. No es extraño, pues, que las treinta y cinco semblanzas de las *Generaciones* correspondan a tres reyes, una reina, veintitrés nobles, siete prelados y un hombre de letras. El mismo autor ya lo había asentado en el prólogo de la obra, lo cual nos transmite una concepción de la sociedad típicamente estamentaria que responde a los más tradicionales principios feudales, y que viene a ser una continuación, a mediados del siglo xv, de la división tripartita entre defensores, oradores y labradores que, conforme a los tópicos medievales caballerescos, se seguía formulando desde los tiempos de don Juan Manuel. Son los estamentos dominantes, defensores y oradores, la nobleza, en la que se incluye el rey como su máximo representante, y el alto clero, los que, de acuerdo con el pensamiento feudal del autor, son los únicos dignos de merecer la atención de la historia como generadores de la misma. Los estamentos inferiores, el pueblo, ni siquiera se contempla, y si alguna vez aparece es de un modo referencial en el que el Señor de Batres no puede dejar de revelarnos un evidente desprecio aristocrático de casta. Llega con reseñar la manera de aludir a las mujeres y al pueblo en general cuando, en la semblanza de don Pablo, obispo de Burgos, reflexiona sobre el problema de los conversos: «Por todas estas razones non me maravillaría que aya algunos, espeçialmente mugeres e omnes groseros e torpes que non son sabios en la ley, que non sean católicos christianos.»

Si la concepción feudal y la propia condición nobiliaria de Pérez de Guzmán determinan la selección de los estamentos, su experiencia personal y su suerte política no debe ser ajena a la selección de los personajes. Simplemente por el hecho de ser contemporáneos del autor, con todos ellos ha debido

---

[80] Cfr. R. B. Tate, ob. cit., pág. XVII.

de mantener algún tipo de relación, de la cual, sólo en algunos casos, nos ha quedado constancia. La bandería política de Fernán Pérez y sus ya conocidos resultados son el factor fundamental que explica la relación de figuras que integran las *Generaciones*, hasta tal punto que, a grandes rasgos, todas y cada una de ellas se pueden clasificar en dos grupos en función del sentimiento de simpatía o de antipatía que el autor, explícita o implícitamente, manifiesta. La gran mayoría de los personajes retratados gozan de la simpatía de Pérez de Guzmán y suelen ser presentados, en líneas generales, como ejemplo de virtud caballeresca. Es suficiente con aludir a las semblanzas de don Fernando de Antequera o de don Gutierre de Toledo, de quien el autor fue, respectivamente, partidario y compañero en sus correrías políticas; o a las semblanzas de López de Ayala o de don Pablo, obispo de Burgos, quienes ejercen una notable influencia cultural y literaria sobre Fernán Pérez. En el lado opuesto se sitúan unos cuantos personajes hacia los cuales Pérez de Guzmán no puede dejar de revelar una profunda animadversión política y personal. A don Enrique III, sólo le reconoce el buen regimiento del reino, y en todo caso gracias a sus consejeros o validos, lo que supone un loor implícito de López Dávalos y que, a su vez, explica la negativa sombría caracterización que nos ofrece la semblanza de don Pedro de Frías. Pero donde se hace más patente el reflejo de la suerte política del autor en las *Generaciones* es en las semblanzas de Alonso de Robles, de don Juan II y de don Álvaro de Luna, los tres enemigos declarados de Pérez de Guzmán y presentados como ejemplos antitéticos del ideal caballeresco.

Pero el historiador debe ser consecuente con su responsabilidad histórica, máxime después de haber realizado una declaración de principios en el prólogo de su obra. Fernán Pérez procura ofrecernos sus semblanzas con una apariencia de imparcialidad que no resiste el análisis. Quizá donde se muestra más objetivo es en el escrupuloso respeto a la fiabilidad de las fuentes manejadas. A su conocimiento de la época, debemos añadir la utilización de las distintas crónicas ya señaladas por Tate, la *Primera Crónica General*, la *Anacephaleosis* de Alonso de Cartagena, y otras particulares de varios reinados, como las de su tío, López de Ayala y de Alvar García[81]. El respeto a las fuentes escritas parece ser absoluto[82], recogiéndose los testimonios orales, si bien precisando cuando no encuentra refrendo escrito alguno[83]. Cuando el autor no puede alegar su propio conocimiento, recoge la declaración de aquéllos que sí tuvieron un experiencia directa[84], aunque manifestando sus dudas si no tiene una absoluta certeza en la credibilidad del testimonio[85], o contraponiendo diversas opiniones cuando éstas son contradictorias[86]. Son maneras diversas con las que el historiador pretende dar muestras de su objetividad[87], y que se conjugan con la utilización tópica de los *exempla* y la *auctoritas* para fundamentar y apoyar el

---

[81] Cfr. R. B. Tate, ob. cit., pág. XVII.

[82] *Vid.*, por ejemplo, en la semblanza de don Enrique III, cómo las crónicas sirven para afirmar la continuidad de la generación de la realeza castellana: «E segunt por las estorias de Castilla paresçe, la sangre de los reyes de Castilla e su suçesión de un rey en otro se ha continuado fasta oy, que son más de ochoçientos años sin aver en ella mudamiento de otra liña nin generaçión.»

[83] *Vid.*, por ejemplo, cómo, a falta de otros testimonios, se recoge el origen del linaje de don Juan de Velasco: «Su linaje es grande e antiguo, e, segunt ellos dizen vienen del linaje del conde Ferand Gonçález. Yo non lo lei. Es la verdad que en la estoria que fabla del conde Ferrand Gonçález dize que su fijo el conde Garçi Ferrández que en unas cortes que fizo en Burgos armó cavalleros dos hermanos que llamavan los Velascos. Si estos eran parientes del conde e si d'ellos vienen los de Velasco non lo dize la estoria.»

[84] *Vid.*, en la semblanza de don Diego López de Estúñiga, cómo se describe apelando al testimonio de los que le trataron: «Onbre apartado en su conversaçión e de pocas palabras, pero, segund dizen los que le platicaron, era onbre de buen seso e que en pocas palabras fazía grandes conclusiones.»

[85] *Vid.*, por ejemplo, en la semblanza de Pero Manrique: «Algunos los razonavan por bolliçioso e ambiçioso de mandar e rigir. Yo non lo sé çierto...»

[86] *Vid.* en la semblanza de Pero Manrique: «Algunos quisieron dizir que él allegava bien los parientes de los que avía menester e después los olvidava. D'esto ovo algunos que se quexaron d'él; otros lo escusavan diziendo que non avía tanto poder e facultad para que pudiese satisfazer a tantos e tan grandes onbres, o por ventura él faziendo su poder, ellos non se contentavan.»

[87] En este mismo sentido se podría señalar el empleo de fórmulas disyuntivas causales para explicar un hecho cuya causalidad puede responder a varias posibilidades, como cuando se refiere al gran poder alcanzado por don Álvaro de Luna: «Ovo asaz coraçón e osadía para açebtar e usar de la grande potençia que alcançó, ca o porque duró en ella grant tiempo e se le avía convertido como en natura, o porque su audaçia e presunçión fue grande, más usó de poderío de rey que de cavallero.»

discurso[88], lo que, en última instancia, supone una reafirmación de la reputación y de la autorización moral del autor, el cual llega a ponerse a sí mismo y a sus opiniones como exponente de indubitable credibilidad[89].

La pretendida objetividad del historiador trata de manifestarse también en la caracterización general de los personajes retratados. Si en los *Loores de los claros varones* las figuras laudadas constituían ejemplos máximos de perfección y de virtud caballeresca, en las *Generaciones* los protagonistas se configuran como el resultado de una mezcla de vicios y virtudes. Además de contraponer un pasado ideal a un presente que el autor percibe lleno de defectos, Pérez de Guzmán subraya las virtudes de los personajes de su contemporaneidad, pero sin dejar de reseñar la imperfección como propia de toda condición humana. Sin embargo, este pretendido equilibrio se rompe en función de los sentimientos de Fernán Pérez. Mientras que en aquellos personajes que son objeto de sus simpatías el vicio se ofrece como una pequeña tacha dentro de la generalidad de su virtud, en las figuras que sufren su animadversión la relación se invierte, y la virtud, en caso de existir, se convierte en una excepción. Baste la comparación de las semblanzas de dos personajes semejantes, don Ruy López Dávalos y Don Pedro de Frías. Si el primero presenta como defectos menores su falta de franqueza y su afición a la astrología, en el segundo apenas podemos en-

---

[88] Los *exempla* son tomados fundamentalmente de la tradición bíblica: los judíos para justificar la necesidad de los libros de linajes, en la semblanza de don Gonzalo Núñez de Guzmán; Salomón como máximo representante de la sabiduría en el reinar, en la semblanza de don Juan II; David y Saúl, Joab y Abner como símbolos de la lealtad, en la semblanza de don Álvaro de Luna. Por lo que atañe a la *auctoritas*, además de las constantes alusiones a las historias escritas en general y a las crónicas de Castilla en particular, suele el autor acudir a las sentencias de personajes notables: don Sancho de Rojas en la semblanza de don Pero Manrique, o Fernández Coronel en la semblanza de don Alonso de Robles; a las fuentes bíblicas o a los padres de la Iglesia: San Pablo para el problema de los conversos en la semblanza de don Pablo, obispo de Burgos, o San Agustín en la semblanza de don Juan II; e incluso, aunque sólo en un caso, recurre al refrán «en el río buelto fuesen ellos ricos pescadores» para explicar la avaricia de muchos nobles durante la privanza de don Álvaro de Luna.

[89] Así, por ejemplo, en la semblanza de don Álvaro de Luna, afirma la certidumbre de sus juicios, por encima de cualesquiera otras opiniones: «Pero la verdad es esta, exclusas e eçebtas todas otras opiniones, que...»

contrar algún rasgo positivo digno de mención, a no ser que podamos considerar como tal su bien vestir y comer. Y sobra todo comentario en las semblanzas de don Alonso de Robles, de don Juan II y de don Álvaro de Luna. Su caracterización es marcadamente negativa, y si en el caso de los dos últimos el autor trata de excusar algunos de sus hechos, sólo lo hace en aras de su presunta imparcialidad de historiador, la cual no puede evitar estar continuamente condicionada por su situación personal que es el resultado de su experiencia política.

Si en la selección y descripción de los personajes de las *Generaciones* se sobrepone, más o menos implícitamente, la concepción política del autor a su pretendida imparcialidad de historiador, la intencionalidad de Pérez de Guzmán se hace patente en la crítica constante de la época que le tocó vivir, la cual se personifica en los dos máximos responsables, don Juan II y don Álvaro de Luna, enemigos políticos suyos. La crítica es explícita ya desde una de las semblanzas iniciales, la de don Fernando de Antequera, con quien los gobernantes posteriores no resisten la comparación[90]. La ambición que afea a algunos personajes, como Pero Manrique, no es otra cosa que el resultado de una época confusa y caótica que don Juan II no consigue ordenar en ningún momento[91].

---

[90] En dicha semblanza se retrata a don Fernando como el último buen regidor de Castilla: «E ansí, quanto fue su buena industria e discreta en el rigir muéstrase porque después que él murió nunca fasta oy ovo concordia e paz en el reino. Non me paresçe que más evidente e clara prueva de su buena governación que, seyendo él tutor e en tienpo de rey niño, fue el reino mejor rigido que después que el rey salió de tutorías e llegó a hedat perfeta de onbre, que es de quarenta años. En el qual tienpo, después de su muerte fasta este año, que es de mill e quatroçientos e çinquenta, nunca çesaron discordias e disensiones, de lo qual quantas muertes, prisiones, destierros, confiscaçiones son venidos, por ser tan notorio non curo de lo escrivir.»

[91] Pero Manrique se nos presenta con el único defecto de ser «bolliçioso e ambiçioso de mandar e rigir», pero ello sólo es un reflejo de una época en la que la negligencia del rey fomentaba la ambición y la codicia: «Veyendo un tienpo tan confuso e tan suelto que quien más tomava de las cosas más avía d'ellas, non es mucho de maravillar si se entremetía d'ello. La verdad es esta: que en el tienpo del rey don Johan el segundo, en el qual ovo grandes e diversos mudamientos, non fue alguno en que él non fuese, non a fin de desservir al rey nin de procurar daño del reino, mas por valer e aver poder, de lo qual muchas vezes se siguen escándalos e males.»

Hasta la inclusión en las *Generaciones* de un personaje, cual es don Alonso de Robles, responde al propósito del autor de mostrar los muchos males que aquejan su tiempo[92]. Y no es necesario comentario alguno sobre las dos últimas semblanzas, la de don Juan II y de don Álvaro de Luna, en las que la remisión y negligencia del rey se señala como la causa fundamental del desgobierno de una Castilla en la que impera la voluntad del valido.

En esta crítica continua que atraviesa las *Generaciones* Pérez de Guzmán se implica personalmente, considerándose una víctima de la situación. Él mismo se cita como uno de los personajes que sufrieron injusta prisión durante la privanza de don Álvaro de Luna[93], pero además de modo constante con la censura se entremezclan reminiscencias que parecen aludir a lo que Fernán Pérez considera su injusta postergación en su retiro de Batres, ya cuando reflexiona sobre la inutilidad que serían los libros de linajes en una Castilla que no sabe reconocer la verdadera virtud[94], ya cuando se lamenta

[92] La animadversión de Fernán Pérez hacia Alonso de Robles adquiere su máxima expresión en el juicio de valor que justifica la inclusión de la figura del contador de Juan II en las *Generaciones*: «Fázese aquí tan singular mención deste Ferrand Alonso de Robles, non porque su linaje nin condición requiriese que él entre tantos nobles e notables se escriviese, mas por mostrar los viçios e defetos de Castilla en el presente tienpo.»

[93] En la semblanza de don Álvaro, Pérez de Guzmán recuerda el episodio sucedido en 1432 en el que, con otros caballeros, intenta oponerse al creciente poder del valido de Juan II, terminando casi todos los conjurados en prisión: «E después fueron presos don Gutierre de Toledo, arçobispo de Toledo, e su sobrino don Ferrand Álvarez de Toledo, conde de Alva, e con ellos Ferrand Pérez de Guzmán e Garçi Sánchez d'Alvarado.»

[94] En la semblanza de don Gonzalo Núñez de Guzmán el autor se queja amargamente de que en su tiempo la virtud no encuentra reconocimiento alguno: «Sin dubda, notables actos e dignos de loor guardar la memoria de los nobles linajes e de los serviçios fechos a los reyes e a la república, de lo qual poca cura se faze en Castilla, e, a dizir verdad, es poco nesçesario, ca en este tienpo aquel es más noble que es más rico. Pues, ¿para qué cataremos el libro de los linajes, ca en la riqueza fallaremos la nobleza d'ellos? Otrosí los serviçios non es nesçesario de se escrivir para memoria, ca los reyes non dan galardón a quien mejor sirve, nin a quien más virtuosamente obra, sinon a quien más les sigue la voluntad e los conplaze; pues superfluo e demasiado fuera poner en letras tales dos actos, riqueza e lisonjas.» Cabe pensar que Pérez de Guzmán se considera a sí mismo entre los infravalorados.

41

de la pérdida de notables caballeros en las turbulencias políticas de la época[95].

En realidad, Pérez de Guzmán está utilizando la literatura como arma al servicio de sus propios intereses. Su pertenencia a la nobleza, su obligado alejamiento de las esferas de poder y su misma existencia en una época de transición hacia nuevos tiempos, son los factores que determinan su visión del mundo y su concepción de la literatura. Miembro de la clase dirigente, toda su obra transmite la ideología en la que se fundamenta la estructura social feudal. Para él la sociedad sigue, o al menos debería seguir, respondiendo a la rígida jerarquización estamentaria de defensores, oradores y labradores, siendo sólo los dos primeros objeto de su atención histórica, siempre de acuerdo con los cánones que conformaban el ideal caballeresco. Pero al mismo tiempo es y se considera un noble caballero condenado al ostracismo, de lo cual hace únicos responsables a sus adversarios políticos, a los que no duda en atacar críticamente. En ningún momento la censura de personajes determinados ha de considerarse como una reprobación del sistema social feudal propugnado por Fernán Pérez, puesto que distingue perfectamente entre sistema e individuo: aquél es perfecto, es éste el que falla en ocasiones. El sistema se salvaguarda mediante una concepción providencialista de la historia, sometida a los inescrutables designios divinos[96], quien castiga los «pecados» de su gente con la indignidad de algunos personajes que no cumplen con la más mínima responsabilidad que su

---

[95] En la semblanza de don Diego Gómez de Sandoval, la suerte política del protagonista le sirve al autor como ejemplo paralelo de su propia experiencia: «E non solamente este notable cavallero se perdió en estos movimientos de Castilla, mas otros mucho grandes e medianos estados se perdieron. Que Castilla mejor es para ganar de nuevo que para conservar lo ganado; que muchas vezes los que ella fizo ella mesma los desfaze.»

[96] En la semblanza de don Juan II sólo la incomprensible voluntad divina puede explicar la sumisión del rey a su privado: «¿Qué podemos aquí dizir, sino temer e obedeçer los escuros juizios de Dios sin alguna interpretaçión...»; concepto que se reitera en la semblanza del propio don Álvaro de Luna: «Ca como quier que los juizios de Nuestro Señor sean a nós secretos e escuros e nos paresca muchas vezes que van contra razón porque los non entendemos...»

puesto social les exige[97], lo cual, a su vez, confiere a la crítica plena justificación.

De hecho, Pérez de Guzmán vive inmerso en una época de crisis que percibe, pero que no acierta a comprender en su totalidad. Su propio fracaso político puede considerarse una consecuencia de dicha crisis, pero él no va más allá de sus causas inmediatas, que personifica, sobre todo, en las figuras de don Juan II y de don Álvaro de Luna, reflejando, sin analizar en profundidad, toda una serie de factores que determinan el inicio de la quiebra del sistema social por él defendido. Desde su retiro de Batres, que no le deja otra salida que la adopción de una actitud inequívocamente senequista[98], con una aureola que le concedía su dedicación al estudio y a la meditación, reanuda su actividad literaria poniéndola al servicio de sus intereses con una evidente intencionalidad política. Ahora bien, si Pérez de Guzmán utiliza la literatura para atacar a sus adversarios políticos, quizá buscase también en ella una posibilidad de rehabilitación. Ello explicaría que en su poesía la crítica hacia don Juan II o hacia don Álvaro de Luna sólo se realice de forma velada, o que no incluyera en las *Generaciones* las dos últimas semblanzas de estos personajes hasta una vez desaparecidos. Recuérdese la importancia de la literatura en la época como medio de ascensión y reco-

---

[97] El párrafo final de las *Generaciones* resume el caos que supuso la negligencia de don Juan II y la privanza de don Álvaro de Luna, ante lo cual sólo cabe apelar a la misericordia divina: «E ansí concluyendo, digo mi pareçer, que de todos estos males fueron cabsa los pecados de los españoles, ansí de aver un rey remiso e negligente, como de un cavallero aver tanta presunçión e osadía de mandar e governar tan grandes reinos e señoríos, non escusando la cobdiçia de los grandes cavalleros. Plega a Nuestro Señor que, pues nuestros pecados que d'esto son la causa non çessan nin se corrigen, antes se dize e aun se cree que se multiplican e agravian ansí en calidat como en cantidat, que las penas non crescan con los pecados; mas por su infinita piadad e misericordia, interçediendo su santísima madre, se mitigue e amanse su sentençia, dando tan devotos pueblos que merescan aver buenos reyes.»

[98] La poesía de Pérez de Guzmán nos ofrece reiterados ejemplos de su senequismo, más formal que real: «El varón muy esforçado / que la fortuna conbate, / oy un xaque, cras un mate, / como piedras al tablado. / Firme está, aunque demudado; / turbado, mas non vençido; / meneado e sacudido, / pero nunca derribado» (*Viçios e virtudes*, c. 136).

nocimiento social, de lo que claros ejemplos pueden ser Juan de Mena o el Marqués de Santillana.

Algunos investigadores han insistido en señalar que la obra en general de Pérez de Guzmán, y en particular las *Generaciones y semblanzas*, apuntan ya nociones y conceptos propios de la nueva época que comienza a surgir, el Renacimiento. José Luis Romero y Carlos Clavería, después de señalar que Fernán Pérez se inscribe básicamente en la tradición medieval más característica, anotan que en el influjo de la antigüedad clásica, supuestamente a través de Italia, se perciben ciertos asomos renacentistas[99]. Sin embargo, R. B. Tate, una vez probada la insuficiente demostración de la influencia italiana, rechaza tales suposiciones, estimando que Pérez de Guzmán se inscribe en la tradición de don Juan Manuel y de Pero López de Ayala, y que su interés por la antigüedad clásica, particularmente la romana, no tiene por qué estar conectado directamente con el humanismo, siendo el resultado de la erudición escolástica medieval, que, en el siglo XV, profundiza a la búsqueda de nuevos apoyos a las fuentes de sabiduría semítico cristiana de los siglos anteriores[100], confirmando tal apreciación el análisis de los estereotipos de las *Generaciones* realizado por Maíllo Salgado[101]. No sólo las *Generaciones*, sino toda la producción literaria de Fernán Pérez responde a una concepción típicamente medieval. Como ya había indicado K. A. Blüher, su mismo senequismo «se convierte en eje de un conservadurismo literario que se defiende contra la penetración de la forma artística, altamente desarrollada del extranjero»[102].

El concepto de la fama lleva también a José Luis Romero a afirmar reflejos humanísticos por cuanto considera que Pérez de Guzmán atribuye a la gloria una significación humana, ligada a intereses terrenales y políticos, y que por tanto se aparta de su significado medieval de exaltación individual,

---

[99] Cfr. J. L. Romero, «Sobre la biografía española...», art. cit., págs. 121 y ss., y C. Clavería, «Notas sobre la caracterización...», art. cit., págs. 490 y ss.

[100] Cfr. R. B. Tate, ob. cit., págs. XIX-XXI.

[101] *Vid.* F. Maíllo Salgado, ob. cit.

[102] Cfr. K. A. Blüher, «Séneca en la poesía moralizadora: Fernán Pérez de Guzmán», en *Séneca en España*, Madrid, 1983, pág. 172.

orientada finalmente hacia Dios[103]. Pero una correcta lectura del prólogo de las *Generaciones* nos descubre quiénes son dignos de loor, «los que, con grandes peligros de sus personas e espensas de sus faziendas, en defensión de su ley e serviçio de su rey e utilidat de su república e onor de su linaje fizieron notables abtos», conforme a los principios más tradicionales de la caballería. En este mismo sentido, María Rosa Lida ha analizado cómo Pérez de Guzmán basa sus apreciaciones en los libros sapienciales, continuando, con un marcado resabio de ascetismo doctrinal, la ortodoxia moral y religiosa tradicional[104], llegando incluso a condenar la vanidad de buscar la fama como fin en sí mismo[105]. El concepto de fama es valorado única y exclusivamente como resorte moral de ejemplarización, de acuerdo con los principios fundamentales que configuraban el antiguo ideal caballeresco que recoge don Alonso de Cartagena en su *Doctrinal de caballeros*[106].

El mismo José Luis Romero insiste en la presencia de ideas renacentistas, tanto en los *Loores de los claros varones* como en las *Generaciones y semblanzas*, en otros dos puntos básicos: el concepto político de Pérez de Guzmán, que esbozaría una comunidad centralizada en la que el rey sería el símbolo de su nación, y su visión de la nación, en la cual ya se apuntaría la idea de nación española[107]. Dichas afirmaciones necesitan, cuando menos, una matización, más aun después de que el mismo J. L. Romero reconozca que el núcleo central de las ideas de Fernán

---

[103] Cfr. J. L. Romero, «Fernán Pérez de Guzmán y su actitud histórica», art. cit., págs. 148 y 149.

[104] Cfr. M.ª R. Lida de Malkiel, ob. cit., págs. 269-276. Para el distinto tratamiento que recibe el concepto de la fama en autores como Mena y Santillana, *vid.* en la misma obra págs. 276-278 y 278-290, respectivamente.

[105] En los *Viçios e virtudes* la reprobación del deseo de gloria por sí mismo es patente: «Así tiene la cobdiçia / sus diferençias e grados, / en más e menos maliçia, / como los otros pecados. / Unos son d'ella tocados / por sola onor e gloria, / porque sea su memoria / en siglos perpetuados. / A este fin sólo entienden / si conquistan e si ganan: / quanto roban, tanto espienden, / tanto esparzen quanto apañan; / así como la mar manan / dando a sus valedores, / solamente ser señores / esto desean e aman» (cc. 178, 179).

[106] Sobre el tema, *vid.* F. M.ª Tubino, ob. cit., pág. 166.

[107] *Vid.* J. L. Romero, «Fernán Pérez de Guzmán y su actitud histórica», art. cit.

45

Pérez continúa adherido a la tradición medieval[108]. En primer lugar, que el concepto que tiene el autor de las *Generaciones* de la nación ya se puede intuir como «nación española», es algo que se puede explicar por la confluencia de otros factores que, a la larga, ayudarán a conformar dicho concepto, pero todavía ausente en Pérez de Guzmán: existencia de una tradición romana y gótica que confiere una cierta unidad a la Península, y unificación de los distintos reinos hispánicos en su lucha contra el elemento árabe durante la Reconquista; sin olvidar, como indica el mismo Romero, que Castilla es el objeto fundamental al que el poeta y el historiador dirige su atención. A nuestro entender, no debe de confundirse conciencia histórica con conciencia nacional, concretada ésta en el concepto de nación española. Fernán Pérez participa plenamente de la primera, pero es mucho más discutible que en su mente estuviese formada, al menos conscientemente, la idea de nación española.

En cuanto a que la figura del rey como símbolo de la nación suponga que Pérez de Guzmán ya no sienta plenamente la organización feudal, son necesarias dos precisiones. En primer término, los tres reyes que aparecen en las *Generaciones* están descritos con atributos semejantes a los otros personajes de la nobleza, con la única diferencia de que ellos tienen como misión gobernar el reino, mientras los distintos nobles se ocupan del regimiento de su casa y hacienda. El rey es considerado un integrante más de la nobleza, aunque, eso sí, el más destacado: baste como ejemplo la semblanza de don Fernando de Antequera, noble que acaba alcanzando la condición real. Y la misma consideración providencialista de la historia, a la que ya hemos aludido, es una consecuencia del teocratismo que sustentaba la estructura feudal caballeresca. En segundo término, el reflejo de la crisis feudal de la época, que el mismo Fernán Pérez sufrió con su retiro a Batres, no implica, por sí mismo, una manifestación de nacientes influencias renacentistas.

No se pude negar que cada uno de los elementos citados anteriormente son configuradores del tránsito de la Edad

[108] Cfr. J. L. Romero, «Fernán Pérez de Guzmán y su actitud histórica», art. cit., pág. 149.

Media al Renacimiento. Pérez de Guzmán vive en una época de crisis y sin duda lo acusa, pero su pensamiento, su visión del mundo y de la vida se siguen inscribiendo en la tradición medieval heredada.

IV. TRANSMISIÓN Y REPERCUSIÓN
DE LAS «GENERACIONES Y SEMBLANZAS»

Las *Generaciones y semblanzas* se nos han transmitido en cuatro manuscritos de distintas épocas. Siguiendo su orden cronológico, indicamos a continuación, el lugar, la biblioteca en la que se encuentra y su signatura, así como la foliación que corresponde a las *Generaciones*.

E Madrid. El Escorial. Real Biblioteca del Monasterio, Z-III-2. Ff. 1*r*-30*v*, si bien existe otra foliación posterior (ff. 91*r*-120*v*).
   Siglos XV y XVI.
   El texto de las *Generaciones* es del siglo XV, mientras que las otras dos obras que se incluyen lo son del siglo XVI, el *Sumario de los reyes de España por el despensero de la reina doña Leonor, mujer de Juan I* y el discurso de don Alonso de Cartagena contra los ingleses en el concilio de Basilea.

M1 Madrid. Biblioteca Nacional, 1619. Ff. 1*r*-24*r*.
   Siglo XVII.
   Miscelánea histórica.

M2 Madrid. Biblioteca Nacional, 6156. Ff. 57*r*-73*v*.
   Siglo XVI.
   Es una miscelánea histórica que recoge diversas obras con varias letras diferentes de épocas distintas, si bien el texto de las *Generaciones* es del siglo XVI.

Eg Londres. British Museum, Eg. 301[109]. Ff. 277*r*-311*v*.
   Siglo XVII.
   Miscelánea histórica.

---

[109] En la edición de R. B. Tate se ofrece para este manuscrito la signatura errónea de Egerton 310, aunque debe tratarse de un error de imprenta (cfr. R. B. Tate, ob. cit., pág. XXII).

Las ediciones impresas se suceden a partir del siglo XVI. La primera de ellas, impresa por Diego de Gumiel en Valladolid el 30 de agosto de 1512, se debe a Cristóbal de Santisteban, quien edita las *Generaciones y semblanzas* precedidas por el *Mar de historias*, introduciendo algunos cambios en el texto de Pérez de Guzmán, como, por ejemplo, la supresión de la semblanza de don Sancho de Rojas. En Logroño, y en 1517, Galíndez de Carvajal reedita las *Generaciones* junto con la *Crónica de Juan II*, incorporando numerosas adiciones. Esta edición de Galíndez es la que sirve de base a las posteriores, la de Sevilla de 1543, las de Pamplona de 1590 y 1591, todas ellas también junto con la *Crónica de Juan II*, y la de Madrid, de 1678 con el *Epítome de la crónica de Juan II*. A ellas suceden la edición de Llaguno, en Madrid, 1775, quien publica las *Generaciones* junto con el *Centón epistolario*, la de Valencia, 1779, junto con la *Crónica de Juan II*, la de Madrid, 1790, otra vez con el *Centón epistolario*, y la Cayetano Rosell, en Madrid, 1877, con las *Crónicas de los reyes de Castilla*, publicada en la *BAE* (vol. 68).

Es curioso que aunque Llaguno ya da cuenta del manuscrito de El Escorial, ninguna de las ediciones sucesivas lo toma como texto base. Será Domínguez Bordona, quien en 1924 edite dicho manuscrito[110], sucediéndole dos ediciones populares, la de José Manuel Blecua, en Zaragoza, 1940, y la de Madrid en 1949. La útima edición, que, a su vez, puede considerarse la primera edición crítica de las *Generaciones y semblanzas* es la de R. B. Tate, en Londres, 1965, quien, sin embargo, ofrece una notación de variantes muy limitada[111].

Este considerable número de manuscritos, impresos antiguos y sucesivas ediciones encuentra su correspondencia en

---

[110] Cfr. J. Domínguez Bordona (ed.), *Generaciones y semblanzas*, ob. cit. La primera edición data de 1924 y la segunda de 1941, existiendo una reimpresión en 1954.

[111] El mismo Tate señala que toma como base el manuscrito escurialense, utilizando sólo las variantes más significativas del manuscrito 1619, de la primera edición impresa de Cristóbal de Santisteban, de la *Refundición de la crónica del halconero* y del manuscrito conservado en Londres (cfr. R. B. Tate, ob. cit., pág. XXIII).

la influencia dejada por las *Generaciones* en obras posteriores. Fernando del Pulgar reconoce la deuda que mantiene con Pérez de Guzmán en la elaboración de su *Libro de los claros varones de Castilla*[112]. El prólogo de las *Generaciones*, que supone un pequeño tratado sobre la historia y los historiadores, es reproducido por Lope de Barrientos en su *Refundición de la crónica del halconero*[113]. Y Galíndez de Carvajal, además de las numerosas interpolaciones añadidas a las *Generaciones*, escribe unas *Adiciones genealógicas a las Generaciones*, referidas a cuatro personajes, Fernando de Antequera, Ruy López Dávalos, López de Ayala y Alfonso Enríquez[114].

En perfecta consonancia, la crítica literaria no podía ignorar una obra como las *Generaciones*. Serían suficientes los juicios globales que sobre la obra de Pérez de Guzmán nos resume José Manuel Blecua, desde Antonio Agustín, quien ya en 1576 califica las *Generaciones* como un libro de familias de los de mejor información y más severa puntualidad, hasta Menéndez Pelayo que las define como la primera galería biográfica de las literaturas modernas[115]. Pero es a lo largo del siglo XX cuando se desarrollan una serie de trabajos centrados específicamente en el estudio de las *Generaciones*. Además de las ediciones con sus correspondientes introducciones, entre las que cabe destacar especialmente las de Domínguez Bordona y Tate, José Luis Romero escribe, en 1944, dos extensos artículos dedicados al análisis de Pérez de Guzmán y sus *Ge-*

---

[112] En el prólogo a los *Claros varones*, Fernando del Pulgar afirma su conocimiento de las *Generaciones*: «Verdad es que el noble cauallero, Fernand Peres de Guzman, escriuió en metro algunos claros varones naturales dellos que fueron en España; asimismo escriuió breuemente en prosa las condiciones del muy alto e excelente rey Don Juan, de esclarecida memoria, vuestro padre, e de algunos caualleros e perlados, sus súbditos, que fueron en su tiempo» (cfr. J. Domínguez Bordona, ed. Fernando del Pulgar, *Claros varones de Castilla*, Madrid, 1942).

[113] Cfr. Juan de Mata Carriazo, *Refundición de la crónica del halconero*, ed. Lope de Barrientos, Madrid, 1946, págs. 5-7.

[114] Cfr. Galíndez de Carvajal, *Adiciones genealógicas á los claros varos de Castilla de Fernan Perez de Guzman, Señor de Batres*, CODOIN, vol. XVIII, páginas 423-536.

[115] *Vid.* al respecto, J. M. Blecua (ed.), *Generaciones y semblanzas*, ob. cit., págs. 60-62.

neraciones[116], a los que siguen los estudios de López Estrada, sobre la repercursión de las *Artes poeticae* medievales en la obra de Fernán Pérez, y de Carlos Clavería, sobre la caracterización de los personajes de las *Generaciones*, en 1946 y 1951-1952, respectivamente[117]. Junto a ellos hemos de mencionar el trabajo de Maíllo Salgado, sobre los estereotipos reflejados en las *Generaciones*, en 1980[118], y los artículos de Uriarte Rebauldi, sobre los modelos literarios y el tiempo de Fernán Pérez de Guzmán, en 1961 y 1986, respectivamente[119].

---

[116] Cfr. J. L. Romero, «Sobre la biografía española...» y «Fernán Pérez de Guzmán y su actitud histórica».

[117] Cfr. F. López Estrada, «La retórica en las *Generaciones y semblanzas...*», art. cit.; y C. Clavería, «Notas sobre la caracterización de la personalidad...», art. cit.

[118] F. Maíllo Salgado, *Un análisis del discurso histórico. La ideología*, ob. cit.

[119] L. N. Uriarte Rebaudi, «Los modelos literarios de Fernán Pérez de Guzmán», art. cit.; y «Fernán Pérez de Guzmán y su tiempo», en *CHE*, Anexo IV, Buenos Aires, 1986, págs. 315-326.

Esta edición

De los cuatro manuscritos en que se nos han transmitido las *Generaciones y semblanzas*, el más fiable, sin duda alguna, es el conservado en el Monasterio de El Escorial (notado como E). El manuscrito 6156 (notado como M2), al que le faltan los siete folios iniciales de las *Generaciones*, sigue de modo bastante fiel la edición de Galíndez. El manuscrito 1619 (notado como M1), como ha señalado Tate, si bien refuerza la autoridad del manuscrito de El Escorial, al mismo tiempo sigue algunas lecturas de la primera edición impresa[120]. En cuanto al manuscrito londinense (notado como Eg), si bien en el folio inicial alude a una copia de la edición de Galíndez, no incluye, salvo en la primera semblanza y al margen, las notas de la edición de Logroño, y si a ello añadimos el cotejo de las variantes, podemos afirmar que no es una mera copia de la edición realizada por Galíndez.

A falta de un texto original, en nuestra edición hemos tomado como base el texto del manuscrito escurialense. En la notación de variantes hemos incluido las registradas en los otros tres manuscritos, las del texto incluido en el prólogo de la *Refundición de la crónica del halconero* (notado como Ref), y las de la primera edición impresa de Cristóbal de Santisteban (notada como Sant). Simplemente como contraste de posteriores ediciones realizadas en distintas épocas, hemos reseñado también las variantes de la edición de Llaguno (notada como Llag) y las de la edición de Cayetano

---

[120] Cfr. R. B. Tate, ob. cit., pág. XXII.

Rosell (notada como BAE). En un segundo aparato de notas incluimos los fenómenos históricos, lingüísticos o de fuentes que pueden suministrarnos una mayor información sobre la obra.

En cuanto a la transcripción de las *Generaciones*, seguimos con la mayor fidelidad posible la grafía del texto adoptado como base, pese a la falta de fijeza lingüística. Sólo corregimos dicha grafía cuando atenta de modo ostensible contra la norma del propio manuscrito. Pese a que el resultado se nos presente falto de fijeza lingüística, la propia inestabilidad de la lengua en la época podría llevarnos a superiores errores si pretendiésemos una mayor uniformización. Las únicas modificaciones que introducimos pueden resumirse en los siguientes puntos:

1. Adaptamos al uso moderno la puntuación, separación de palabras y empleo de mayúsculas.

2. Del mismo modo, adecuamos al uso actual la acentuación. Empleamos el acento diacrítico para las formas verbales arcaicas como *só* y *dó*, o la forma pronominal *ál*.

3. Resolvemos siempre las abreviaturas.

4. Suprimimos la alternancia gráfica entre *u/v* y entre *i/j/y*, utilizando siempre *u*, *i* para los fonemas vocálicos y *v*, *j*, *y* para los consonánticos.

5. Reducimos a simples las consonantes dobles iniciales sin valor fonológico.

6. Señalamos siempre con apóstrofo la elisión vocálica.

Por último hacemos constar nuestro agradecimiento a las distintas bibliotecas en las que se conservan los manuscritos e impresos antiguos, sin cuya colaboración no se hubiera podido realizar la presente edición. De forma particular, hacemos constar también nuestro agradecimiento al Doctor Miguel Ángel Pérez Priego, profesor y amigo, por haberme propuesto para la realización de esta edición de las *Generaciones y semblanzas*.

Bibliografía

AMADOR DE LOS RÍOS, J., *Historia crítica de la literatura española*, VI, Madrid, 1865.
— «Estudios sobre la educación de las clases privilegiadas en España durante la Edad Media», en *Revista de España*, núm. 39, X, 1869, págs. 389-415.
BARRIO SÁNCHEZ, J. A., *El Cancionero de Fernán Pérez de Guzmán. Edición y estudio*, Tesis doctoral editada en microficha, Madrid, UNED, 1992.
BLECUA, J. M., *Generaciones y semblanzas*, ed. Fernán Pérez de Guzmán, Zaragoza, 1949.
BLÜHER, K. A., *Séneca en España*, Madrid, 1983.
CARRIAZO, J. de M., *Crónica del halconero de Juan II*, ed. Carrillo de Albornoz, Madrid, 1946.
— *Refundición de la crónica del halconero*, ed. Lope de Barrientos, Madrid, 1946.
— «Notas para una edición de la "Crónica" de Alvar García», en *Estudios dedicados a Menéndez Pidal*, III, Madrid, 1952, págs. 489-505.
CLAVERÍA, C., «Notas sobre la caracterización de la personalidad en las *Generaciones y semblanzas*», en *AUM*, X, 1951-52, páginas 481-526.
Crónicas de los Reyes de Castilla, vols. 66 y 68, Madrid, 1877.
DE CASTRO, A., *Memoria sobre la ilegitimidad del Centón epistolario*, Cádiz, 1857.
DE MENACA, Marie, «Senèque au XVe Siècle», en *Les Langues Néo-Latines*, núm. 213, 1975, págs. 3-49.
DE STEFANO, L., *La sociedad estamental de la Baja Edad Media española a la luz de la literatura de la época*, Caracas, 1966.
DÍEZ GARRETAS, M.ª J., «Notas al "Prólogo" de *Diuersas virtudes e viçios...* de Fernán Pérez de Guzmán», en *Homenaje al profesor José Fradejas Lebrero*, Madrid, 1993, vol. I, págs. 107-113.

53

DOMÍNGUEZ BORDONA, J., *Generaciones y semblanzas*, ed. Fernán Pérez de Guzmán, Barcelona, 1941.

ENTWISTLE, W. J., «A note on FPG's "Mar de historias", cap. XCVI (Del sto grial)», en *MLR*, XVIII, 1923, págs. 206-208.

FOULCHÉ-DELBOSC, R., «Étude bibliographique sur Fernan Perez de Guzman», en *RH*, XVI, 1907, págs. 26-55.

GARCÍA DE SANTA MARÍA, A., *Crónica de Juan II de Castilla, CODOIN*, XCIX y C, Madrid, 1891.

HUIZINGA, J., *El otoño de la Edad Media*, Madrid, 1979.

LE GENTIL, P., *La poésie lyrique espagnole e portugaise à la fin du Moyen Age*, Rennes, 1949.

LIDA DE MALKIEL, M.ª R., *La idea de la fama en la Edad Media castellana*, México, 1952.

LÓPEZ ESTRADA, F., «La retórica en las *Generaciones y semblanzas* de Fernán Pérez de Guzmán», en *RFE*, XXX, 1946, págs. 310-352.

MAÍLLO SALGADO, F., *Un análisis del discurso histórico. La ideología*, Salamanca, 1980.

MARICHALAR, A., «Lares de Garcilaso; Batres», en *Clavileño*, II, 1951, págs. 13-22.

MENÉNDEZ PELAYO, M., *Antología de poetas líricos castellanos*, V, VI, Madrid, 1944-45.

MEREGALLI, F., «Le *Generaciones y semblanzas* de Fernán Pérez de Guzmán», en *Cronisti e viaggiatori castigliani del quattrocento*, Milano, 1951.

NICHOLS, M. W., «Notes on Spanish Historical Portraiture», en *Hispania*, XVII, 1934.

RODRÍGUEZ ARZÚA, J., *Mar de historias*, ed. Fernán Pérez de Guzmán, Madrid, 1944.

ROMERO, J. L., «Sobre la biografía española del siglo XV y los ideales de la vida», en *CHE*, I-II, 1944, págs. 115-138.

— «Fernán Pérez de Guzmán y su actitud histórica», en *CHE*, III, 1945, págs. 117-151.

TATE, R. B., *Generaciones y semblanzas*, ed. Fernán Pérez de Guzmán, Londres, 1965.

— *Ensayos sobre la historiografía peninsular del siglo XV*, Madrid, 1970.

TERRACINI, L., *Intorno alla «Crónica de Juan II»*, Roma, 1961.

TUBINO, F. M.ª, «El doctrinal de Caballeros por don Alfonso de Cartagena», en *Museo Español de Antigüedades*, X, 1880, págs. 129-177.

URIARTE REBAUDI, L. N., «Los modelos literarios de Fernán Pérez de Guzmán», en *Revista de Educación*, 12, La Plata, 1961, págs. 82-94.

— «Fernán Pérez de Guzmán y su tiempo», en *CHE*, Anexo IV, Buenos Aires, 1986, págs. 315-326.

Abreviaturas utilizadas

AUM   *Anales de la Universidad de Murcia.*
BAE   *Biblioteca de Autores Españoles.*
CHE   *Cuadernos de Historia de España.*
CODOIN   *Colección de documentos inéditos para la historia de España.*
DCECH   *Diccionario crítico etimológico castellano e hispánico.*
DRAE   *Diccionario de la Real Academia Española.*
RH   *Revue Hispanique.*
RFE   *Revista de Filología Española.*

Álvaro de Luna.

Generaciones
y semblanzas

Enrique III de Castilla y Jean de Bethencourt.

Síguense las generaçiones, semblanças e obras de los eçelentes reyes de España, don Enrrique el terçero e don Johan el segundo, e de los venerables perlados e notables cavalleros que en los tienpos d'estos reyes fueron.*

Prólogo**

5

Muchas vezes acaesçe que las corónicas e estorias que fablan de los poderosos reyes e notables príncipes e grandes çibdades son avidas por sospechosas e inçiertas e les es dada

---

* E: Precediendo a la rúbrica y en letra distinta y posterior: *Hechos de los Reyes de España D. Enrrique el 3º D. Juan el 2º y de los perlados y onorables cavalleros deste tiempo.* Sant: *Siguense la generaciones semblancas y obras de los ecelentes reyes de españa don enrique el tercero y don juan el segundo y de los venerables perlados y notables cavalleros que en los tiempos destos reyes fueron.* M1: Después de una dedicatoria a doña Luisa de Padilla, condesa de Aranda, de su capellán fray Pedro de Rozas, *Repertorio de algunos actos y cossas singulares que en estos reinos de castilla acaesçieron.* M2: En letra distinta y añadido, *Fernan Perez de Guzman Generaciones y semblanzas.* Eg: *Síguense las generaciones, semblanças, y obras de los excellentes Reyes de España D. Henrique III y D. Juan II. Y de los venerables perlados y notables cavalleros que en los tiempos de estos Reyes fueron. Ordenadas por el noble cavallero Fernan Perez de Guzman. Corregidas, y emendadas y adicionadas por el Dᵒʳ Lorenço Galindez de Carvajal del consejo de sus Altezas.* Llag, BAE: *Generaciones, semblanzas e obras de los excelentes Reyes de España D. Enrique III y D. Juan el II. y de los venerables Perlados, y notables cavalleros que en los tiempos destos Reyes fueron: ordenadas por el noble Caballero Fernan Perez de Guzman: corregidas y emendadas y adicionadas por el doctor Lorenzo Galíndez de Carbajal del Consejo de Sus Altezas.*

** Omitido en M1 y M2. Eg: *Cap. i. En que se pone el Prologo.* Sant: *capitulo cxxvii.* Llag: *Capitulo I. En que se pone el Prólogo.* BAE: *Capítulo primero. En que se pone el Prólogo.*

1. E: *semblancas.*
6. Ref: *E por que muchas v.*
8. Ref: Omite *e grandes çibdades.* // Ref: Omite *e inçiertas.*

poca fe e abtoridat, lo qual entre otras cabsas acaeçe e viene
10 por dos: La primera, porque algunos que se entremeten de
escrivir e notar las antigüedades son onbres de poca vergüeña e más les plaze relatar cosas estrañas e maravillosas que
verdaderas e çiertas, creyendo que non será avida por notable la estoria que non contare cosas muy grandes e graves de
15 crer, ansí que sean más dignas de maravilla que de fe, como
en otros nuestros tienpos fizo un liviano e presuntuoso
onbre, llamado Pedro de Corral en una que se llamó *Corónica Sarrazina*, otros la llamavan *del Rey Rodrigo*[1], que más propiamente se puede llamar trufa o mentira paladina, por lo
20 qual si al presente tienpo se platicase[2] en Castilla aquel muy
notable e útil ofiçio que en el tienpo antiguo que Roma usava de grant poliçía e çivilidad, el qual se llamava çensoria[3],
que avía poder de esaminar e corrigir las costunbres de los

---

9. M1: *e les es dado poca fee.*
10. Ref: *lo qual entre las otras causas prinçipalmente viene por dos rrazones.*
11. Ref: *auctoridades.*
12. E: *verguena.* // Ref: *les plaze escrevir.*
13. Ref: *sería.*
14. Ref: *que non contase cosas grandes.* M1: *que no contar cosas muy g.*
16. Eg: *como en estos nuestros t.* Sant, Ref: *como en nuestros t.* Llag: *como en estos nuestros tiempos hizo un liviano y presuncioso.* BAE: *como en estos nuestros tiempos hizo un liviano y presumpcioso.* M1: *un l. e presumtuo.*
17. Ref: Omite *onbre.* // E: *Pedro de Coral.* // M1, Eg, Llag, BAE, Ref: *en una que llamó.* Sant: *en una que el llamo.*
19. M1: *Sarazina que mas propiamente.* Sant, Eg: *Serrazina que mas propiamente.* Llag, BAE: *Serracina, que mas propiamente.* // Eg: *se podía.* // Ref: Omite *otros la llamavan del Rey Rodrigo, que más propiamente se puede llamar trufa o mentira paladina.* Sant: *o paladina mentira.*
20. Ref: *si el p.*
21. Eg, Llag, BAE: *mucho notable.* Ref: *en C. en el muy notable.*
22. Ref: *que R. conversava de grande poluçia.* Sant: *de grande p.*
23. Eg, Llag, BAE: *civilidad se platicaba el qual...* Ref: *çevilidad que se llamava çesarea, aquel que lo tenía avía p.*

---

[1] Pedro del Corral, autor de la *Crónica del rey don Rodrigo con la destruyçión de España.* Compuesta en 1400, se imprime por primera vez en 1499.
[2] *se platicase:* se practicase.
[3] *çensoria:* La versión castellana del siglo xv de la obra de Valerio Máximo (Ms. 10807, Madrid, B. Nacional) en su capítulo segundo, dedicado a la censura, se refiere a «la çensoria que es dignidat e abtoridat de judgar e corregir las costunbres» (cfr. Tate, ed. *Generaciones,* ob. cit, pág. 85, n. 2).

çibdadanos, él fuera bien digno de áspero castigo. Ca si por falsar un contrato de pequeña contía de moneda meresçe el escrivano grant pena, ¡quánto más el coronista que falsifica los notables e memorables fechos, dando fama e renonbre a los que lo non meresçieron, e tirándola[4] a los que, con grandes peligros de sus personas e espensas[5] de sus faziendas, en defensión[6] de su ley e serviçio de su rey e utilidat de su república e onor de su linaje fizieron notables abtos! De los quales ovo muchos que más lo fizieron porque su fama e nonbre quedase claro e glorioso en las estorias, que non por la utilidad e provecho que d'ello se les podía siguir, aunque grande fuese. E ansí lo fallará quien las romanas estorias leyere; que ovo muchos prínçipes romanos que de sus grandes e notables fechos non demandaron premio nin galardón de riquezas, salvo el renonbre o título de aquella provinçia que vençían e conquistavan, así como tres Çipiones e dos Mete-

25

30

35

---

25. Ma, Eg, Sant, Llag, BAE: *quantía*. Ref: *cantidad*. // Sant: *e meresce*.
26. M1: *grande pena*.
28. Llag: *a los que no lo merecieron e t. a los que*. M1: *a los que non lo m. e tirándola a los que*. Eg: *a los que no lo merecieron y tirándola a los que*. BAE: *á los que no lo merecieron, é tirándolo a los que*. Sant: *e tirándola a los que*. Ref: *y tirandolo a los que*.
29. E: *presonas*. // Ref: *y espensas de sus f. y en*.
31. Eg: *defension de su ley y authoridad de su republica*. Ref: *defension de su rreyno*. Llag: *e auctoridad de su Republica*. BAE: *e autoridad de su república*. // Eg, Llag, BAE: *notables auctos*. Ref: *notables auctos*.
34. Eg, Llag, BAE: *que por la utilidad*. // M1: *dello les podia seguir*. Eg, Llag, BAE: *se les podría*. Ref: *se podría*.
35. Sant, M1: *las istorias romanas*. Eg, BAE: *las historias Romanas*. Llag: *las Historias Romanas*. Ref: *las estorias rromanas*.
37. Ref: *non demandaron previllejo*.
38. Ref: *gualardón*. BAE: *gualardón ni r*. Eg, Llag: *ni riquezas*.
39. Eg: *o conquistaban*. // Ref: *como los tres*.

---

[4] *tirándola*: quitándola (Pérez de Guzmán, *Viçios e virtudes*, c. 356: «e si los bienes perdió / al que los dio e los tiró / loar su justa sentençia»).
[5] *espensas*: gastos (Ayala, *Rimado*. c. 862: «Andan enbaxadas de propus[i]çiones / sin ningunt efecto e sin conclusión, / con grandes espensas e alegaçiones»).
[6] *defensión*: lat. *defensio, -onis*, 'defensa'.

61

40 los e otros muchos[7]. Pues tales como éstos, que non querían
sinon fama, la qual se conserva e guarda en las letras, si estas
letras son mintrosas e falsas, ¿qué aprovechó a aquellos nobles e valientes onbres todo su trabajo?, pues quedaron frustados e vazíos de su buen deseo e privados del fruto de sus
45 mereçimientos, que es fama. El segundo defeto de las estorias es porque los que las corónicas escriven es por mandado
de los reyes e prínçipes. Por los conplazer e lisonjar, o por temor de los enojar escriven más lo que les mandan o lo que
creen que les agradará que la verdat del fecho como pasó[8].

---

40. M1: *Meteles.* Sant, Eg, Llag, BAE: *Metellos.* // Ref: *y otros semejantes.*

41. M1: Omite *e.*

42. M1, Eg, Llag, BAE: *mentirosas.*

44. Sant, M1, Eg, Llag, BAE: *frustrados.* // Sant, M1: *de su buen seso.*

45. Eg: *y privados del fin de sus merecimientos.* Llag: *y privados del fin de sus merecimientos.* BAE: *e privados del fin de sus merecimientos.* // Ref: *sinon fama y rrenonbre se deve poner en las istorias porque dellos quede memoria lo qual se conserva y guarda en las coronicas pues si estas coronicas son mintrosas y falsas que aprovechan a aquellos nonbres a los valientes onbres pues quedaron frustados y vazios y privados del fruto de sus m.* Omite *que es fama.*

46. M1: Omite *los que.*

47. Sant: *es porque las coronicas se escriven por mandado de los r. e principes e por los.* Eg: *es porque las choronicas se escriben por mandado de los r. y principes y por los.* Llag: *Y el s. defecto de las Historias es, porque las Corónicas se escriben por mandado de los Reyes é Príncipes; é por los.* BAE: *Y el segundo defecto de las historias es porque las corónicas se escriben por mandado de los Reyes e Príncipes, é por los.* Ref: *y prínçipes, los quales por los.*

48. Sant: *e lisongear o por t. de los e. los escritores escriven mas lo que.* M1: *y lisongear o por t. de los e. escriben mas de lo que.* Eg: *y lisongear o por t. de los e. los escriptores escriben mas lo que.* Llag, BAE: *é lisongear, ó por t. de los e., los escritores escriben mas lo que.*

49. Ref: *y lo que creen.*

---

[7] Dado que Pérez de Guzmán alude a los Escipiones y a los Metelos conocidos por el renombre de sus conquistas, es más que probable que aluda a
Escipión el Asiático, Escipión el Africano y Escipión Emiliano, apodado
también el Segundo Africano; estos dos últimos citados como *exempla* en sus
Viçios e virtudes (cc. 114, 201, 220, 331) y en los *Loores de los claros varones*
(c. 17). Por lo que se refiere a los Metelos, son tres los conocidos por su ape-
lativo conquistador, el Macedónico, el Dalmático y el Numídico. También
Tate ya señala cómo las figuras de Escipión y Metelo también aparecen jun-
tas en Valerio Máximo (ob. cit., pág. 85, n. 4).

[8] Pérez de Guzmán poetiza la misma idea en sus *Viçios e virtudes:* «Deve
ome ser tenprado / en loar mucho en absençia; / contradize la presençia / al

E a mi ver para las estorias se fazer bien e derechamente 50
son neçesarias tres cosas: La primera, que el estoriador sea
discreto e sabio, e aya buena retórica para poner la estoria en
fermoso e alto estilo, porque la buena forma onrra e guar-
neçe la materia. La segunda, que él sea presente a los prinçipales e notables abtos de guerra e de paz[9], e porque seríe in- 55
posible ser él en todos los fechos, a lo menos que él fuese así
descreto que non reçibiese información sinon de personas
dignas de fe e que oviesen seído presentes a los fechos. E esto
guardado sin error de vergüeña puede el coronista usar de información ajena, ca nunca uvo nin averá actos de tanta ma- 60
nifiçençia e santidad como el nasçimiento, la vida, la pasión
e resureçión del Nuestro Salvador Jhesu Christo, pero de
quatro estoriadores suyos, los dos non fueron presentes a

---

50. Ref: *A mi ver*.
51. Sant: *tres cosos*.
53. Ref: *la estoria de fermoso*. // Sant: *orna*.
55. Llag, BAE: *notables autos*. Ref: *notables auctos*.
56. Eg: *y paz y porque seria impossible el ser presente a todo*. Ref: *y de pazes e porque seria inposible el ser a todos los fechos presente*. Llag: *é paz: é porque sería imposible el ser presente en todos los*. BAE: *é paz; é porque seria imposible el ser presente en todos los*. Sant: *seria inposible el ser*. M1: *seria imposible el ser*.
57. E: *presonas*.
58. M1: *sido*.
59. Ref: *f. Esto guardando*. // Eg: *a lo menos que fuesse discreto no informandose sino de dignos y presentes a los hechos*; omite *sin error de verguenza*. M1: Omite *error*. Llag: *sin error é verguenza*.
60. Eg: *informe ageno*. // Eg: *ca nunca avra*. Ref: *que nunca ovo nin avrá*. E: *huvo*. Sant, M1: *abra*. Llag, BAE: *habrá*. // Llag, BAE: *autos*.
61. Eg: *actos tales como la vida*. Ref: *y la*.
62. Eg: *passion, muerte y resurrecion de Nuestro Señor*; omite *Jhesu Christo*. Llag: *é la pasion, é la resureçion de Nuestro Señor Jesu Christo*. BAE: *é la pasion é la resurrecion de Nuestro Señor Jesu-Christo*. Ref: *y pasion y rresurreçcion de*. Sant: *e la resureçión de nuestro*. M1: *de nuestro*.
63. E: *pero quatro*. M1: *y de quatro*.

---

loar demasiado. / (...) / con tanto que nos guardemos / de loar al que es presente, / porque vil e torpemente / de lisonja non usemos» («De tachar e loar demasiado», cc. 78, 79).

[9] Comp. con *Viçios e virtudes*: «En tres maneras mentimos: / La una, quando contamos / aquello que nunca vimos / e lo visto acresçentamos» («De tres maneras de mentir», c. 257).

ello, mas escrivieron por relación de otros[10]. La terçera es
que la estoria que non sea publicada viviendo el rey o prínçipe en cuyo tienpo e señorío se hordena, porque'l estoriador
sea libre para escrivir la verdad sin temor[11].

E así porque estas reglas non se guardan son las corónicas
sospechosas e caresçen de la verdad, lo qual non es pequeño
daño. Ca, pues la buena fama quanto al mundo es el verdadero premio e galardón de los que bien e vertuosamente por
ella trabajan, si esta fama se escrive corrupta e mintirosa, en
vano e por demás trabajan los maníficos reyes e prínçipes
en fazer guerras e conquistas e en ser justiçieros e liberales e
clementes, que por ventura los faze más notables e dignos de

----

64.   Sant: *a ellos*; M1: *a ellos*. Eg: Omite *a ello*. // Eg: *y escribieron*. // Ref: *de otros la verdad de lo que paso*. // M1, Eg: Omiten *es*.

66.   M1: *no se publique viviendo el principe*. // M1: *tiempo y señorio es: porque*. Llag: *señorios*. BAE: *señorios se ordenó*. Ref: *se ordeno*.

67.   M1, Ref: Omiten *sin temor*.

68.   Ref: *e si aquestas rreglas non se g*. Eg: *no se dan*. // M1: *las coronas*.

69.   M1: *de verdad*. // E: *no*. // Sant: *poqueño*.

70.   Eg: *ca pues que la buena fama quanto al soldado*. // Ref: Omite *el*.

71.   Sant, Ref, BAE: *gualardon*.

72.   M1: *de los que viven e virtuosa por ella t*. Eg: *de los que viven e solamente por ella t*. Llag: *de los que viven*. BAE: *de los que viven*. // Eg: *corruptamente*.

73.   BAE: *o por*. // Eg: *los magnificos, e grandes principes*.

74.   Eg: *justisserrios*.

75.   BAE: *las hace*.

----

[10] Alude a San Marcos y San Lucas, que escribieron sus evangelios a partir de los testimonios obtenidos. San Lucas, por ejemplo, así lo declara explí-
citamente en el inicio de su evangelio.

[11] Domínguez Bordona y Tate en su edición de las *Generaciones* incorporan en nota a pie de página una cita del prólogo de la *Crónica de Juan II*: «Así
ruego a los que la presente Crónica leyeren, quieran dar fe a lo que en ella se
escribe, porque de lo mas soy testigo de vista; e para lo que ver no pude,
hube muy cierta y entera información de hombres prudentes muy dignos de
fe» (Domínguez Bordona, pág. 6, n. 3; Tate, pág. 85, n. 9). Sin embargo, la
comparación no debe llevarnos al error de considerar la *Crónica de Juan II*
como obra de Pérez de Guzmán. Aunque atribuida durante mucho tiempo a
su autoría (*vid*. Carriazo, Juan de Mata, «Notas para una edición de la "Crónica" de Alvar García», en *Estudios dedicados a Menéndez Pidal*, Madrid,
C.S.I.C., 1952, vol. III, págs. 489-505), la crítica moderna ha rechazado tal
atribución, como, por otra parte, ya había sido argumentado por Amador de
los Ríos (ob. cit., vol. VI, págs. 210-213).

fama e gloria que las vitorias de las batallas e conquistas. Assí mesmo los valientes e vertuosos cavalleros que todo su estudio es exerçitarse en lealtad de sus reyes, en defensión de la patria e buena amistad de sus amigos, e para esto non dubdar los gastos nin temer las muertes. Otrossí los grandes sabios e letrados que con grande cura[12] e diligençia hordenan e conponen libros ansí para inpugnar los erejes como para acreçentar la fe e devoçión en los christianos, e para exerçitar la justiçia e dar buenas dotrinas morales[13]. Todos éstos, ¿qué fruto reportarían de tantos trabajos faziendo tan virtuosos abtos e tan útiles a la república, si la fama fuese a ellos negada e atribuida a los negligentes e viles segunt el alvedrío de los tales, non estoriadores, mas trufadores?

Por çierto, siguirse ha de aquí un terrible daño. Non digo el herror de la mentira nin la injuria, de los que la fama meresçen, mas lo que más grave es que los que por la fama tra-

80

85

90

---

76. Eg: *mas llenos de fama e gloria.* Llag, BAE: *mas nobles.* // Sant, Ref, Llag, BAE: Omiten *de las batallas.* Eg: *de las batallas que tuvieron.*
78. Eg: *c. cuyo estudio.* // Ref: *y en d.*
79. Eg: *de su patria.*
80. Sant: *no dubdan los gastos ni temen las m.* Eg: *no dificultan los gastos, ni temen las m.* Llag, BAE: *no dubdan los gastos, ni temen las muertes.* // Ref: *ca si los.* BAE: *é otrosí.*
81. Ref: *grant cura.* Eg, Llag, BAE: *gran cura.*
82. Eg: *e como que llevan en hombros assí.*
83. Llag, BAE: Omiten *e devoçión.* // Ref: *de los cristianos.*
84. Eg: *la justicia, e las christianas d. m.*
85. Eg: Omite *tan.*
86. Ref: *que fruto nin pro querian de tantos t. faziendo tan v. auctos.* Llag, BAE: *autos.*
87. Ref: *a los negligentes y inutiles que el alvedrio.* M1: *a los n. e inabiles.* Eg: *a los n. e inhabiles.* Llag, BAE: *á los n., á los inútiles é viles.*
88. E: *trunfadores.* Eg: *aduladores.* Ref: *trumfadores se deve dezir.*
89. Sant, M1: *seguir seya de aqui.* Ref: *seguirse ya de aqui.* Llag: *seguirse ía de aquí.* BAE: *seguirse hia de aqui.*
90. Eg: *seguirse hia de aquí un terrible daño no tollerable: que ni la mentira.* Ref: *el error de la materia.* Llag, BAE: *de la mentira de materia.*

---

[12] *cura*: cuidado, preocupación (comp. Pérez de Guzmán, *Viçios e virtudes*, c. 216: «El que de la agricultura / buen maestro quiere ser, / de las plantas escoger / e simientes ha grant cura»).
[13] Pérez de Guzmán dedica la parte final de los *Loores de los claros varones* a loar este tipo de «sabios e letrados» (cc. 403-408).

bajan, desesperados de la aver, çesarían e se retraerían de fazer obras e actos nobles e virtuosos, ca todo ofiçio tiene su fin çierto en que mira e entiende. De aquesto quanto mal e
95 daño se podíe siguir sería por demás escrivirlo, pues non ay tan sinple e rústico que aquesto inore. Por lo qual yo, temiendo que en la estoria de Castilla del presente tienpo aya algunt defeuto, espeçialmente por non osar o por conplazer a los reyes, como quier que Alvar Garçía de Santa María, a
100 cuya mano vino esta estoria, es tan notable e discreto onbre que non le falleçería saber para ordenar e conçençia para guardar la verdad[14], pero, porque la estoria le fue tomada e pasada a otras manos e segund las ambiçiones desordenadas que en este tienpo ay, razonablemente se deve temer que la
105 corónica non esté en aquella pureza e sinpliçidad que la él

92. Eg: *merecen, ni el daño de los que por la fama trabajan*. M1: *e trabajan*. // E: *del aver quedarian*.

93. Eg: *desesperados de conseguir cessarian, e no se trabajarian de facer o*. M1: *çesarian e no se trabajarian de facer o*. // Sant: *actos virtuosos e notables*. M1: *e avituos de virtuosos e nobles*. Eg: *autos virtuosos e nobles*. Llag, BAE: *autos virtuosos é notables*. Ref: *auctos virtuosos y notables*; omite lo que sigue a continuación hasta *por lo qual yo...*

94. Eg: *con que*. // Sant: *e tiende*. Eg: *y atiende*. Llag, BAE: *y tiende*.

95. M1: *se puede*. Sant, Eg, Llag, BAE: *se podria*. // E: *no*.

96. Sant: Omite *yo*.

97. Eg: *en el presente tiempo*.

98. Eg: *por no dexar o no osar descomplacer*. Ref: *de no osar conplazer*.

99. Sant, Ref: *como quiera*.

100. Ref: *esta coronica*. // M1, Eg, Ref, Llag, BAE: *tan noble*. // Eg: *e recto hombre*.

101. E: *fallecería*. Llag: *fallesce*. BAE: *fallece*. Ref: *fallesçiera saber para la ordenar*. Eg: *para o. e concordar para*.

102. Llag, BAE: Omiten *saber para ordenar e conçiençia para guardar*.

103. Eg: *le fue a el referida y apassada a*. BAE: *pasada de*. // Ref: *segunt comiçiones*.

104. Ref: *mundo ay*.

105. E: *prueza*.

[14] Galíndez anota: «Alvar García de Santa María escribió esta corónica del rey don Juan hasta el año de veinte, dello ordenado y dello en registro, porque yo vi el original; aunque puso muchas cosas fuera del reino, que Fernán Pérez abrevió». La admiración hacia Alvar García por parte de Pérez de Guzmán es obvia, como queda de manifiesto en la dedicatoria que éste le realiza de sus *Viçios e virtudes*.

hordenó. E por esto yo, non en forma e manera de estoria, que aunque quisiese non sabría, e si supiese non estó[15] ansí instruido nin enformado de los fechos como era nesçesario a tal acto, pensé de escrivir como en manera de registro o memorial de dos reyes que en mi tienpo fueron en Castilla, 110 la generaçión d'ellos e los senblantes e costunbres d'ellos, e por consiguiente los linajes e façiones e condiçiones de algunos grandes señores, perlados e cavalleros que en este tienpo fueron. E si por aventura en esta relaçión fueren enbueltos algunos fechos pocos e brevemente contados que en este 115 tienpo en Castilla acaeçieron, será de nesçesidad e porque la materia ansí lo requirió.

Yo tomé esta invençión de Guido de Colupna, aquél que trasladó la *Estoria Troyana* de griego en latín, el qual en la primera parte d'ella escrivió los gestos e obras de los griegos e tro- 120 yanos que en la conquista e defensión de Troya se acaesçieron. E començaré en don Enrrique, el terçero rey d'este nonbre que en Castilla e en León reinó, e fue nieto del rey don Enrrique el noble, segundo d'este nonbre.

---

106. M1: *que el la ordeno*. Eg: *que le quedo de su mano. E por esso.* Llag, BAE: *Por esto*. Ref: *que la que el ordeno*; aquí termina el texto de Pérez de Guzmán incluido en la *Refundición*. // E: *no*. // Eg: *ni manera*. Llag, BAE: *ni en manera*.

107. Sant, M1, Eg: *ca*. // E: *no*.

108. E: *instrituido*. Llag: *instrúto*. BAE: *instruto*.

109. Llag, BAE: *auto*. // Eg: *pense escribir*.

110. Eg: *e Memorial*.

111. Eg: Omite *dellos*.

113. M1: *a. grandes s. e caballeros e perlados*. Eg: *Prelados e C*. Llag: *y Perlados, é Caballeros*. BAE: *y perlados é caballeros*.

115. M1: *e breve*. Llag, BAE: *ó brevemente*.

117. Sant: *requiere*.

118. M1: *Guido de Coluna*. Eg: *Guido de Cosia*. // M1: Omite *que*.

120. Eg: *en latin, y en la primera p*. // M1: *gestos obras*.

121. E, M1: *e defension della*. Sant, Llag, BAE: Omiten *se*. Eg: *e defension de troya hicieron*.

122. Llag: *Enrique Tercero deste nombre*. BAE: *Enrique tercero deste nombre*.

---

[15] *estó*: forma etimológica del presente, característica de la lengua antigua, 'estoy'.

Del rey don Enrrique,
el terçero d'este nonbre
e fijo del rey don Juan*

Este rey don Enrique el terçero[16] fue fijo del rey don Johan
e de la reina doña Leonor, fija del rey don Pedro de Aragón,
e desçendió de la noble e muy antigua e clara generaçión de
los reyes godos e señaladamente del glorioso e católico
5   príncipe Recaredo, rey de los godos en España. E segunt por
las estorias de Castilla paresçe, la sangre de los reyes de Castilla e su suçesión de un rey en otro se ha continuado fasta
oy, que son más de ochoçientos años sin aver en ella muda-

---

   *   El ms tomado como base, *E*, no ofrece rúbricas. Tomamos las de la edición impresa de Cristóbal de Santisteban, si bien procuramos adaptar las gra-
fías.
    Sant: *Del rey don enrique el tercero deste nombre e fijo del rey don juan capitulo cxx-
viii.* M1: *raçonamiento del rei d. enrique el 3º fijo del rey don juan.* Eg: *Raçonamiento del Rey D. Henrique el tercero: hijo del Rey D. Juan.* Llag, BAE reproducen
la rúbrica de Santisteban.
   1.   Llag, BAE: *El Rey.*
   3.   Eg: *que descendio de la muy noble.*
   4.   Eg: Omite *reyes.* // E: *senaladamente.* // M1: *del graçioso.* Eg: *del gracioso.*
   5.   Eg: *Ricardo.* Llag, BAE: *Ricardo.* // Sant, Llag, BAE: Omiten *e.*
   6.   Eg: Omite *de Castilla.*
   7.   Sant, Llag, BAE: Omiten *su.* // Eg: *sucession de uno en otro.*

---

   [16] Enrique III, rey de Castilla, nacido en 1379 sucede a su padre a los once
años, reinando, hasta los catorce, bajo un Consejo de Regencia. Muere
en 1406.

miento de otra liña[17] nin generaçión[18], lo qual creo que se fa- 10
llará en pocas generaçiones de los reyes christianos que tan
luengo tienpo durase. En la qual generaçión ovo muy buenos e notables reyes e prínçipes, e ovo çinco hermanos santos que fueron Sant Isidro e Sant Leandre e Sant Fulgençio e
Santa Florentina monja, e la reina Theodosia, madre del rey
Recaredo, que fue avida por santa muger e un su fijo mártir 15
que llamaron Hermenegildo. E aun en los tienpos modernos
es avido por santo el rey don Fernando, que ganó a Sevilla e
a Córdova e a toda la frontera.

E este rey don Enrique començó a reinar de poco más de
onze años, e reinó diez e seis, assí que bivió más de veinte e 20
siete años. Fue de mediana altura e asaz de buena dispusiçión. Fue blanco e rubio; la nariz un poco alta. Pero quan-

---

9. Sant, Eg, Llag, BAE: *línea*. // Eg: *y creo*.
11. Eg: *de los Reyes el transito que tan luengo tiempo durasse*. Llag, BAE: *durasen*.
12. Eg: *ovo muchos e buenos*.
13. Eg: Omite *santos*. // Sant: *santo isidro e san loandre* // M1: *Leandro*. E: *Fulgreçio*.
14. *San Isidro, San Leandro, San Fulgencio, Santa F.*
15. Llag, BAE: *Ricardo*. // Eg: Omite *que fue*. // Eg: *e un hijo*. Sant: *y un hijo suyo*. M1: *e un fijo*. Llag, BAE: *é un hijo suyo*.
16. M1: *Herminigildo*.
17. Eg: *por descendiente suyo el rey*.
18. Eg: *e a C. e a Xerez de la f.*
19. Sant: *este rey*.
20. Eg: *Este Rey D Henrique començó a reinar de edad de once años poco mas*. Llag: *Este Rey Don Enrique nasció á quatro dias de Otubre dia de San Francisco año de mil e trecientos y setenta é ocho, é reynó á nueve de Otubre de mil é trecientos é noventa. Comenzó á reynar de once años é cinco dias, é reynó diez y seis años*. BAE: sigue la lectura de Llaguno.
21. Eg: *assi que el murio de veinte y siete a.* // Sant: *y fue*. Llag, BAE: *E fué de mediana estatura*.
22. Sant: *e la nariz*. Llag, BAE: *é la nariz*.

---

[17] *liña*: línea, descendencia.
[18] *Vid.* Pérez de Guzmán, *Loores de los claros varones*, loando la figura de don Alfonso el Católico, cc. 135, 136: «Deve aquí ser notada / e relatada en estoria, / (...) / que sangre más antiguada / de real generación, / sin otra interposición, / que en España non es fallada. / Ochoçientos e çinquenta / años de la Encarnación / avemos por çierta cuenta / de reyes d'esta nación».

do llegó a los diez e siete o diez e ocho años ovo muchas e
grandes enfermedades que le enflaqueçieron el cuerpo e le
25 dañaron la conplisión, e por consiguiente se le afeó e dañó el
senblante, non quedando en el primer paresçer, e aún le fueron cabsa de grandes alteraçiones en la condiçión, ca, con el
trabajo e afliçión de la luenga enfermedad, fízose muy triste
e enojoso. Era muy grave de ver e de muy áspera conver-
30 saçión, assí que la mayor parte del tienpo estava solo e malenconioso, e al juizio de muchos, si lo cabsava la enfermedad o su natural condiçión, más declinava a liviandad que a
graveza nin madureza.
   Pero aunque la discriçión tanta non fuese avía algunas
35 condiçiones con que traía su fazienda bien hordenada e su
reino razonablemente rigido, ca él presumía de sí que era su-
fiçiente a rigir e governar. E como a los reyes menos seso e esfuerço les basta para rigir que a otros omnes, porque de muchos sabios pueden aver consejo, e su poder es tan grande, es-
40 peçialmente de los reyes de Castilla, que con poca onbredad
que tengan serán muy temidos, tanto que ellos ayan ende[19]
su presunçión, e non se dexen governar a otros, e ansí él fue
muy temido e junto con esto él era muy apartado, como di-

   23.   Eg: *alta: palido un poco; a los diez y siete años o diez y ocho*. Sant, Llag,
BAE: Omiten *o diez e ocho*. M1: *años o diez y ocho*.
   25.   Eg: *compleccion*. // Llag, BAE: *se le dañó é afeó*. E: *danó*.
   26.   Eg: *no queriendo*. // Sant. M1, Eg, Llag, BAE: *en el primero*.
   28.   Eg: *de la larga*. // Sant, Llag, BAE: *mucho triste*.
   29.   Eg: Omite *de ver*. // M1: *de aspera*. Sant: *aspera e dura*.
   31.   Eg: *y malencolico*. // Eg: *se lo causaba*.
   33.   Eg: *g. o madurez*.
   34.   Eg: *la discrecion suya no fuesse*.
   35.   Eg: *trahia su familia*.
   36.   Eg: *ca presumia*.
   37.   Llag: *suficiente para*. BAE: *suficiente por*.
   38.   Eg: Omite *omnes*.
   39.   Sant: *puede*. // Eg: *es grande*.
   40.   Eg: *con poca capacidad*.
   42.   Eg: *ayan de si presumpcion*. // Eg: *governar de*. Sant, BAE: *governar de*.
Llag: *gobernar de*. // Llag: *otros; ansí*.
   43.   Eg: *fue temido: e junto con esto fue*. // Eg: *e como*.

[19]   *ende*: lat. *inde*, 'de allí', 'de ello'.

cho es. E ansí como la mucha familiariedat e llaneza cabsa
menos preçio, así el apartamiento e la poca conversaçión   45
faze al príncipe ser temido.

E él avía grande voluntad de hordenar su fazienda e creçer
sus rentas e tener el reino en justiçia, e qualquier onbre que
se da mucho a una cosa, nesçesario es que alcançe algo d'e-
lla, quanto más el rey que nunca le falleçen[20] buenos minis-   50
tros e ofiçiales para aquel ofiçio en que él se deleita. Ovo este
rey algunos buenos e notables religiosos e perlados e dotores
con quien se apartava a ver sus fechos e con cuyo consejo
hordenava sus rentas e justiçias. E lo que negar non se puede, alcançó discriçión para conoçer e eligir buenas personas   55
para el su consejo, lo qual non es pequeña virtud para el
príncipe. E ansí con tales maneras tenía su fazienda bien ordenada e el reino paçífico e sossegado, e llegó en poco tienpo grande thesoro, ca él non era franco, e quando el rey es
escasso e de buen recabdo e ha grandes rentas, nesçesario es   60
de ser muy rico.

Del esfuerço d'este rey non se pudo saber bien la verdad,
porque el esfuerço non es conoçido, sinon en la plática[21] e

---

44.   Llag: *ca ansi*. BAE: *ca ansí*.
45.   E: *converssaçión*.
46.   Eg: Omite *ser*.
47.   Sant: *el avia*. M1: *en el avia gram v*. Llag: *El había gran v*. BAE: *Él habia gran v*. // Eg: *gran v*.
48.   Eg: *e de crescer sus r. e de tener*.
50.   Sant: *al rey*. BAE: *al Rey*.
51.   Eg: *ministros, e leales*. // Llag, BAE: *E ovo*.
52.   Sant, M1, Llag, BAE: *notables hombres r*. Eg: *notables hombres r*.
53.   Eg: *con quienes*. // E: *aver sus f*.
55.   E: *presonas*.
56.   M1: *para su c*.
58.   M1: *sosegado allego*.
59.   Sant, Eg: *gran*. M1: *gramt*. // E: *no*. // M1, Sant: Omiten *e*.
62.   Sant: *pude*. Llag, BAE: *puede*. // Eg: *saber bien la calidad*.
63.   E: *no*.

---

[20] *fallesçen*: faltan (Pérez de Guzmán, *Viçios e virtudes*, c. 12: «La costançia
quan preçiosa / joya es asaz paresçe, / pues de aquel a quien fallesçe / toda
mistad es dubdosa».
[21] *plática*: vid. n. 2.

exerçiçio de las armas, e él nunca ovo guerras nin batallas en
65 que su esfuerço pudiese pareçer, o por la flaqueza que en él
era tan grande que a quien non lo vido[22] sería grave de creer,
o porque de su natural condiçión non era dispuesto a guerras
nin a batallas. E yo, sometiendo mi opinión al juizio discreto de los que lo platicaron[23], tengo que amos[24] estos defetos
70 le escusaron de las guerras. Es verdat que un tienpo ovo guerra con el rey don Johan de Portogal, e el año que murió tenía començada guerra con el rey de Granada, pero cada una
d'estas guerras ovo más con nesçesidad que por voluntad.

La guerra de Portogal fue en esta manera. El rey don Johan
75 de Portogal tomó en treguas la çibdat de Badajoz e prendió
al mariscal Garçi Gonçález de Herrera que en ella estava, e
continuóse aquella guerra por tres años, en la qual el rey de
Portogal fue puesto en tanto estrecho, assí por la grand gente
del rey de Castilla como porque algunos grandes cavalleros
80 de su reino se pasaron al rey de Castilla, que si él oviera cuerpo o coraçón para prosiguir la guerra, segund la oportunidad
del tienpo ge lo[25] ofreçía, o le tomara el reino o oviera d'él

---

64. Llag: *práctica y en el exercicio*. BAE: *prática y en el exercicio*. Sant: *y en el
exercicio*.
66. Sant, Llag, BAE: Omiten *tan*. // Eg: *no la viesse*. Llag, BAE: *no le vido*.
// E: *crer*.
67. Eg: *non era dado*.
68. Sant, Llag, BAE: *ni batallas*. M1: *nin batallas*.
69. E: Omite *de los*. // M1, Llag, BAE: *le praticaron*. Eg: *le platicaron*.
70. M1: *destos defectos*. Eg: *de estos defectos que lo apartaron de las guerras*.
72. M1: *tenie*.
73. Eg: *huvo de ser*.
74. Eg: *en esta forma*.
75. M1: *el rey de portugal D. Juan*. // Sant, Llag, BAE: *en tiempo de treguas*.
76. Eg: *el Mariscal*. // Llag: *Garci Gutierrez*. BAE: *Garcigutierrez*.
78. Sant: *grande*.
79. M1: *porque como*.
81. Sant: *para prosegir*. Eg: *para seguir*.
82. Eg: Omite *o le*.

---

[22] *vido*: forma etimológica del pretérito fuerte, habitual en la lengua antigua, 'vio'.
[23] *platicaron*: *vid*. n. 2.
[24] *amos*: forma común en castellano antiguo, lat. *ambo, -ae, -o*, 'ambos'.
[25] *ge lo*: forma etimológica, lat. *illi-illum*, 'se lo'.

grandes vantajas en los tratos. Los cavalleros de Portugal que
en esta guerra a él se pasaron fueron éstos: Martín Vázquez
de Acuña[26] e sus hermanos Gil Vázquez e Lope Vázquez[27],   85
Alvar Gonçález Camelo, prior de Ocrato[28], e Johan Fernández Pacheco e Lope Fernández, su hermano, e Egas Cuello.
En esta guerra el rey de Portugal ganó la çibdad de Tuy en
Gallizia e después çercó la villa de Alcántara, e el rey enbió a
la socorrer a su condestable, don Ruy López Dávalos, el qual   90
llegó allí por la otra parte del río de Tajo e socorrió la villa. E
como quier[29] que el rey de Portugal tenía i[30] mucha gente,
pero desque vio que la non podía tomar partióse de allí. El
condestable de Castilla entró en Portugal e andudo[31] aí algunos días faziendo grant daño, e tomó por conbate una villa   95
muy fuerte que dizen Peñamoncor[32], e de allí tornó a Casti-

---

   83. M1: *reino obiera del grandes avantajas en los t.* Sant, Llag, BAE: *aventa-*
jas. Eg: Omite *en los tratos.*
   84. Eg: *fueron: el Mariscal Martin.*
   86. Llag, BAE: *é Alvar Gutierrez.* // M1, Eg: *Camello.* // Sant: *Crato.*
   87. Llag, BAE: *Hernandez.* // Sant, M1, Eg: *Coello.*
   88. E: *Purtugal.*
   89. Eg: *fortificó la villa.*
   90. Sant, BAE: *al su.* // M1: *Lope.*
   91. M1, Eg: *rio tajo.* // Sant: *la villa muy presto.* // Llag: Omite *e.*
   92. Sant: *ai.* M1: Omite *i.* Eg: *ahi.* Llag: *aí.* BAE: *ahí.*
   93. Llag: *desque vido que no la podia.* Sant: *vido.* BAE: *vido.* // Eg: *partio.*
   95. Sant: *andovo... haziendo mal e grande d.* M1: *andubo.* Eg: *anduvo algu-*
nos d. Sant: *andubo... haciendo mal y gran d.* BAE: *anduvo... haciendo mal y grand.*
   96. M1: *peña mencor.* Eg: *Peñamencor.* Llag, BAE: *Peñamocor.*

   [26] Martín Vázquez de Acuña y Juan Fernández Pacheco, en el cerco de
Coria, se parangonan con los caballeros de la tabla redonda, siendo incluso
el segundo —abuelo de Juan Pacheco, marqués de Villena— comparado con
Lanzarote *(vid.* Gil González Dávila, *Historia de la vida y hechos del Rey don*
Henrique III, Madrid, 1638, pág. 125).
   [27] López Vázquez de Acuña, padre de Alfonso Carrillo, futuro arzobispo
de Toledo.
   [28] Según anota Zurita en la *Crónica de Enrique III,* el prior de Ocrato se lla-
maba Álvar Gutiérrez *(CODOIN,* vol. 68, pág. 14).
   [29] *como quier:* aunque (Berceo, *Libro de Buen Amor,* c. 1517: «como quier
que por fuerça dízenlo con vergoña»).
   [30] *i:* lat. *ibi,* 'allí'.
   [31] *andudo:* forma de pretérito fuerte que, por asimilación a *pudo,* alterna
con *andovo* en el castellano antiguo.
   [32] *Peñamoncor:* Peñamacor.

lla. E en aquel tienpo don Gonçalo Núñez de Guzmán, maestre de Alcántara[33], e don Diego Furtado de Mendoça, almirante de Castilla, e Diego López de Stúñiga, justiçia mayor del rey, e Pero Suárez de Quiñones, adelantado mayor de León, e otros grandes señores tenían çercada Miranda de Duero. El condestable vino allí e la villa fue tanto aquexada que se ovo de aplazar, e requirió a su rey que la acorriese, e non aviendo acorro, entregóse. E después, tratada paz entre los reyes, ovo fin esta guerra, tornando a cada reino sus çibdades e villas.

La guerra de los moros vino por esta cabsa. Los moros, en treguas, furtaron un castillo de don Alvar Pérez de Guzmán, señor de Olvera, que dizen Aymonte, e por muchas vezes fueron requeridos los moros por el rey que lo tornasen, e non lo quisieron fazer. Con todo esto, segund opinión de algunos, aún el rey non les fiziera guerra, salvo que él, teniendo puestos sus fronteros[34] porque el rey de Granada con temor de la guerra viniese a lo que él quería, acaeçió por hordenança de Nuestro Señor Dios, que muchas vezes faze sus obras contra la dispusiçión de los onbres, que los moros en-

---

97. Eg: Omite e. // Sant, Llag, BAE: Omiten don.
98. M1, Eg: de Calatraba. Llag, BAE: de Calatrava.
100. Sant: juarez de q. E: Quinones.
101. Sant, M1: a miranda. Eg: a Miranda. Llag, BAE: a Miranda.
102. Llag, BAE: y el Condestable. // Sant, Llag, BAE: Omite la villa.
104. Llag, BAE: socorriese; e no habiendo socorro. Eg: e non aviendola socorrido. // M1: efetuada paz.
105. Eg: la guerra.
108. Sant, Llag, BAE: tiempo de treguas. // Eg: furtaron un lugar.
109. Sant: Aymmonte. Llag, BAE: Ayamonte. // Eg: Omite por.
110. Sant, Llag: le tornasen.
111. E: sigund.
112. Sant: algunos el rey non los hiziera.
113. Eg: teniendo los por sus fronteros.
114. Sant, Llag, BAE: por temor. // Eg: no entrasse a lo que.
115. Sant, M1, Eg, Llag, BAE: Omiten Dios. // E: Omite vezes.

---

[33] Gonzalo Núñez de Guzmán fue maestre de Alcántara y maestre de Calatrava, lo que explica las dos lecturas que encontramos en las fuentes manejadas.

[34] frontero: caudillo que manda la frontera por el rey (López de Ayala, Libro rimado del Palaçio, c. 506: «Antes que dende parta, el rey ha mensajeros / que un rey, su vezino, ha puesto ya fronteros / e quiere fazer guerra e paga cavalleros»).

74

traron poderosamente por la parte de Quesada contra Baeça. E Pero Manrrique, adelantado de León, que era frontero en el obispado de Jahén, salió a ellos, e con él Día Sánchez de Benavides, cabdillo del dicho obispado, e otros cavalleros. E como quier que los moros eran en mayor número, pelearon con ellos e atravesaron sus hazes con muy buen esfuerço, e pasaron a un otero alto porque anochecía ya, e murieron pieça[35] de cavalleros moros, e de los cristianos murió Martín de Rojas, hermano de don Sancho de Rojas, arçobispo de Toledo, e Johan de Herrera, mariscal del infante don Fernando, e Alfonso Dávalos, sobrino del condestable don Ruy López, e Garçí Álvarez Osorio, e otros algunos. E como quier que en esta pelea non se declaró la vitoria por ninguna parte, pero es çierto qu'el adelantado e los cavalleros que con él eran pelearon muy bien como buenos cavalleros.

E ansí esta pelea fue cabsa porque el rey se movió a la guerra e vino a Toledo, e allí mandó juntar todas sus gentes e fizo cortes para aver dineros e hordenar los fechos de la guerra. Estando en Toledo aquexólo mucho la dolençia e murió

120
125
130
135

---

120. M1: *e contra diez sanchez de b.* Eg: *e con Diez Sanchez Benevidez.* Sant: *diego sanchez de venavides.*
121. Sant: *e otros c. con el y como quiera.* M1, Eg: *e otros c. con el.* Llag: *é otros muchos Caballeros con él: é como quiera.* BAE: *é otros muchos caballeros con él; é como quiera.* // Sant, M1, Eg, Llag, BAE: *en mui mayor.*
124. M1: *gram pieça de c. m. de los.* Eg: *gran parte de c. m. De los.* Llag: *é m. aí pieza de los Caballeros Moros. De los.* BAE: *é murieron ahí pieza de los caballeros moros. De los.* Sant: *moros de los.*
125. Eg: *Martin Roxas.* // Sant, BAE: Omiten *don.*
126. Sant, M1, Eg: *Ferrera.* // Eg: *Ferrera tio del i.*
128. Sant: *don ruy lopez de davalos y garcialvarez de osorio.* M1: *de osorio.* Eg: *D Ruy Lopez Davalos ossorio.* Llag: *Don Ruy Lopez Dávalos, Garci Alvarez Osorio.* BAE: *Don Ruy Lopez Dávalos, Garciálvarez Osorio.* // Llag, BAE: *é otros muchos.* // Sant, Eg: *como quiera.* M1: *coquier.*
129. E: *non se declaró la pelea vitoria.* // Llag, BAE: *de ninguna p.*
131. Eg: *que con el iban pelearon.*
132. Eg: *causa de que.*
133. Eg: *venir.* Llag, BAE: *ajuntar.*
135. Eg: *para fazer d., e ordenar los cabos de la g.* Llag, BAE: *ordenar en.* // Llag: Omite *estando en Toledo; e aquejóle.* BAE: Omite *estando en Toledo; e aquexóle.* // Eg: *dolencia de que m.*

---

[35] *pieça*: gran número.

día de Navidad, año de mill e quatroçientos e siete años, e dexó fijos a don Johan, que después d'él reinó, e a la infanta doña María, que es reina de Aragón, e a la infanta doña Catalina, nasçida de pocos días e casó con el infante don Enrrique; e dexó por tutores del rey, su fijo, a la reina doña Catalina e al infante don Ferrnando, su hermano.

---

136. Llag: *mil quatrocientos y siete a.* M1: *e quatro años.*

137. Eg: *años Dexo por sus herederos a D Juan.*

140. Eg: *e a la infanta doña Catharina nascida despues de dias que caso con el infante D. Henrique e a la infanta D. Maria que despues fue reina de Aragon. E dexo por tutores de su hijo.* E: *hijo,* añadido al margen con letra distinta.

141. Llag: *su hijo al Infante D. Fernando su hermano, é á la Reyna Doña Catalina su muger. Está sepultado en Toledo enla Capilla de los Reyes Nuevos.* La edición de la BAE sigue la lectura de Llaguno. Sant: *hernando su hermano.*

De la reina doña Catalina, muger del rey don Enrrique, fija del duque de Lencastre e madre del rey don Juan*

La reina doña Catalina[36], muger d'este rey don Enrrique fue fija de Don Johan, duque de Lencastre, fijo ligítimo del rey Aduarte de Inguelaterra, el qual duque casó con doña Costança, fija del rey don Pedro de Castilla e de doña María de Padilla.

Fue esta reina alta de cuerpo e muy gruesa; blanca e colorada e ruvia. En el talle e meneo del cuerpo tanto pareçía onbre como muger. Fue muy onesta e guardada en su persona

---

* Sant: *De la reyna doña Catalina muger del rey don enrique hija del duque de alencastre e madre del rey don juan. Capitulo cxxiii.* M1: *Raçonamiento de la reyna. De la reina D. Catalina muger deste rey D. enrrique.* Eg: *Razonamiento de la Reyna D. Catharina muger del Rey D. Henrique 3.* Las ediciones de Llag. y de la BAE siguen la lectura de Santisteban.

1. Eg: *Catherina*
2. Eg: *Henrique, hija.* // Sant, Eg: *Alencastre.* M1: *Lencaste.* Llag, BAE: *Alencastre.*
3. Llag, BAE: *Eduarte.* // Sant, M1, Llag, BAE: *Inglaterra.* Eg: Omite *de Inguelaterra.*
4. Sant, Llag, BAE: Omiten *de Castilla.* // E: *dona.*
6. Sant: *y mucho gruesa.* Llag, BAE: *cuerpo, mucho gruesa.*
7. Llag, BAE: *y en el talle y m.* M1, Eg: *e en el meneo.*
8. E: *presona.*

[36] La reiña doña Catalina nace en 1368, y muere en 1418.

e fama, liberal e manífica, pero muy sometida a privados e
10 muy regida d'ellos, el qual por la mayor parte es viçio común
de los reyes. Non era bien regida en su persona.

Ovo una grande dolençia de perlesía, de la qual non quedó bien suelta de la lengua nin libre del cuerpo. Murió en Valladolid en hedad de çinquenta años, año de mill e qua-
15 troçientos e diez e ocho años.

9. Llag, BAE: *é liberal*.
10. Llag: *é regida dellos: lo qual*. BAE: *é regida dellos, lo qual*. Sant: *lo qual*. //
M1: Omite *por*.
11. E: *no... persona*.
12. Sant, Eg, Llag, BAE: *gran*. M1: *gram*.
13. M1: *muri*.
14. E: *ano*.
15. Eg: Añade *a dos de jun*. Llag: *quatrocientos diez y ocho años*, añadiendo
*á dos dias del mes de Junio. Está sepultada en Toledo en la capilla de los Reyes nuevos
con el Rey Don Enrique su marido, donde dotó quince Capellanías, demas de otras
veinte é cinco que antes había*. La edición de la BAE también incorpora al texto
esta adición.

Del infante don Fernando
que fue rey de Aragón*

En el tienpo d'este rey don Enrrique e so[37] su señorío fue
el infante don Ferrando[38], su hermano, príncipe muy fermoso, de gesto sosegado, e benigno, casto e onesto; muy católico e devoto christiano[39]. La fabla vagarosa e floxa, e aun en
todos sus abtos era tardío e vagaroso[40]; tanto paçiente e sofrido que pareçía que non avía en él turbaçión de saña nin
ira; pero fue príncipe de grant discriçión e que sienpre fizo
sus fechos con bueno e maduro consejo.

---

* Sant: *Del infante don fernando que fue rey de aragon. capitulo cxxx.* M1: *raçonamiento del infante D. fernando e de su façiones e condiciones mui onesto e mui catholico.* Eg: *Razonamiento del infante D. Fernando. E de su facciones e condiciones:
muy honesto, y catholico.* Llag, BAE ofrecen la lectura de Santisteban.

1. Sant, M1, Eg, Llag, BAE: Omiten *so*.
3. Eg: *sosegado, benigno, c*. E: *begnino*. Sant: *e casto*.
4. Eg: *de fabla*.
5. Llag, BAE: *autos*.
6. E: *tribulaçion de sana*.
7. Sant: *nin de ira*. Llag, BAE: *ni de ira*. // Sant, Eg: *de grande*. // M1: *e
siempre*.

---

37 *so*: lat. *sub*, 'bajo'.
38 Fernando I (1380-1416), apodado el de Antequera, fue rey de Aragón y
de Sicilia entre 1412 y 1416.
39 La *Crónica de Juan II* nos ofrece una descripción física del personaje mucho
más detallada que la presentada por Pérez de Guzmán (ob. cit., pág. 371).
40 *vagaroso*: sosegado, lento (Berceo, *Milagros de Nuestra Señora*, c. 436:
«Udie el pueblo missa non a son vagaroso»).

A los que le sirvieron fue asaz franco, pero, entre todas las
10 virtudes, las que más fueron en él de loar fueron la gran homilldat e obidiençia que sienpre guardó al rey, su hermano,
e la lealtad e amor que ovo al rey don Johan, su fijo. Ca ansí
fue que el dicho rey don Enrrique, o porque comúnmente
todos los reyes han por sospechosos a sus hermanos e a to-
15 dos los que ligítimamente deçienden de la generaçión real, o
si a él en particular falsamente le fueron puestas algunas dub-
das del infante, su hermano, sienpre le tovo muy apremiado
e encogido. Pero él, non curando⁴¹ de la aspereza e sospecha
suya, conportólo e sufriólo con grande paçiençia, estando
20 con toda humilldad a su obidiençia. E como quier que por
algunos grandes del reino fuese tentado e requerido, que
pues el rey, su hermano, por ser apasionado⁴² non podíe bien
rigir e governar, que él tomase la carga de la governaçión,
nunca él lo quiso fazer, dexando a la voluntad e dispusiçión
25 de Nuestro Señor así el rigimiento del reino como lo que a
su persona tocava, queriendo más esperar el remedio que
Dios daría en lo uno e en lo otro que la provisión que él pu-

9. Sant, M1, Eg, Llag, BAE: *entre todas sus.*
10. Eg: *las que mas en el de loar fueron, son la grande.* Sant, M1, Llag, BAE: *grande.*
12. Llag, BAE: *é lealtad.*
13. Eg: *el Rey dicho.*
14. E: *sospechos.*
17. Eg: *Real: al qual en particular f. le fueron impuestas algunas dudas en el infante.*
19. Eg: *suya sufriolo con gran.* Llag, BAE: *gran.*
20. Eg: Omite *e.* Sant: *e como quiera.* Llag, BAE: *É como quiera.*
21. Eg: *fuesse alentado.*
22. Sant, M1, Eg, Llag, BAE: *podia.*
24. Eg, Sant, Llag, BAE: *nunca lo.* M1: *nunca lo el.* // Eg: *el fazer, dexandolo.* M1: *dexandolo.*
26. E: *presona.*
27. Sant, Llag, BAE: *que no la provision.*

⁴¹ *non curando:* no preocupándose (Pérez de Guzmán, *Viçios e virtudes,* c. 54: «La honor nunca consiente / un punto contra su fama / nin cura de aquella flama / del infierno muy ardiente»).

⁴² *apasionado:* hasta el Siglo de Oro se emplea únicamente en el sentido de «atacado por una enfermedad» *(vid. Corominas).*

diera fazer, la qual fuera con escándalo e rigor. E ansí el Nuestro Señor, que muchas vezes aun en este mundo responde a las buenas voluntades catando la homilldat e inoçençia d'este príncipe, guardóle de la sospecha de su hermano, e aquella governaçión del reino que él non açebtó, quando inportunamente e sin razón le era ofreçida, diógela con voluntad del rey e plazer de todo el reino; ca, como dicho es, el rey, su hermano, a su fin le dexó por tutor del rey su fijo e regidor de sus reinos. [30] [35]

Claro enxenplo e noble dotrina en que todos los príncipes que son en subjeçión e señorío de reyes en que como en un espejo se deven mirar, porque con ambiçión e cobdiçia desordenada de rigir e mandar nin de otra utilidad propia se entremetan de turbar nin ocupar el señorío real nin moverse contra él, mas con toda obidiençia e lealtad estar so[43] aquel yugo en que Dios los puso, a enxenplo de aquel santo e notable rey David, el qual como se viese persiguido del rey Saúl, que era reprovado e desechado de Dios, aunque algunas vezes lo pudiera matar, arredró su mano de tal obra esperando la provisión e remedio que Dios en ello daríe[44]. Fa- [40] [45]

---

28. M1: *podria façer*. Eg: *podria fazer*.

33. Llag: *inoportunamente é á sinrazon*. BAE: *inoportunamente é á sin razon*. E: *e sin sazon*. // Eg: *ofrecido*.

36. Eg: *Ca como dicho es, le dexo el Rey por tutor del Rey su fijo a su fin, y por regidor de sus r.* Llag, BAE: *que como dicho es.*

39. Llag: *de los Reyes como en un e.* BAE: *de los Reyes, como en un e.* Eg: Omite *en que.* // Llag, BAE: *porque con avaricia.*

40. Eg: *de querer regir.*

41. M1: *nin de otra voluntad e utilidad se e. de t.* Eg: *ni de otra voluntad, ni utilidad propia se entiendan de turbar.*

42. Eg: *sino con toda.*

43. Eg: *Dios Nuestro Señor.* // Sant: *de enxenplo.* Llag, BAE: Omiten *a.*

44. Eg: *e noble.* // Sant: *david que como.* Llag, BAE: *David, que como.* M1: Omite *el qual.* Eg: *David: que como viesse perseguido al Rey.*

45. Eg: Omite *de Dios.*

47. Sant: *e remedio de Dios que en ello daria.* M1; Llag, BAE: *daria.* Eg: *diesse.*

---

[43] *so: vid.* n. 37.

[44] Alude Pérez de Guzmán a los episodios bíblicos recogidos en *1Samuel* 24 y en *1Samuel* 26. Ambos episodios son también citados en los *Viçios e virtudes*, poniendo a David como *exemplum* del perdón de las injurias (c. 477).

ziéndolo ellos así, Dios responderá a su buena voluntad,
dándoles graçiosamente aquello que ellos virtuosamente me-
50 nospreçiaron, como este santo rey David fizo.
    Tornando al propósito, este noble e católico príncipe, des-
pués que el rey, su hermano, murió e él quedó con la reina
doña Catalina en la tutela del rey e governaçión del reino,
porque yo en suma e brevemente relate sus notables e vir-
55 tuosos fechos, ca como al comienço dixe, non es mi entençión de fazer proçeso de estoria, mas un memorial o registro açerca de los artículos ya dichos, así bien e discretamente se ovo açerca de la persona del rey, su sobrino, en la
governaçión del reino e en onor de la corona de Castilla, que
60 con grande verdad se puede d'él notar tres obras muy singulares: primera, grand fidelidad e lealtad al rey; segunda, grant
justiçia en el reino; terçera, procurando grandísimo honor a
la naçión. Ca, como a todos es notorio, aquella guerra de
Granada, que el rey su hermano dexó començada con nesçe-
65 sidad, él la prosiguió e continuó con voluntad de serviçio de
Dios e onor de Castilla.
    Viniendo a la primera, que es guardar fidelidad e lealtad al
rey, su señor e sobrino, como todos saben, quedando el rey

---

48. Eg: *Que faciendolo.*
49. BAE: *aquellos.*
51. Llag: *Príncipe D. Fernando.* BAE: *Príncipe Don Fernando.*
52. Llag: *el Rey D. Enrique.* BAE: *el Rey Don Enrique.*
53. Eg: *Catharina.*
54. Sant: *porque no en suma.* Llag, BAE. Omiten *yo.* // Eg: Omite *e breve-*
mente.
55. Llag, BAE: *e muy virtuosos.*
56. Eg: *principio dixe, non es mi intencion fazer processo.* E: *proceso.*
57. Llag, BAE: *é registro.* // Eg: *assi que bien.*
58. Eg: *e diestramente.* // E: *presona.* Llag: *p. del Rey Don Juan el Segundo.*
BAE: *p. del Rey Don Juan el segundo.*
59. Sant: *e onor.* // M1: *de la coronica.*
60. M1: *con gram verdad se pueden...* Eg: *que con gran verdad se pueden...*
Sant: *se pueden del contar e notar tres obras s.* Llag, BAE: *con gran verdad se pueden*
dél contar é notar...
61. M1, Eg: *primeramente.* // E: *g. fideliedad.* Eg: Omite *grand.* Llag, BAE:
grande f. // M1, Eg, Llag, BAE: *grande j.*
66. M1: *del serbicio de Dios e el honor de C.* Llag, BAE: *del servicio...*
68. Sant: *al rey nuestro señor su señor.* Llag: *al Rey nuestro Señor su señor.*
BAE: *al Rey nuestro señor, su señor.* E: *senor.* // Eg: *como ya todos s.*

en la cuna en hedat de veinte e dos meses, en tanta reverençia le ovo e ansí lo servió e obedeçió como al rey su pa- 70
dre, e con tanta diligençia e estudio, guardando su persona
como si su propio fijo fuera.

Pues quanto a la administraçión de la justiçia de su reino,
crería que para en prueva d'ello bastara dizir tanto que, en
diez años o más que él con la reina rigió e governó, nunca 75
aquel tienpo ovo sabor⁴⁵ nin color⁴⁶ de tutorías, —ien tanta
tranquilidad e paz estovo el reino!—, mas ansí bivían las gentes paçíficas e sosegadas como en el tienpo del rey, su hermano. E ansí, quanto fue su buena industria e discreta en el
rigir muéstrase porque después que él murió nunca fasta oy 80
ovo concordia e paz en el reino. Non me paresçe que más
evidente e clara prueva puede ser de su buena governaçión
que, seyendo⁴⁷ él tutor e en tienpo de rey niño, fue el reino
mejor rigido que después que el rey sallió de tutorías e llegó
a hedat perfeta de onbre, que es de quarenta años. En el qual 85

---

69. M1: *cuna de hedad*. Llag: *cama en edad*.
71. Llag, BAE: Omiten la primera *e*. // Sant, M1, Eg: *guardo su p*. Llag,
BAE: *guardó su p*. E: *presona*.
72. Eg: *fuesse*.
73. Sant: *ministracion*. // Llag, BAE: *deste Reyno*.
75. Eg: *que el con la buena maña rigio*.
76. Eg: *e en tanta*.
77. M1: *estudo Reyno*. // Eg: *Reyno, que en el assi vivian*.
78. Llag, BAE: *como en tiempo*.
79. M1: *fue buena su i. e d*. Llag: *fué buena su i. é discrecion*. Sant: *e discrecion*.
BAE: *é discrecion*.
81. Eg: *ni paz*.
82. Sant: *avidente*.
83. M1, Eg, Llag, BAE: *siendo*. // Eg: *del Rey niño*. Sant: *de niño rey*. Llag,
BAE: *de niño Rey*.
85. Eg: *a la edad*. // Llag, BAE: *que es á quarenta años*.

---

⁴⁵ *sabor*: deseo, apetencia (com. López de Ayala, *Libro rimado del Palaçio*,
c. 433: «pareçe que avedes sabor de oír mal»).
⁴⁶ *color*: engaño (comp. López de Ayala, *Libro rimado del Palaçio*. c. 665: «Si
es en pequeña hedat el prínçipe o el señor / cuya privança buscas e tomas su
amor, / será muy grant peligro, ca non es durador / el tal amor como éste, e
paresçe color»).
⁴⁷ *seyendo*: forma etimológica, 'siendo'.

tienpo, después de su muerte fasta este año, que es de mill e
quatroçientos e çinquenta, nunca çesaron discordias e disensiones, de lo qual quantas muertes, prisiones, destierros, confiscaçiones son venidos, por ser tan notorio non curo[48] de lo
90 escrivir.

E viniendo al terçero acto virtuoso suyo. Muerto el rey, su
hermano, e hordenadas las provinçias que él e la reina cada
uno avía de rigir, luego partió para la frontera, non plazien-
do d'ello a algunos. E por dolençia que le recreçió non pudo
95 entrar en el reino de Granada fasta en fin de setienbre, e por
esta cabsa este primero año non pudo fazer más, salvo que
çercó la villa de Setenil; e porque es muy fuerte e el invierno
se venía non la pudo aver. Pero, enbiando gentes por toda la
tierra, fizieron grand daño en el reino, e ganó d'esta vez Aza-
100 ra, que es una muy noble fortaleza, e Pruna e Cañete e Or-
toxícar e la torre del Alhaquín, e dexando fronteros[49] vínose
al rey. E luego, al terçero año que el rey, su hermano, murió,
tornó a la guerra e en el mes de mayo çercó la villa d'Ante-

89. Llag, BAE: *é prisiones, é destierros, é confiscaciones*. Sant: *e confiscaciones*.
Eg: *destierros constituciones*. // Eg: *venidas*.

93. Llag, BAE: Omiten *luego*.

94. Llag: *no le placiendo*. BAE: *no les placiendo*. // Eg: *a algunos de ello*. Llag:
Omite *a algunos*. BAE: *á algunos dello*.

96. Sant, M1, Eg, Llag, BAE: *el primero*.

99. Eg: *e el invierno que venia non pudo entrar en el Reyno de Granada fasta
en fin de setiembre. E por esta causa el primero año non pudo fazer nada pero em-
biando gentes por todo el contorno ficieron*. Llag: *pero envió gentes por toda la tierra,
haciendo*. BAE: *pero embió gentes por toda la tierra haciendo*. // Sant: *grande*. //
M1: *daño por toda la tierra en el rreino*.

100. M1: *açahara*. Sant, Eg: *a Zahara*. Llag, BAE: *á Zahara*.

101. Eg: *e Canete e Ortoxiel e la torre de A*. Sant: *ortexicar*. Llag: *Ortexicas*;
BAE: *Otexícar*. M1: *halaquin*.

102. M1: *vinose el Rey e luego el tero a*. Sant, Eg, Llag, BAE: *el tercero a*.

103. M1: *torno a la guerra en el mes*. Llag: *tornóse á la guerra. En el mes*. BAE:
tornóse á la guerra en el mes.

[48] *non curo*: no me preocupo (comp. Pérez de Guzmán, *Loores de los claros
varones*, c. 183: «Como este rey supiese / que Panplona era çercada / de moros e muy quexada, / temiendo que se perdiese, / non se curó aunque viese /
la tierra toda nevada»).

[49] *fronteros*: *vid*. n. 34.

84

quera, e teniéndola çercada vinieron allí con el poder de Granada dos infantes, hermanos del rey moro, que dizían Çid Alí[50] e Çidi Hamete, con los quales el infante ovo su batalla entre dos sierras que dizen la Boca del Asna, e con el ayuda de Dios los moros fueron vençidos. 105

Esta batalla començaron don Sancho de Rojas, arçobispo de Toledo, e Johan de Velasco, camarero mayor del rey, porque posavan en un otero alto a la parte por do[51] los moros venían, e allí fueron luego vençidos. El infante con toda la gente fue por la otra parte de Antequera e, como él llegó a la Boca del Asna, los moros de todo punto dexaron el real. Dízese que eran los moros çinco mill cavalleros e ochenta mill peones, e murieron d'ellos fasta çinco mill onbres[52], e murieran muchos más si non porque los castellanos se fartan con poca vitoria, e la gente común por desnudar un moro júntanse veinte a ello, e por esto el alcançe non se siguió como devía, e ansí los castellanos supieron vençer mas non seguir la vitoria. En esta batalla murió un cavallero muy bueno que llamavan Lope Ortiz de Stúñiga, alcalde mayor de Sevilla. E la batalla vençida el infante se tornó a su real, e 110 115 120

104. Sant, M1, Eg, Llag, BAE: con todo el.
105. M1: Omite que dizían.
106. Sant: cidi alvu e cidi hamet. M1: e çidi ali e çidi hamed. Eg: Ordi Ali, e Ali Ambaquime. Llag: Cid Alí, é Cid Hamete. BAE: Cidalí é Cidhamente. // Eg: Omite su.
107. Sant, M1: con ayuda. Eg: la ayuda.
111. E: posava. Llag, BAE: estaban. // Llag, BAE: por donde.
113. Llag, BAE: la otra gente.
115. Sant: y dizese. M1: e dice. Eg: E dizese. Llag: E dícese. BAE: é dícese.
116. Eg: Omite la primera e.
117. Eg: Omite muchos. // Sant, M1: sino que.
118. E: desmudar.
119. Eg: se juntan.
120. Sant: Omite e por esto el alcançe non se siguió como devía. M1: sigio.
121. Sant, M1: segir.
122. E: Stúniga.

[50] Çid Alí: Cayd Alhamin. Vid. ed. Tate, pág. 86, n. 23.
[51] do: donde.
[52] La Crónica de Juan II ofrece la cifra de quince mil muertos (ob. cit., pág. 370).

tovo çercada Antequera más de çinco meses, e tomóla en el
125 mes de otubre, e ganó otras fortalezas çerca d'ella, e dexó en
ella por alcaide un buen cavallero, su criado, que llamavan
Rodrigo de Narbáez.

E antes que de Antequera partiese supo como era muerto
el rey don Martín de Aragón, su tío, sin fijos. Ca el rey Mar-
130 tín de Çiçilia, su fijo, era muerto poco tienpo antes e venía al
infante la suçesión del reino de Aragón. E por esta causa él
çesó de la prosecuçión de la guerra de Granada, ca en otra
manera, segunt el estado en que la él tenía e voluntad que él
avía de la continuar, sin dubda la conquistara. E después de
135 muchos tratos ovo el reino de Aragón, para lo qual le fue
muy favorable el reino de Castilla, así con muchas gentes
d'armas como con el ayuda que el rey, su sobrino, le fizo de
dineros, dándole el pedido[53] e monedas[54] de un año, que
montó quarenta cuentos[55].
140 Algunos quisieron a este infante notarle de cobdiçia, por-

---

124. Sant, M1, Eg: *a antequera*. Llag, BAE: *á Antequera*.
125. Llag: *y tomóla en el mes de Setiembre dia de Santa Eufemia en el años del Señor de mil é quatrocientos é diez años: e gano otras*. La edición de la BAE sigue esta lectura.
126. Llag, BAE: *á un buen*.
130. Eg, Llag, BAE: *Sicilia*.
131. Llag, BAE: *Aragon, que era hijo de la Reyna Doña Leonor de Castilla hermana deste Rey Don Martin. E por esta causa*. La edición de la BAE sigue la misma lectura.
132. Eg: *prosequncion*.
134. Sant, Eg: *en que la tenia e la v. que avia*. M1: *en que la tenia e v. que avia*. Llag: *en que la tenia, é la v. que habia*. BAE: *en que lo tenia, é la voluntad que habia*.
135. Eg: *c. Despues de muchos t. que hovo.* // Llag, BAE: Omiten *le*.
136. Sant: *e ansi*.
137. M1: *la ayuda*.
138. M1: *el podido.* // E: *ano*.
139. Llag, BAE: *montaba*.
140. E: *notarle notarle a este infante notarle de*, si bien aparece tachada la secuencia *notarle notarle a este infante*.

---

[53] *pedido*: tributo que se pagaba en los lugares o concesión que el rey, cuando era necesario, pedía a sus súbditos *(DRAE)*.
[54] *monedas*: impuestos concedidos al rey en casos especiales, como bodas, ceremonias o guerras.
[55] *cuento*: unidad monetaria de gran valor, 'millón'.

que ovo para el infante don Enrrique, su fijo, el maestradgo
de Santiago e para su fijo el infante don Sancho el maestradgo de Alcántara; pero a estos tales está bien presta la respuesta, ca, segunt la espirençia lo ha mostrado, cada uno de los
grandes que alcançan poder e privança toma para sí quanto 145
puede de dignidades, ofiçios e vasallos.

Murió este rey d'Aragón en un lugar de su reino que dizen
Igualada, por cuya muerte se desigualó la paz e concordia de
Castilla. Murió en hedad de treinta e quatro años.

Dexó fijos a Don Alonso, que oy reina en Aragón; e a don 150
Johan, rey de Navarra; el infante don Enrrique, maestre de
Santiago; e al infante don Pedro, que en la çerca de Nápul[56]
murió de una piedra de trueno; el infante don Sancho, maes-
tre de Alcántara, que murió poco ante que su padre. E fijas
a doña María, reina de Castilla, e a doña Leonor, reina de 155
Portogal. E así sus fijos e fijas poseyeron los quatro reinos de
España.

---

141.   E: *non ovo*. La negación *non* está tachada. // E: Omite *don Enrrique*.
143.   Sant, M1, Eg, Llag, BAE: *esta muy presta*.
145.   Sant, Eg, M1: *alcança*. BAE: *alcanza*.
146.   Llag, BAE: *toman para si quanto pueden*. // Sant. Eg: *e oficios*. M1: *o
ofiçios*. Llag, BAE: *é oficios*.
151.   Sant: *y al infante*. Eg: *al infante*. Llag, BAE: *é al Infante*.
152.   M1: *en la çercada napol*. Sant, Eg, Llag: *Napol*. BAE: *Nápol*.
153.   Sant, M1, Eg: *e al infante*. Llag, BAE: *é al Ínfante*.
154.   Eg, Llag, BAE: *antes*. // Sant: *e dexo fijas*. Llag: *é dexó hijas*. BAE: *É
dexó hijas*.
157.   Llag: añade *Murió á cinco de Abril año de mil e quatrocientos é diez y seis
años. Está sepultado en Cataluña en Santa Maria de Poblete de la Orden de Cistél*.
La misma lectura se sigue en la BAE.

---

[56]   *Nápul*: Nápoles.

87

De don Ruy López Dávalos,
el buen condestable de Castilla,
ansí llamado por su grande bondad*

Don Ruy López Dávalos, condestable de Castilla, fue de
buen linaje; su solar es en el reino de Navarra. Su comienço
fue de pequeño estado. Onbre de buen cuerpo e buen gesto,
muy alegre e graçioso, de dulçe e amigable conversaçión,
5 muy esforçado e de grande trabajo en las guerras, asaz cuerdo e discreto, la razón breve e corta pero buena e atentada,
muy sofrido e sin sospecha. Pero como en el mundo non ay
onbre sin tacha, non fue franco e plazíale mucho oír a estrólogos, que es un yerro en que muchos grandes se engañan[57].

---

*   E: *Don Ruy Lopez Davalos*; única rúbrica de este manuscrito y en letra
diferente. Sant: *De don ruy lopez de davalos el buen condestable de castilla ansi llamado por su grande bondad. capitulo cxxxi*. M1: *Raçonamiento de d. rui lopez davalos condestable de castilla*. Eg: *Razonamiento de D. Ruy Lopez Davalos Condestable de Castilla*. Llag, BAE: siguen la rúbrica de Santisteban; *de Avalos*.

2.   Llag, BAE: *linage, natural de Ubeda, hijo de un hombre de baxo estado: su solar es*. // E: *comienço*.

3.   Eg: Omite *fue pequeño estado*. // Llag, BAE: *y de buen gesto*.

4.   Llag: *gracioso, é de amigable conversacion*. BAE: *gracioso é amigable conversacion*.

5.   Sant, M1, Eg, Llag, BAE: *gran*.

6.   E: *buena atentada*.

8.   Eg: *no fue hombre*. E: *no fue f*.

9.   Llag: *aplacíale mucho oir Astrologos*. BAE: *y aplacíale mucho oir astrólogos*.
Sant, M1: *oir astrologos*. // Eg: *se enganan*.

[57]   Pérez de Guzmán en sus *Viçios e virtudes* critica los deseos «De saber lo
por venir» y, en particular, la astrología *(vid. cc. 372-380)*.

Fue bien quisto[58] del rey don Johan, pero con el rey don 10
Enrrique, su fijo, ovo tanta graçia e alcançó tanta privança
con él, que un tienpo todos los fechos del reino eran en su
mano. Alcançó muy grande estado e fazienda. Él fue el terçero condestable de Castilla, ca el primero fue don Alfonso
Márquez de Villena, fijo del infante don Pedro de Aragón, e 15
el segundo don Pedro, conde de Trastamara, fijo del maestre
don Fadrique; el terçero, este don Ruy López, el qual rigió a
Castilla un tienpo, ca ovo muy grande privança con el rey
don Enrrique.

Fizo en la guerra de Portugal notables actos de cavallería, 20
pero después, por mezcla de algunos que mal lo querían e
porque comúnmente los reyes desque son onbres desaman a
los que quando niños los apoderaron, fue así apartado del
rey e puesto en grande indignaçión suya, que fue çerca de
perder el estado e la persona. Pero, o por él ser inoçente e sin 25
culpa, o porque el rey ovo voluntad de le guardar, considé-
rando a los serviçios suyos e por non desfazer lo que en él
avía fecho, e si esto fue, asaz se ovo el rey notablemente, basta que él fue apartado de la privança e poder que tenía, quedando en su estado e onrra. Pero, a la fin, llegándose el tien- 30
po que por Nuestro Señor estava hordenado, o en purgaçión

---

13. Eg: *e fue.*
14. Llag, BAE: Omiten *de Castilla.*
15. Eg: *Alonso M.* Sant, M1: *a. marques.* Llag, BAE: *Alonso Marques.* //
Sant, M1, Eg, Llag, BAE: Omiten *e.*
17. Sant: *el tercero fue don ruy lopez de davalos.* Llag, BAE: *y el tercero fué Don
Ruy Lopez de Avalos.* // El texto de las *Generaciones* recogido en M2 se inicia a
partir de este punto: *el qual...*
18. M1, Eg, Llag, BAE: *gran.*
20. M1: *notables fechos.* Llag, BAE: *n. autos.* // M2: *cavallerias.*
21. M1: *le querian.*
23. M2: *desaman los que.* // M1: *lo apoderaron.*
24. M1: *en gram.* M2, Llag, BAE: *en gran.* // Sant, M2: *que fue fuerça.* Llag,
BAE: *que fué fuerza.*
25. E: *presona.* // Sant: *o por ser el.* Sant, BAE: *ó por ser él.* // M2: *y sin e sin.*
29. M1, Eg: *hasta que él.*
30. Sant: *estado y onor.* M1, Eg: *estado e honor.* M2: *estado e honor.* Llag,
BAE: *estado é honor.* // M2: *al fin.*

---

58 *quisto*: participio irregular antiguo de *querer.*

de sus pecados, o en tentaçión de su paçiençia, pasando en
Castilla los fechos por diversas e adversas fortunas, este notable cavallero, con temor de ser preso, fuese a Aragón, e luego por mandado del rey le fueron tomados todos sus bienes
e ofiçios e villas e lugares, e repartido entre los grandes del
reino. E ansí, ya él viejo, en hedad de setenta años, muy apasionado[59] de gota e otras dolençias, muy afleigido por la falsa
infamia e por el destierro e perdimiento de bienes, murió en
Valençia del Çid, dexando a sus fijos e fijas en muy grant trabajo, los quales ovo de tres mugeres: la primera de baxo linaje; la segunda, doña Elvira de Guivara, un notable solar de
ricos onbres; la terçera, doña Costança de Tovar, buena casa
de cavalleros.

La causa de qu'él fue acusado es que tratava con el rey de
Granada en deserviçio del rey, lo qual sin dubda fue maliçia
e falsedad, segunt se mostró claro, porque aquel su secretario
que por consejo de algunos fizo las cartas falsas, quando fue
muerto por justiçia, confesó ser falsedat, e ansí el malo pa-
deçió, pero el inoçente non fue restituido[60]. De lo qual se

---

34. Sant, M1, Eg, llag, BAE: *noble*. // E, M2: *fuese aragon*.
35. M1: *por mando*.
36. E: *bienes ofiçios*. // M1, Llag, BAE: *repartidos*. M2: *repartidas*.
37. Sant, M1, M2, Eg: *el ya viejo*. Llag: *él, ya viejo*. BAE: *él ya viejo*.
39. Eg: *por la fatal infamia*. // M1, Eg: *de sus bienes*.
41. M1: *d. sus fijos e f. en gran t*. Sant: *en grande t*. M2: *en trabajo*. Eg, Llag, BAE: *en gran t*.
42. Sant: *linaje que se llamava doña maria de fontecha una rica dueña de carrion la segunda*. M2: *linage que se llamava doña maria de fonseca una rica dueña de carrion*. Llag, BAE: siguen la lectura de Santisteban.
43. Sant: *de un notable solar e muy antiguo en castilla de ricos hombres*. M2: *de un notable solar y en castilla muy antiguo de ricos hombres*. Eg: *de un notable*. Llag: *de un notable solar é muy antiguo en Castilla de Ricoshombres*. BAE: *de un notable solar é muy antiguo en Castilla de Ricos-Hombres*. // Eg: *de buena casa*.
45. M2: *la causa la qual fue a*. E: Omite *acusado*.
46. M2, Llag, BAE: Omiten *sin dubda*.
48. Eg: Omite *que*.
50. Sant: *falsedad publicamente e manifesto quien avia fecho los sellos falsos en toledo para sellar las dichas cartas falsas e asi el malo padecio muerte por la dicha fal-*

---

[59] *apasionado*: vid. n. 42.
[60] El mismo episodio se recoge en la *Crónica de Juan II* (ob. cit., pág. 419). Gómez de Cibdarreal anota el nombre del secretario: Juan García de Guadalajara *(vid.* ed. Tate, pág. 87, n. 35).

paresçe que más por cobdiçia de sus bienes que por zelo de
justiçia fue contra él proçedido, graçias a la avariçia que en
Castilla es entrada e la posee, lançando d'ella vergüeña e
conçiençia, ca oy non tiene enemigos el que es malo sinon el
que es muy rico.

---

sedad pero el. M2: *fasedad publicamente e manifiesto quien avia hecho los sellos falsos
en toledo para sellar las dichas cartas falsas e ansi el malo padeçio muerte por la dicha
falsedad pero el.* Llag., BAE siguen la lectura de Santisteban. // E: *no,* interlineado y corregido al margen por letra diferente. // M2, Llag, BAE: Omiten *se.*

52. M2: *de hazer justiçia.* Llag, BAE: *de hacer justicia.*
53. E: *verguena.*
54. Eg: *consciencia.* // E: *sino.*
55. Eg: *que es rico.* M2: añade *aqui podemos dezir quien te mato señor dixo lo
mio murio a 6 de enero año de 1428 años en la cibdad de valença donde yaze sepultado.* Llag: añade *Aquí podemos decir ¿ quién te mató? Señor, dixo, lo mio. Murio
á seis de Enero año de mil é quatrocientos é veinte y ocho años en la Cibdad de Valencia, donde yace sepultado.* La edición de la BAE también incluye este texto.

De don Alfonso Enríquez, almirante de Castilla e fijo del maestre de Santiago don Fadrique, hermano del rey don Pedro*

Don Alfonso Enrríquez[61], almirante de Castilla, fue fijo bastardo de don Fadrique, maestre de Santiago, fijo del rey don Alfonso.

Fue onbre de mediana altura, blanco, roxo, espeso en el cuerpo, la razón breve e corta pero discreta e atentada, asaz graçioso en su dizir. Turbávase muy a menudo con saña, e era muy arrebatado con ella. De grande esfuerço, de buen

---

* Sant: *De don alfonso enriquez almirante de castilla e fijo del maestre de santiago don fradrique hermano del rey don pedro. capitulo cxxxii.* M1: *raçonamiento de D. Alfonso Enrrique Almirante de Castilla.* M2: *capi. 6 de don alonso enrriquez almirante de castilla hijo del maestre de santiago don fadrique hermano del rei don pedro.* Eg: *Razonamiento de D. Alonso Henriquez Almirante de Castilla.* Llag, BAE: siguen la lectura de Santisteban; *Alonso.*

1. Eg, Llag, BAE: *Alonso.*
2. Eg: Omite *bastardo.*
3. M2, Eg, Llag, BAE: *Alonso.*
4. Sant, Eg: *e roxo.* M1, M2: *y roxo.* Llag, BAE: *é rojo.*
5. E: *discreta atentada.* M2: *discreto y atentado.* Sant: *discreto e atentado.* Llag, BAE: *discreto é atentado.*
6. Sant, M1, M2, Eg, Llag, BAE: *mucho.*
7. Llag, BAE: *é de buen.*

61 Alfonso Enríquez, 1354-1429.

acogimiento a los buenos, e los que eran de linaje del rey e non tenían tanto estado fallavan en él favor e ayuda. Tenía honrrada casa, ponía muy buena mesa, entendía más que dizía. 10

Murió en Guadalupe, en hedat de setenta e çinco años.

---

8.   M2: *buenos de los que eran de linage.* Llag: *buenos. Los que eran del linage.* BAE: *buenos. De los que eran de linage.* Sant, M1, Eg: *del linage.*

9.   Sant: *ayuda tenia. Era franco y liberal: muy bien quisto caso nueve hijas con nueve mayorazgos de los principales deste reino. Tenia...*

10.   M2, Llag, BAE: Omiten *muy.*

12.   Eg: Omite *en hedat.* E: *cinco.* M2: *Guadalupe año de 29 en edad de 75 años esta sepultado en santa clara de palençia que el fundo e doña juana de mendoça su muger.* Llag: *Guadalupe año de veinte é nueve en edad de setenta y cinco años: está sepultado en Santa Clara de Palencia, que él fundó, é Doña Juana de Mendoza su muger.* La edición de la BAE sigue la lectura de Llaguno.

De don Pero López de Ayala,
notable cavallero,
chançiller mayor de Castilla*

Don Pero López de Ayala[62], chançiller mayor de Castilla,
fue un cavallero de grant linaje, ca de parte de su padre venía
de los de Haro, de quien los de Ayala deçienden; de parte de
su madre viene de Çavallos, que es un gran solar de cavalle-
5   ros. Algunos del linaje de Ayala dizen que vienen de un infante de Aragón a quien el rey de Castilla dio el señorío de
Ayala, e yo ansí lo fallé escrito por don Ferrant Pérez de Ayala, padre d'este don Pero López de Ayala, pero non lo leí en
estorias nin he d'ello otra çertidunbre.
10   Fue este don Pero López de Ayala alto de cuerpo, e delgado, e de buena persona. Onbre de grant discriçión e abtori-

---

   * Sant: *De don pero lopez de ayala notable cavallero chanciller mayor de castilla.
capitulo cxxxiii.* M1: *Raçonamiento de D. Pero Lopez de Ayala.* M2: *capi 7 de don
pero lopez de ayala notable cavallero chançiler mayor de castilla.* Eg: *Razonamiento
de D. Pedro Lopez de Ayala.* Llag, BAE siguen la rúbrica de Santisteban.
   2. Sant: *grande.*
   3. Eg: *de los Aros.*
   4. M1, Eg: *vienen.* Llag: *venía.* M2, BAE: *venia.* // Sant: *viere çavallos*
Eg: *de los Zavallos.* Llag, BAE: *Zavallos.* // Sant: *grande.*
   6. M2: *viene del infante.* Llag, BAE: *viene del Infante.*
   7. Eg: *escrito en.* // Sant, M1, M2, Eg, Llag, BAE: *fernan.*
   10. M1: *pero de ayala.*
   11. M2: Omite la primera *e.* // E: *presona.* // Sant: *grande.*

---

[62] Pero López de Ayala, 1332-1407. Pérez de Guzmán era sobrino de López de Ayala, por cuanto su madre era hermana del Canciller.

dad, e de grant consejo, ansí de paz como de guerra. Ovo grant lugar açerca de los reyes en cuyo tienpo fue, ca seyendo[63] moço fue bien quisto[64] del rey don Pedro, e despúes del rey don Enrique el segundo fue de su consejo e muy amado d'él. El rey don Johan e el rey don Enrrique, su fijo, fizieron d'él grande menc̣ión e grande fiança. Pasó por grandes fechos de guerra e de paz. Fue preso dos vezes, una en la batalla de Nájara e otra en Aljubarrota.

Fue de muy dulçe condic̣ión e de buena conversac̣ión e de grant conçiencia, e que temía mucho a Dios. Amó mucho la c̣iencia, diose mucho a los libros e estorias, tanto que como quier que él fuese asaz cavallero e de grant discric̣ión en la plática del mundo[65], pero naturalmente fue muy inclinado a las c̣iencias, e con esto grant parte del tienpo ocupava en el

---

12. Sant: *grande*.
13. Sant: *grande*.
14. M1: *ca siendo*. Eg: *e siendo*.
15. M2: *el sengundo fue del su consejo muy a.* Llag: *fué del su Consejo, muy a.* BAE: *fué del su consejo muy a.*
16. Eg: *e el Rey*.
17. M1: *gram m. e gran f.* M2: *gran menc̣ion e fiança*. Eg: *gran aprehension, e gran f.* Llag, BAE: *gran mencion é fianza*.
18. M2: *de guerras y de paz*. M1: *e paz*.
19. Sant, M1: Omiten *e*. Eg: *Nagera, otra en la de Alhubarota*.
20. M1: Omite *condiçion e de buena*.
21. Sant: *grande*. // M2: *conçiençia e temia*. Eg: *consciencia e temia*. Llag, BAE: *consciencia, que temia*.
22. M2: *las çiencias*. Eg: *a las sciencias*. Llag, BAE: *las sciencias*. M1: *las sçiencias*. // Sant, M1, Eg: *e diose*.
23. Eg: Omite *e*.
24. M1, M2, Eg: *pratica*. // M2, Llag, BAE: Omiten *muy*.
25. Sant: *grande*.

[63] *seyendo*: vid. n. 47.
[64] *quisto*: vid. n. 58.
[65] La conjunción de ciencia y caballería conforma el ideal del perfecto caballero, tal y como el mismo Pérez de Guzmán poetiza en sus *Viçios e virtudes*, c. 325: «Çiençia e cavallería / iquánto a la mundana gloria / esclareçen la memoria / con singular nonbradía! / Esta noble conpañía / es muy grave de juntar / pero junta nin ha par / nin preçio su gran valía.» («De çiencia e cavallería», cc. 325-333).

ler e estudiar, non obras de derecho, sinon filosofía e estorias.
Por causa d'él son conoçidos algunos libros en Castilla que
antes non lo eran, ansí como el Tito Libio, que es la más notable estoria romana[66], los *Casos de los prínçipes*[67], los *Morales*
de Sant Grigorio[68], el Esidro *de sumo bono*, el Boeçio[69], la *Estoria de Troya*[70]. Él ordenó la estoria de Castilla desd'el rey
don Pedro fasta el rey don Enrrique el terçero[71]. Fizo un
buen libro de la caça[72], que él fue muy caçador, e otro libro,
Rimado del palaçio.

Amó mucho mugeres, más que a tan sabio cavallero como
él se convenía. Murió en Calahorra, en hedad de setenta e
çinco años; año de mill e quatroçientos e siete años.

30

35

---

26.   Sant, M2, Eg, Llag, BAE: *no en obras*. M1: *non en obra*. // Sant: *en filosofía e ystorias*. M2: *e filosofía e historias*. Llag, BAE: *en Filosofía é Historias*. Eg:
Fhilosofía Christiana; omite *e estorias*.

28.   E: *Titu*.

29.   Sant: *algunos libros que es la mas notable istoria r., las caidas de los*. M2: *las
caidas de los*. Llag: *las Caídas de los*. BAE: *las Caidas de los*.

30.   Sant, M2: *el isidoro de s. b..* E: *grigorio esidro de s. b*. Eg: *el Isidoro de Summo bono*. Llag: *el Isidoro de* Summo bono. BAE: *el Isidoro de* summo bono.

31.   E: *de castilla troya*, si bien *troya* aparece tachado.

32.   M2: *e hizo*. Eg: *e fizo*. Llag, BAE: *é hizo*.

33.   M2: Omite *la*. // M1: *ca el*. // M2, Sant, Llag, BAE: *mucho*.

34.   Eg: *e otro libro Retiro del Palacio*. Llag: *é otro libro llamado R. del Palacio*.
BAE: *e otro libro llamado Rimado de Palacio*. M2: *del palacio del palaçio*.

36.   Sant, M1: *como a el se c*. M2: *como a el convenia*. Llag, BAE: *como á él se
c*. Eg: *como el era, convenia*.

37.   M2: *en edad 75 años*. // Sant, M1, M2, Eg, Llag, BAE: Omiten *años*.
M2 añade: *esta sepultado en el monesterio de quexana donde estan los otros de su linage*. Llag, BAE: añaden *Está sepultado en el Monasterio de Quexana, donde están
los otros de su linage*.

---

[66] El Canciller Ayala trasladó al castellano las tres primeras *Décadas* de
Tito Livio, sirviéndose de la versión francesa de Pierre Berçuire.

[67] *De casibus villorum illustrium* de Bocaccio. Ayala realizó la traducción de
los ocho primeros libros, siendo terminada por Alonso de Cartagena y Alonso de Zamora en 1422 *(vid*. ed. Tate, pág. 87, n. 42).

[68] *Moralia in Job*, de San Gregorio.

[69] *Libro de la Consolación*, de Boecio.

[70] Se alude a la traducción del libro de Guido dela Colonna, hoy perdido.

[71] Son las *Crónicas* de los cuatro reyes bajo los cuales vivió Ayala, *Pedro I,
Enrique II, Juan I, Enrique III*.

[72] *Libro de la caça de las aves*.

De Diego López de Stúñiga, justiçia mayor del rey[*]

Diego López de Stúñiga, justiçia mayor del rey, fue en el tienpo del rey don Johan e del rey don Enrrique el terçero. De parte del padre fue de Astúñiga. El solar d'este linaje es en Navarra. Yo oí dizir a alguno d'ellos que los de Stúñiga vienen de los reyes de Navarra, e señaladamente de un grande onbre de quien los reyes de Navarra ovieron comienço, que llamaron Íñigo Arista[73], e por esta razón dizen que ay muchos en su linaje que llaman Íñigos, pero d'esto yo non sé otra çertidunbre. De parte de su madre venía este Diego López de los de Horozco, un buen linaje de cavalleros. 10

---

[*] Sant: *De diego lopez de estuñiga justicia mayor del rey. capitulo cxxxiiii.* M1: *Raçonamiento de diego lopez de stuñiga justiçia mayor del rey.* M2: *capi 8 de diego lopez de estuñiga justiçia mayor de castilla.* Eg: *Razonamiento de Diego Lopez de Stuñiga Justicia Mayor del Rey.* Llag: *De Diego Lopez de Stúñiga, Justicia mayor de Castilla.* La edición de la BAE sigue la lectura de Llaguno.

1. E: *Stúñiga.*
2. Eg: *tiempo del Rey D. Henrique el tercero.*
3. Eg: *de su padre fue Estuñiga.* E: *astuniga.* M1: *fue astuñiga.*
4. M2: *a algunos.* Llag, BAE: *á algunos.* Eg: *a ciertos.* // E: *destuniga.*
5. M1, M2, Eg, Llag, BAE: *gran.*
7. E: *inigo.* M2: *yñigo de a.*
8. M2, Llag, BAE: *en este linage que se llaman.* M1: *que se llamaron.* // E: *inigos.* // M1, Eg: Omiten *yo.*

---

[73] Íñigo Arista es loado por Pérez de Guzmán en sus *Loores de los claros varones,* cc. 178-181.

Fue onbre de buen gesto, de mediana altura, el rostro e los ojos colorados e las piernas delgadas. Onbre apartado en su conversaçión e de pocas palabras, pero, segund dizen los que le platicaron, era onbre de buen seso e que en pocas palabras
15 fazía grandes conclusiones. Buen amigo de sus amigos, fue muy açebto e allegado a aquellos dos reyes en cuyo tienpo fue. Alcançó muy grande estado. Vestíase muy bien, e aun en la madura hedat amó mucho mugeres, e diose a ellas con toda soltura.
20 De su esfuerço non oí; esto creo porque en su tienpo non ovo guerras nin batallas en que lo mostrase, pero de presumir es, que un cavallero de tal linaje e de tanta discriçión, que guardaría su onrra e fama e vergüeña en que va todo el fruto del esfuerço de las armas.

11. Sant, M2: *y de mediana a.* M1, Eg: *e de mediana a.* Llag, BAE: *é de mediana a.*

14. M1: *pero segun diçen de su platicaçion era hombre.* Eg: *pero segun dizen de su platicacion era hombre.*

15. M2: *e buen amigo a sus a.* Llag, BAE: *é buen amigo á sus a.*

16. Sant, M1, Eg: *llegado.*

17. M2, Llag: *gran.*

18. M2: *a mugeres e diose mucho a ellas.* Llag: *á mugeres, é dióse mucho á ellas.* BAE: *é dióse mucho á ellas.*

20. Sant: *de su esfuerço no se sabe y creo que fuesse porque.* M1: *de su esfuerço e esto creo que fuese porque.* M2: *de su esfuerço no se sabe e creo que fuese porque.* Eg: *de su esfuerço e esto creo que fuese porque.* Llag, BAE: *De su esfuerzo no se sabe, é creo que fuese porque.*

21. M2: *demostrase.*

22. M2: Omite *e.*

23. M1: *guardaria la o.* // E: *verguena.* M2: *verguençia* // M2: Omite *todo.*

24. M1, Eg: *e de las.* // M2 añade: *falleçio en el mes de noviembre año 1417 esta sepultado en valladolid en el monesterio de la trinidad.* Lag: añade *Fallesció en el mes de Noviembre año de mil é quatrocientos é diez y siete años. Está sepultado en Valladolid en el Monasterio de la Trinidad.* La edición de la BAE también ofrece esta lectura.

De don Diego Furtado de Mendoça, almirante de Castilla*

Don Diego Furtado de Mendoça[74], almirante de Castilla, fue fijo de Pero Gonçález de Mendoça, un grant señor en Castilla, e de doña Aldonça de Ayala. El solar de Mendoça es en Álava antiguo e grant linaje. A algunos oí dizir que vienen del Çid Ruy Díaz, mas yo non lo leí. Acuérdome enpero aver leído en aquella corónica de Castilla que fabla de los fechos del Çid[75] que la reina doña Urraca, fija del rey don Alonso, que ganó a Toledo, fue casada con el conde don Re-

5

---

* Sant: *De don diego furtado de mendoça almirante de castilla. capi cxxxv.* M1: *Raçonamiento de D. diego furtado de mendoça.* M2: *capi 9 de don diego hurtado de mendoça almirante de castilla.* Eg: *Razonamiento de D. Diego Furtado de Mendoza.* Llag, Bae: siguen la rúbrica de Santisteban.

4. Sant, M2, Llag, BAE: *grande.* // Sant, M1: *a algunos dellos.* M2: *e algunos dellos.* Eg: *a algunos de ellos.* Llag: *é á algunos.* BAE: *é algunos dellos.*

5. Eg: *mas nunca yo.*

6. M2: *enpero acuérdome.* Llag, BAE: *empero acuérdome.*

8. Sant: *Alfonso que guano.* M1, Eg: *Alfonso que g.*

[74] Diego Hurtado de Mendoza, 1365-1404, padre del Marqués de Santillana.

[75] Acaso Pérez de Guzmán aluda a una historia del Cid que atribuye a Gil Díaz; historia que cita también como fuente en el fragmento dedicado a Ruy Díaz en los *Loores de los claros varones*, c. 219: «Si la estoria non miente / de Gil Díaz, su escrivano.» Eugenio de Ochoa apunta que este Gil Díaz tal vez fuese el autor de la *Crónica del Cid*, obra de finales del siglo XIII que se ha considerado anónima (cfr. Eugenio de Ochoa, *Rimas inéditas de don Íñigo López de Mendoza, marqués de Santillana; de Fernán Pérez de Guzmán, señor de Batres, y de otros poetas del siglo XV*, París, 1844, pág. 340, n. 15).

món de Tolosa, del qual ovo fijo al enperador don Alonso, e
10 después casó esa reina con el rey don Alonso de Aragón, que
fue llamado el Batallador, e desabínose de aqueste rey e tornóse a Castilla. E non se aviendo en la guarda de su fama nin
la onestad de su persona como devía, fue disfamada con el
conde don Pedro de Lara e con el conde don Gómez de
15 Canpo d'Espina, e d'este postrimero conde ovo un fijo llamado Ferrando Hurtado, del qual oí dizir, non que lo leyese,
que vienen los de Mendoça, e que estos Furtados d'este linaje que de allí traen este nonbre.

E tornando al propósito, fue este almirante don Diego
20 Furtado pequeño de cuerpo e descolorado del rostro, la nariz un poco roma, pero bueno e graçioso senblante, e segunt
el cuerpo asaz de buena fuerça. Onbre de muy sotil ingenio,
bien razonado, muy graçioso en su dizir, osado e atrevido en
su fablar, tanto que el rey don Enrrique el terçero se quexava
25 de su soltura e atrevimiento.

De su esfuerço non se pudo mucho saber, porque en su
tienpo non ovo guerras, salvo un poco de tienpo que el rey
don Enrrique ovo guerra con Portugal, en la qual él llevó una
grant flota de galeas e naos a la costa de Portugal, e fizo mu-
30 cho daño en ella; e en los conbates de algunas villas óvose
bien e con grant esfuerço.

---

9.   M1: *ovo al emperador D. alfonso*. M2, Llag, BAE: *ovo por hijo...*
10.   M1, M2: *esta r.* Llag, BAE: *esta Reyna. // Eg:* Omite *e despues caso esa reina con el rey don Alonso.* M1, Sant: *Alfonso.*
11.   M2, Llag, BAE: *deste. // Eg:* Omite la segunda *e.*
13.   Sant, M2, Eg, Llag, BAE: *ni en la honestidad. // E: persona. // Sant: segun que devia.* Llag: *segun que debía.* BAE: *segun que debia.* M2: *segun devia.*
16.   Sant, M2: *fernan.* M1: *fernando.* Eg: *Fernando.* Llag, BAE: *Fernan.*
17.   Eg: *vienen los Mendoza.*
18.   M2: *deste linage vienen e alli.* Eg: *de este linage de alli.* Llag: *deste linage vienen, é de allí.* BAE: *deste linage vienen é de allí.*
20.   M2, Llag, BAE: *descolorido del r.* Eg: *descolorido de rostro.*
21.   M2, Llag, BAE: *pero de bueno.*
26.   Sant, M2, Llag, BAE: *puede.*
29.   Sant: *grande. // Sant: gualeas.* Eg: *galeras. // Eg: e fizo alli.*
30.   M2, Llag, BAE: *daño con ellas.*
31.   Sant, M1, M2, Eg, Llag, BAE: *muy bien. // Sant, M1: grande.*

Amó mucho su linaje e allegó con grande amor a sus parientes, más que otro grande de su tienpo, e plazíale mucho
fazer edifiçios e fizo muy buenas casas. E como quier que
por muy franco non fuese avido, pero tenía grant casa de ca- 35
valleros e escuderos: en el tienpo d'él non avía en Castilla cavallero tanto heredado. Pluguiéronle mucho mugeres. Murió
en Guadalajara, en hedat de quarenta años.

---

32. M1, M2: *a su linage*. Eg: *a su linage*. Llag, BAE: *á su linage*. // Eg: *e alago*.
33. Sant, M1, Eg, Llag, BAE: Omiten *e*.
35. M2: *muy buenas cosas como quier que no por hombre muy franco fuese*. Eg: *casa: como quier...* Sant: *... que por no muy franco fuese*. Llag, BAE: *... que no por hombre muy franco fuese*.
36. Sant: *grande casa de c. e e*. Eg: *gran casa e escuderos*.
37. M2: *no avia cavallero en castilla*. Llag: *no había Caballero en Castilla*. BAE: *no habia caballero en Castilla*. // Eg: *en Castilla heredades ni tanto heredado*.
38. M2 añade: *año de mill y quatroçientos e çinco años esta sepultado en guadalajara en el monesterio de sant françisco*. Llag y BAE también ofrecen el mismo añadido.

De Gonçalo Núñez de Guzmán, maestre de Calatrava*

Don Gonçalo Núñez de Guzmán, maestre de Calatrava[76], fue un grant señor en Castilla. El solar de su linaje es en Can de Roa, pero el fundamento e naturaleza suya es en el reino de León, ca vienen çiertamente del conde don Ramiro. Di-
5 zen que este conde don Ramiro, o por casamiento, o por amores, ovo una fija del rey de León e d'él e d'ella vienen los de Guzmán. Otros dizen en esta otra manera: que quando los reyes de Castilla e de León cobravan la tierra de poder de los moros, muchos estranjeros de diversas naçiones por ser-
10 viçio de Dios e por nobleza de cavallería venían a la con-quista, e muchos d'ellos quedavan en la tierra. E dizen que, entre otros, vino un hermano del duque de Bretaña, que lla-mavan Godemán, que en aquella lengua quiere dizir buen onbre. Este duque casó en el linaje del conde don Ramiro e,

---

* Sant: *De gonçalo nuñez de guzman maestre de catrava un buen cavallero. ca-pitulo cxxxvi.* M1: *Raçonamiento de D. gonçalo nuñez de guzman maestre de cala-trava.* M2: *capitulo 10 de gonçalo nuñez de guzman maestre de calatrava un buen ca-vallero.* Eg: *Razonamiento de D. Gonzalo Nuñez de Guzman Mestre de Alcantara.* Llag, BAE: siguen la rúbrica de Santisteban.
  2. M2: *fuen.* // Sant: *grande.*
  3. Sant: *fundamento.* M1, M2, Eg, Llag, BAE: *fundamento.* // Sant: *suyo.*
  13. M2: *gudeman.*
  14. *este hermano del duque.* LLag, BAE: *Este hermano del Duque.* // M2: *caso con el linage.* Llag, BAE: *casó con el linage.* // M1: Omite *e.*

---

[76] Gonzalo Núñez de Guzmán, 1334-1404, fue maestre de Calatrava des-de 1384 hasta 1404.

segunt esto, pareçe que errando el vocablo por Godemán dizen Guzmán. Como quier que d'esto non ay escritura ninguna, salvo lo que quedó en la memoria de los omnes, pero
porque los de Guzmán en la orladura del escudo de sus armas traen armiños, que son armas de los duques de Bretaña,
quiere pareçer que es verdat lo que se dize. D'este mesmo 20
Godemán dizen que vienen los de Almança, que es un grant
linaje de ricos onbres en Castilla.

La verdat e çertidunbre del origen e nasçimiento de los linajes de Castilla non se puede bien saber, sinon quanto quedó en la memoria de los antiguos, ca en Castilla ovo sienpre 25
e ay poca diligençia de las antigüedades, lo qual es grant
daño. E açerca d'esto falla onbre en las estorias muchas notables usanças de las quales contaré dos:

Primera, que en el tienpo que los judíos avían reyes, tenían
en los armarios e caxas del tenplo libros de las cosas que 30
cada año acaesçían, e eran llamados annales, e tenían regis-
tros de los nobles linajes; e duró esto fasta el tienpo del rey
Erodes el grande, el qual con temor de perder el reino e que
lo avrían algunos reales[77], fizo quemar todos aquellos libros.
Por çierto, non fue alguno entre los tiranos que tanto temie- 35
se perder el reino, ca por esto fizo quemar aquellas escrituras,

---

15. Sant: *e. el vocable por gudeman.* M2: *gudeman.* Llag, BAE: *Gudeman.*
16. Eg: *como quiera.* // Sant, Eg: *no aya.* M1: *non aya.*
18. M2, Llag, BAE: Omiten *del escudo.*
21. Sant: *deste mesmo guzman.* M1: *deste deste mesmo g.* M2: *deste mesmo de guzman.* Llag, BAE: *Deste mesmo de Guzman.* // Sant: *grande.*
23. E: *origin e n.* M2, Llag, BAE: *del origen del nacimiento.*
24. Sant, M2: *en castilla.* Llag, BAE: *en Castilla.* // E: *sino.*
26. M1: *ay e ovo siempre.* // Sant, M1, Eg: *grande.*
27. M1: *el hombre.*
28. M2: *e notables.* Llag, BAE: *é notables.*
29. M1, Llag, BAE: *la primera...* M2: *la primera que en el tiempo de los j.* Sant: *La primera: Que en el tiempo en que los j.*
31. M2: *que acontecian cada año.* Llag, BAE: *que acontescian cada año.*
32. Llag, BAE: *Añales, y tenian registro.* Sant, M2: *registro.*
34. M1: *e fiço.* // Eg: Omite *todos.*
35. E: *no.*

---

[77] *reales*: de linaje real.

e aun fizo matar los inoçentes[78], que fue una extrema e singular crueza.

El segundo acto de aquel tienpo era, segunt se lee en el *Libro d'Ester*, que el rey Asuero de Persia tenía un libro de los serviçios que le eran fechos e de los galardones que por ellos diera[79].

Sin dubda, notables actos e dignos de loor guardar la memoria de los nobles linajes e de los serviçios fechos a los reyes e a la república, de lo qual poca cura[80] se faze en Castilla, e, a dizir verdad, es poco nesçesario, ca en este tienpo aquél es más noble que es más rico. Pues, ¿para qué cataremos el libro de los linajes, ca en la riqueza fallaremos la nobleza d'ellos? Otrosí los serviçios non es nesçesario de se escrivir para memoria, ca los reyes non dan galardón a quien mejor sirve, nin a quien más virtuosamente obra, sinon a quien más les sigue la voluntad e los conplaze; pues superfluo e demasiado fuera poner en letras tales dos actos, riqueza e lisonjas.

E bolviendo al propósito, fue este maestre don Gonçalo

---

38. M2 añade: *de la qual no se cree ni lee de otro prínçipe que governase pueblos que tamaña la hiziese ni de que tanto ofendise a dios nuestro señor.* Las ediciones de Llaguno y de la *BAE* también recogen este fragmento.

39. Sant: *ato.* Llag, BAE: *auto.*

41. Sant: *que eran fechos y de los gualardones.* M1, Eg: *que eran.* M2: *que eran hechos e de los gualardones.* Llag: *que eran hechos.* BAE: *que eran hechos, é de los gualardones.*

42. M2, Llag, BAE: *dieron.*

43. M2: *e sin duda notables abtos e dinos de loar.* Llag: *E sin dubda notables autos, é dignos de loar.* BAE: *E sin dubda notables autos é dignos de loar son.*

44. M1: *de los linajes.*

45. Sant: *e a las republicas.* // M2, Llag, BAE: *poca cuenta.*

46. E: *poca n.* Sant: *p. necesaria.* M1: *p. neçesaria.*

47. Sant: *para que contaremos.*

49. Eg: Omite *dellos.* // E: *otro otrosí.*

51. E: *sino.*

52. Sant, M1: *les sigue voluntad.* Eg: *le sigue en voluntad.* M2: *e les s. la v.* Llag, BAE: *é les s. la v.* // E: *superfulo.*

53. M2, Llag, BAE: *autos.* // M1: *requiça.* Eg: *riquezas.*

---

[78] Episodio bíblico, *Mateo* 2, 13-18.

[79] *Ester*, 6, 1.

[80] *cura*: preocupación. *Vid.* n. 12.

Núñez muy feo de rostro, el cuerpo grueso, el cuello muy 55
corto, los onbros altos. Fue de muy grande esfuerço; óvose
muy bien en las armas. Onbre corto de razón, muy alegre e
de grant conpañía con los suyos, ca jamás sabía estar solo, sinon entre todos los suyos. Fue muy franco, pero non orde-
nadamente, sinon a voluntad, así que se podía llamar pródi- 60
go. E, a mi ver, este estremo de prodigalidad, aunque sea
viçioso, es mejor o menos malo que el de la avariçia, porque
de los grandes dones del pródigo se aprovechan a muchos e
muestran grandeza de coraçón[81]. Fue este maestre muy disoluto açerca de las mugeres. E así con tales virtudes e viçios al- 65
cançó muy grande estado e grant fama e renonbre. Uvo en
su conpañía grandes onbres e algunos que non bivían con él,
pero avían dineros d'él cada año. Murió en hedad de setenta
años.

---

55. Sant: *nuñez feo*.
56. Sant: *los hombres altos*. // M1: *gran e*. M2: *gran fuerça*. Llag, BAE: *gran fuerza*.
57. Eg: *era hombre*.
58. Sant: *grande*.
59. E: *sino*.
60. Eg: *voluntad, basta que se*.
62. E: *mijor o m. m*. M2: *e menos malo*. Llag, BAE: *é menos malo*. // M2: *e porque*.
63. M1: *se aprobecha a muchos*. Eg: *se aprovecha a muchos*. M2: Omite *a muchos*. Sant, Llag: *se aprovechan muchos*.
65. E: *muy disulto*. Sant, Llag, BAE: *mucho disoluto*. M2: *mucho disoluto*. // M2: *e açerca*. // M1: *de mugeres*.
66. Sant: *e grande fama*. // M2: *e uvo*. Llag: *é uvo*. BAE: *é hubo*.
67. E: *conpanía*. // M1: Omite *non*.
68. M2: *avian del dinero en cada a*. Eg: *avian dinero...* Llag: *habían dél dineros en cada a*. BAE: *habian dél dineros en cada a*.
69. M2 añade: *año de 1404 esta sepultado en el convento de calatrava que es çerca de almagro fueron sus sobrinos don luis de guzman que despues fue maestre de calatrava y don juan ramirez de guzman comendador mayor de la dicha orden que se dixo carne de cabra*. Las ediciones de Llaguno y de la BAE también ofrecen el mismo texto.

---

[81] *Viçios e virtudes*, «De franqueza», cc. 17, 18: «Es la liberalidad / magnífi-
ca, muy graçiosa, / (...) / fija es de caridad, / pero sea así tractada, / que non
pueda ser llamada / loca prodigalidad. / Sufro la desordenaça / del gastar demasiado, / porque aun de lo así gastado / a pobres su parte alcança;»

De don Johan Garçía Manrrique, que fue arçobispo de Santiago, que fue muy buen onbre*

Don Johan Garçía Manrrique fue arçobispo de Santiago[82]. Este linaje de los Manrriques es uno de los mayores e más antiguos de Castilla, ca vienen del conde don Manrrique, fijo del conde don Pedro de Lara. Ovo en este linaje notables ca-
5 valleros e perlados.

Fue este arçobispo muy pequeño de cuerpo, la cabeça e los pies muy grandes. Entendía razonablemente; non fue letrado, pero fue muy franco, e tenía grande estado e ovo grandes parientes de que mucho se onrrava. Fue de grant co-
10 raçón, altivo e grandioso.

---

* Sant: *De don juan garcia manrique que fue arçobispo de santiago que fue muy buen hombre. capitulo cxxxvii.* M1: *Raçonamiento de D. juan garcia manrique arçobispo de santiago.* M2: *capitulo 11 de don juan graçia manrrique que fue arçobispo de santiago e fue muy buen hombre.* Eg: *Raçonamiento de D. Juan Garcia Manrique Arçobispo que fue de Santiago.* Llag, BAE: *De Don Juan Garcia Manrique, que fué Arzobispo de Santiago, é fué muy buen hombre.*

1. Eg: Omite *fue.*
2. M1: *es uno linaje.*
8. M2, Llag, BAE: *gran e.*
9. Eg: *el se honraba.* // Sant, Eg: *de grande c.*

---

[82] Juan García Manrique fue arzobispo de Santiago de Compostela entre 1386 y 1397. Sobre este personaje, *vid.* el estudio de Antonio López Ferreiro, *Historia de la Santa A. M. Iglesia de Santiago de Compostela*, Santiago, 1903, tomo VI, cap. IX.

Entre él e el arçobispo don Pero Tenorio ovo grandes debates e porfías, que aunque don Pero Tenorio non era su igual en linaje nin en parientes, pero era muy grande letrado e de grant coraçón e tenía grande dinidad[83]. E a la fin este arçobispo de Santiago desacordóse del rey don Enrrique el terçero, porque él, por su mandado, aseguró a don Fadrique, duque de Benavente, quando vino al rey a Burgos, donde el rey lo prendió[84], de lo qual el arçobispo fue muy sentido. E ansí por esto como porque algunos religiosos a quien él dava fe le informaron qu'el intruso que estaba en Roma era verdadero papa, ca entonçe era çisma en la iglesia, ovo sus tratos con el rey don Johan de Portogal, que era de aquella obidiençia, el qual le dio el obispado de Coinbra, e allí murió.

---

11. M2, Eg, Llag, BAE: *Pedro.*
12. M1: *e profías ca...* Sant, M2: *ca aunque don pedro.* Eg: *ca aunque D. Pedro.* Llag: *ca aunque D. Pedro.* BAE: *ca aunque Don Pedro.*
14. Eg: *en el linage ni en estado de parientes; pero era muy gran letrado, e de grande c.* Sant: *grande letrado y de grande c.* Llag, BAE: *gran l. y de grande corazon.* M2: *gran l.* M1: *grande c.* // M2: *y tenian.* // M1, Eg: *gran d.* // Eg: *e al fin.*
17. M1, M2, Eg: *vino el.*
18. Eg: *le p.* // E: *fue* aparece interlineado.
20. E: *la fe.*
21. Sant, Eg, Llag, BAE: *entonces.* M2: *entonçes.* // E, Sant, M1, M2, Eg: *e ovo.*

---

[83] En el *Cancionero de Baena* Villasandino le dedica un decir a Pedro Tenorio «quando lo mando soltar el rey don Enrrique, ca estaba presso en çamora, por quanto el otro arçobispo de Ssantiago, don Johan Garçia Manrrique lo acussava muy fuertemente e lo querya muy mal» (*Cancionero de Juan Alfonso de Baena*, ed. José María Azáceta, Madrid, CSIC, 1966, vol. I, págs. 283-285).
[84] *Vid.* también *Crónica de Enrique III*, ob. cit., págs. 228, 229.

De don Johan de Velasco,
camarero mayor del rey e fijo
de don Pero Fernández de Velasco*

Don Johan de Velasco[85], camarero mayor del rey, fue fijo
de Pero Fenández de Velasco, un grant señor e notable cavallero. Su linaje es grande e antiguo, e, segunt ellos dizen, vienen del linaje del conde Ferrand Gonçález. Yo non lo leí. Es
5   la verdad que en la estoria que fabla del conde Ferrand

---

*   Sant: *De don juan de velasco camarero mayor del rey e fijo de don pero fernandez
de velasco. capitulo cxxxviii.* M1: *Raçonamiento de D. joan de belasco camarero mayor
del rey.* M2: *capi 12 de don juan de velasco camarero mayor del rei e hijo de don pero
hernandez de velasco.* Eg: *Razonamiento de D. Juan de Velasco Camarero Mayor del
Rey.* Las ediciones de Llaguno y de la BAE reproducen la rúbrica de M2.
    1.   M2: *rey que caso con doña maria solier hija de mosen arnao que era françes
fue hijo.* Esta misma lectura se incorpora en las ediciones de Llaguno y de la
BAE.
    2.   Eg: *Pedro.* // M2: *de velasco e doña marigarçia sarmiento y nieto de hernan-
do de velasco e de doña mayor de castañeda y visnieto de sancho sanchez y revisnieto
de martin hernandez de velasco que esta sepultado en el monesterio de oña fue este juan
de velasco un gran señor...* Llag, BAE: siguen también esta lectura. Sant: *grande
señor.*
    3.   Eg: *es notable, e a.* // M1: *segun dellos dicen.*
    5.   Sant, M1: *fernan gonçález pero yo... es verdad.* M2: *hernan goncalez pero yo
no lo lei pero es verdad.* Eg: *Fernan Gonzalez. Pero yo... Es verdad.* Llag: *Conde Hernan Gonzalez; pero yo no lo leí: pero es verdad.* BAE: *Conde Hernan Gonzalez, pero
yo no lo leí. Pero es verdad.* // Sant, M1, M2: *fernan.* Eg, Llag, BAE: *Fernan.*

[85]   Juan de Velasco, 1368-1418. *Vid.* las composiciones de Gonzalo Martínez de Medina, *Cancionero de Juan Alfonso de Baena,* ob. cit., núms. 335, 337,
338.

Gonçález dize que su fijo, el conde Garçi Ferrández, que en unas cortes que fizo en Burgos armó cavalleros dos hermanos que llamavan los Velascos[86]. Si éstos eran parientes del conde e si d'ellos vienen los de Velasco non lo dize la estoria.

Era este don Johan de Velasco alto de cuerpo e grueso, el rostro feo e colorado, la nariz alta e gruesa, el cuerpo enpachado[87]. Muy descreto e muy bien razonado; onbre de grant rigimiento e administraçión en su casa e fazienda. Tenía grande estado e fazía grandes conbites. Acogía e allegava muy bien a los fijosdalgo. Era franco hordenadamente. Tenía grant casa de cavalleros e de escuderos.

De su esfuerço non se mostró más, salvo que en la batalla de Antequera ovieron la delantera él e don Sancho de Rojas, e óvose allí asaz bien.

Murió en Tordesillas, en hedad de çinquenta años.

---

6. M1, Eg: *fijo del.* // Sant, M1, M2: *fernandez.* Eg, Llag: *Fernandez.* BAE: *Garcifernandez.*

7. Eg: *que fiz.*

8. M1: *que llamaron velascos.*

9. M1: *los belascos.* Eg: *los Velascos.*

10. Sant, M1, M2, Eg, Llag, BAE: Omiten *don.* // M2: *y el.*

11. M2, Llag, BAE: *y la nariz.*

12. M2: *e discreto.* Llag, BAE: *é discreto.* // Sant: *grande.*

14. M2: *y tenia gran estado.* Llag, BAE: *é tenia gran estado.* // Sant: *e llegava.* M2: *y llegava.* Eg: *e llegaba.* Llag, BAE: *é llegaba.*

15. M1: Omite *muy bien.*

16. Sant, Eg: *grande.* // M2, BAE: *y escuderos.* Llag: *y Escuderos.*

18. M2: Omite *ovieron la delantera.* // M1: *e el D. sacho sancho de roxas.*

19. Sant, M1, M2, Eg, Llag, BAE: *alli bien.*

20. E: *anos.* M2 añade: *año de mill y quatroçientos y diez y ocho en el mes de otubre esta sepultado en el monesterio de santa clara de medina de pomar que fundaron sancho sanches de vellasco adelantado de castilla y doña sancha osorio y carrillo de que se haze mençion en las tutorias del rey don alonso undeçimo que fueron sus visabuelos.* Las ediciones de Llaguno y de la BAE también incorporan este fragmento.

---

[86] *Vid. Primera crónica general,* ed. Menéndez Pidal, segunda ed., Madrid, 1955, pág. 402.

[87] *enpachado*: pesado.

109

De don Sancho de Rojas, arçobispo de Toledo*

Don Sancho de Rojas, arçobispo de Toledo[88], fue fijo de Juan Martínez de Rojas e de doña María de Rojas, antiguo e buen linaje de cavalleros. Su solar es Buruena.

Fue este arçobispo alto de cuerpo e delgado e descolorado en el rostro, pero de buena persona, de muy sotil engenio, muy discreto e buen letrado, onesto e linpio de su persona, asaz limosnero. Ayudó e amó mucho a sus parientes. Era muy sentible[89] e por consiguiente asaz vindicativo, más que

---

* Sant, M2, omiten esta semblanza. Las ediciones de Llaguno y de la BAE la incluyen como nota al final de las *Generaciones*. M1: *Raçonamiento de D. sancho de roxas*. Eg: *Razonamiento de D. Sancho de Roxas*.

1. E: *arcobispo*.
2. E: *dona*.
3. M1, Eg: *su solar en bureba*.
5. Eg: *pero de muy buena persona*. E: *presona*. // Eg: *de muy gentil ingenio*. M1: *gentin ingenio*.
6. M1: Omite la segunda *e*. // E: *presona*.
8. M1: *amo e ayudo a sus parientes era muy sotil e*. Eg: *era muy sotil e*. // M1: Omite *asaz*.

---

[88] Sancho de Rojas, 1372-1423, fue arzobispo de Toledo entre 1415 y 1422. *Vid.* las composiciones que le dedican Villasandino y Baena en el *Cancionero de Juan Alfonso de Baena* (ed. cit., vol. I, núms. 159 y 160, y número 161, respectivamente).

[89] *sentible*: «sugeto que se dexa llevar fácilmente del sentimiento» *(Autoridades)*.

a perlado se convenía; pero a fin de mandar e rigir e aun de se bengar, algunas vezes usava de algunas cabtelas e artes. En todo lo otro fue notable perlado. Ovo primero el obispado de Palençia e después el arçobispado de Toledo. Fue muy açebto e allegado al rey don Ferrando de Aragón, e con su favor e ayuda ovo el arçebispado de Toledo[90].

Murió en Alcalá, en hedat de çinquenta años.

9.   Eg: *a Perlado convenia.*
10. Eg: *de se vengar usaba, usaba.*
12. M1: *perlado su primero obispado el de palençia.*
13. M1: *fernando.* Eg: *Fernando.*
14. E: *arcobispado.*
15. Eg: *Alcala de Henares.* // E: *anos.*

90   Sobre este personaje, *vid.* también *Crónica de Juan II*, ob. cit., pág. 421.

De don Pero Tenorio, arçobispo de Toledo*

Don Pero Tenorio[91], arçobispo de Toledo, fue natural de Talavera. Fijo de un cavallero de pequeño estado, pero de buen linaje de los Tenorios. Su solar es en Galizia.

5 Fue alto de cuerpo e de buena persona, la nariz alta, el rostro colorado e barroso[92], la voz rezia e tal que mostrava bien la audaçia e rigor de su coraçón. Fue grant dotor e onbre de gran entendimiento. Fue muy porfioso e reguroso, e aun d'estos dos viçios tomava él en sí grant vanagloria. Era de

---

*   Sant: *De don pero tenorio arcobispo de toledo. capitulo cxxxix.* M1: *raçona-miento de D pero tenorio.* M2: *capitulo 13 de don pedro tenorio arcobispo de toledo.* Eg: *Razonamiento de D. Pedro Tenorio.* Llag, BAE: siguen la rúbrica de Santis-teban.

1. M2: *pedro.* Eg, Llag, BAE: *Pedro.* // E: *arcobispo.*
2. M2: *tavira.* Llag, BAE: *Tavira.*
3. M2: *es galizia.*
4. Eg: Omite *e.* // E: *presona.* // M2, Llag, BAE: *y el.*
5. M2: *y la boz rezia tal que.* Llag: *é la voz recia, tal que.* BAE: *é la voz recia, que tal.*
6. M1: *audançia.*
7. Sant: *grande dotor e hombre de grande.* Eg: *de grande.* // Sant, M2: *riguro-so e porfioso.* Eg: *porfiado e rigoroso.* Llag, BAE: *riguroso é porfioso.*
8. M2: *en si mismo vanagloria y era.* Llag: *en sí mismo gran v. E era.* BAE: *en sí mismo gran v,., é era.* Sant: *grande v. era.*

---

[91] Pedro Tenorio, 1328-1399, fue arzobispo de Toledo de 1375 a 1399. Sobre su biografía, *vid. Historia de Don Pedro Tenorio Arçobispo de Toledo. Por el Dr. Eugenio Narbona, natural de la ciudad de Toledo, su capellan,* Toledo, 1624.
[92] *barroso:* «lleno de manchas que se llaman barros» *(Autoridades).*

grant zelo en la justiçia. Fue buen christiano, casto e linpio de su persona. Non fue franco, segunt tenía la renta. Traía grant conpañía de letrados çerca de sí, de cuya çiençia él se aprovechava mucho en los grandes fechos. Entre los otros era don Gonçalo, obispo de Segovia, que fizo la *Pelegrina*[93], e don Viçente Arias, obispo de Plasençia[94], e don Johan de Illescas, obispo de Sigüença, e su hermano, que fue obispo de Burgos[95], e Juan Alfonso de Madrid[96], que fue un grande e famoso dotor en *utroque*.

Ovo este arçobispo muy grant lugar con el rey don Johan e con el rey don Enrrique, su fijo, e grant poder en el rigimiento del reino. Pero, con toda la privança e poder que ovo, nunca para sí nin pariente suyo ganó un vasallo del rey;

9. Sant: *grande*. // M2: *y fue*. Llag, BAE: *é fué*.
10. E: *presona*.
11. Sant, M2, Llag, BAE: *grande*.
12. Llag: *eran*.
13. M1, Eg: *peregrina*.
14. E: *viçeinte*. // M2: *pelegrina este don gonçalo murio en julio año 1392 esta sepultado en la iglesia mayor de segovia destos otros dotores hallaras en la coronica del rey don enrrique el terçero este viçentarias que gloso primero el fuero murio en agosto año de 1414 esta sepultado en toledo en la capilla de don pedro tenorio invento en plasençia çiertos diezmos que oy los llaman los rediezmos de viçentarias e don viçentarias obispo de plasençia*. Sant, Eg: *palencia*.
16. M1, M2: *alonso*. Eg, Llag, BAE: *Alonso*. // M1. *gran*.
17. Sant, Eg: *in utroque*. M2, Llag, BAE: *in utroque jure*.
18. Sant: *grande*.
19. Sant: *y ovo grande poder*. M2: *y ovo gran poder*. llag, BAE: *é ovo gran poder*.
20. M2: Omite *la*. // Sant: Omite *e poder*.
21. M2, Llag, BAE: *ni para pariente suyo*.

[93] Gonzalo González de Bustamante, *Pelegrina*, Sevilla, 1498. Es un repertorio alfabético de ambos derechos. *Vid*. Domínguez Bordona, ed. *Generaciones y semblanzas*, págs. 57, 58, n. 18.
[94] Vicente Arias de Balboa, autor de comentarios al Fuero Real, al Ordenamiento de Alcalá, al de Briviesca, y una compilación de pareceres de diversos juristas de su tiempo sobre la sucesión de la corona de Aragón, vacante en 1412 por la muerte del rey Martín.
[95] Juan de Illescas y su hermano, Alonso de Illescas, obispo de Zamora y de Burgos, dos grandes juristas de la época.
[96] Juan Alfonso de Madrid, miembro del Consejo de Enrique III y de Juan II, fue capellán de don Pedro Tenorio.

nin por el grande estado que ovo e grant privança de los reyes non dexó de visitar él por su persona su arçobispado, las quales dos tachas[97] creo que se fallen en pocos perlados d'es-
25 te nuestro tiempo.

Murió en Toledo, de más de setenta años.

---

22. M1: *e. gram.* M2, Llag, BAE: *gran e.* // Eg: *que huvo nin gran p.* Sant: *grande p.*

23. M2: *el de visitar.* Llag, BAE: *él de visitar.* // E: *presona su arcobispado.* M1: *el arçobispado.*

24. M2, Llag, BAE: *las quales dos cosas creo que se hallaran en.*

25. M1: *deste tiempo nuestro.* Eg: *de este tiempo.*

26. Sant: *de edad de mas de setenta y cinco años.* M1: *de mas de hedad de lxx años.* Eg: *de mas edad de s. a.* M2: *de edad de mas de setenta años año de 1399 a veinte y dos dias de mayo segundo dia de pascua de pentecostes esta sepultado en toledo en la claustra en una capilla noble que el fundo y doto y edifico la puente de san martin de toledo y el castillo de san servan que es ençima de la puente de alcantara y la puente que dizen del arzobispo en el camino de guadalupe y el monesterio de santa catalina de la orden de san jeronimo y la iglesia colegial de talavera y otros muchos edifiçios en las villas y lugares de su arcobispado caso su hermana doña maria tenorio con fernan gomez de silva hijo de arias gomez de silva ovieron un hijo que se llamo alonso tenorio que fue adelantado de caçorla que caso con doña isabel tellez de meneses hija de suer tellez y doña beatriz coronel ovieron hijos a don pedro obispo de tuy e de badajoz que fue fraile dominico y a don juan de silva alferez que fue al conçilio de vasilea y fue conde de çifuentes y a doña maria de silva muger de pero lopez de ayala de quien se cuenta largamente en la coronica del rei don enrrique quarto.* Las ediciones de Llaguno y de la BAE también ofrecen esta adición.

97 *tachas*: Evidentemente, aquí no puede considerarse como 'defectos', sino como 'virtudes'.

114

De don Johan Alfonso de Guzmán, conde de Niebla e grant señor*

Don Johan Alfonso de Guzmán, conde de Niebla[98], fue un grant señor en el Andaluzía, muy heredado e de grant renta. De su linaje non es neçesario de fablar, pues asaz es dicho en don Gonçalo Núñez de Guzmán, maestre de Calatrava.

Fue alto de cuerpo e de buena forma, blanco e ruvio; traía la barva un poco creçida. Muy cortés e mesurado, e tanto llano e igual a todos que menguava su estado en ello; pero con esta condiçión de la gente común, que nunca mira mu-

5

---

* Sant: *de don juan alfonso de guzman conde de niebla y grande señor. capitulo cxl.* M1: *Raçonamiento de D alfonso de guzman.* M2: *capitulo 14 de don juan alonso de guaman conde de niebla y gran señor.* Eg: *Razonamiento de D. Alonso de Guzman.* Llag, BAE: siguen la lectura de M2.
   1. M1: Omite *Alfonso.* M2; Eg: *alonso.* Llag, BAE: *Alonso.*
   2. Sant: *grande s.*
   3.ᐧ M2: *y de su linage.* // E: *no es necesario de f.* Sant: *no es necesario hablar.* M1: *no es neçesario fablar.* M2: *no es neçesario fablar.* Llag, BAE: *no es necesario hablar.*
   4. Sant, M2, Llag, BAE: Omiten *don.*
   6. M2: *blanco y traia.* Llag: *é traía,* BAE: *é traia.*
   8. Sant: *mesurado tanto llano.* M1, Eg: *e tan llano.* M2: *y tan llano.* // Eg: *con todos.* // M2: *amenguava.* Llag, BAE: *amenguaba.*
   9. Sant, M1, M2, Eg, Llag: *pero en esta.* BAE: *pero de esta.*

---

[98] Juan Alfonso de Guzmán, tercer conde de Niebla y duque de Medinasidonia. Sabemos que murió en 1394.

¹⁰ cho adentro, era muy amado. En Sevilla e su tierra, después
del señorío real, non conoçían a otro sinon a él. Fue muy
franco e muy acojedor de los buenos, pero non entremetido
en las cortes nin en los palaçios de los reyes, nin fue onbre
que por rigir e valer se trabajase mucho, sinon darse a vida
¹⁵ alegre e deleitable. Algunos le razonaron por de poco es-
fuerço, e ansí con estas tachas e virtudes, e prinçipalmente
por la grand dulçura e benignidad de su coraçón e por la
franqueza e liberalidad que ovo, fue muy amado, e non es
maravilla, ca estas dos virtudes, clemençia e franqueza, son
²⁰ muy amigables a la natura e suplen grandes defetos.

10. M2, Llag, BAE: *miran m. a.* Eg: *mira adentro.* // Sant, M2, Llag, BAE:
mucho amado. // M1, Eg: *e en su tierra.* M2, Llag, BAE: *y en su tierra.*

12. Sant, M2, Llag, BAE: *mucho.* // E: *no.*

14. Sant, M2, Llag, BAE: *en darse.*

15. Eg: *lo razonaron.*

17. Sant: *grande.* // E: *dulcura e begnidad de su coraçón.* M2: *benidad de su
condición.* Sant: *de su condicion.* M1: *de su condiçion.* Eg, Llag, BAE: *de su condicion.*

18. Sant: *lo franqueza.*

19. M1: *clençia.*

20. M2 añade: *fallecio año de 394 esta sepultado çerca de sivilla suçedio despues
del don enrrique de guzman su hijo que murio sobre gibraltar año de 36 al qual suçedio don juan de guzman que fue el primer duque de medina que gano a gibraltar año
de sesenta y dos bispera de santa maria de agosto a este suçedio don enrrique que dizen
que fue bastardo y a este suçedio don juan padre de don enrrique que fallecio moço e
agora posee el estado don alonso perez su hermano que caso con nieta del rey catolico
don fernando quinto hija del arçobispo de caragoca su hijo.* Las ediciones de Llaguno y de la *BAE* también ofrecen la misma adición, con una única modifica-
ción: *... y á este sucedió Don Juan de Guzman: y á este sucedió Don Enrique, que fa-
leesció mozo* (Llag).

De Gómez Manrrique,
adelantado mayor de Castilla[*]

Gómez Manrrique[99], adelantado de Castilla, fue fijo bastardo del adelantado Pero Manrrique el viejo, e fue dado en rehenes al rey de Granada con otros fijos de cavalleros de Castilla, e, como era niño, por enduzimiento e engaño de los moros tornóse moro. Desque fue onbre conoçió el herror en que bivía e vínose a Castilla e reconçilióse a la fe. 5

Fue este Gómez Manrrique de buena altura e de fuertes mienbros, baço e calvo, el rostro grande, la nariz alta; buen cavallero, cuerdo e bien razonado, de grande esfuerço, muy sobervio e porfioso, buen amigo e çierto con sus amigos, mal 10

---

[*]   Sant: *De gomez manrique adelantado mayor de castilla. capi cxli.* M1: *Raçonamiento de D. gomez manrique.* M2: *capitulo 15 de gomez manrrique adelantado mayor de castilla.* Eg: *Razonamiento de D. Gomez Manrique.* Llag, BAE: reproducen las rúbricas de M2 y de Santisteban.

1.   M1: *Don gomez.* Eg: *D. Gomez.*

2.   M2: *pedro.*

3.   Sant: *dado en arrehenes.* Eg: *dado en arregenes.* // E: *cavallos.*

5.   M1: Omite *e como era niño o por enduzimiento o engaño de los moros tornose moro.* // M2: *e desque.* Llag, BAE: *é desque.*

6.   M2: *a la fee christiana.* Llag: *á la Fé Christiana.* BAE: *á la fe christiana.*

8.   M2, Llag, BAE: *y el rostro.* // M2: *y la nariz.*

9.   M2, Llag, BAE: *ardid cuerdo.* // M2, Llag, BAE: *y de gran.* // Sant: Omite *muy.*

10.   Eg: *e porfiado.*

---

[99] Gómez Manrique, 1356-1411. No debe confundirse con el poeta del mismo nombre (1412-1491) y tío de Jorge Manrique.

ataviado de su persona, pero su casa tenía bien guarnida. Como quier que verdadero e çierto fuese en sus fechos, pero, o por manera de alegría, o por fazer gasajado[100] a los que con él estavan, contava algunas vezes cosas estrañas e maravillo-
15 sas que avía visto en tierra de moros, las quales eran graves e dubdosas de crer.

Murió en hedad de çinquenta e çinco años. Yaze enterrado en un monesterio que él fizo, que llaman Frey del Val.

11. E: *de su presona*. Eg: Omite *de su persona*.
12. Sant: *v. fuesse e cierto*. M2: *v. fuese e cierto*. Llag, BAE: *v. fuese é cierto*.
13. M2, Llag, BAE: Omiten la primera *o*. // Eg: *gasado*.
18. Sant: *frex del val*. M1: *señora de frex del val*. M2: *fres del val*. Llag: *Fresdelval*.

[100] *gasajado*: «placer colectivo que se toma en compañía» *(DCECH)*. Comp. Berceo, *Libro de Buen Amor*, c. 1316: «puñé como oviese de tales gasajados / ca omne que es solo sienpre piensa en cuidado».

De don Lorenço Suárez de Figueroa, maestre de Santiago*

Don Lorenço Suárez de Figueroa[101], maestre de Santiago,
fue natural de Gallizia, ca en aquella provinçia es el solar de
su linaje.

Fue alto de cuerpo, grueso e bien apersonado[102]. Muy ca-
llado e de pocas palabras, pero de buen seso e buen entendi- 5
miento, de grant regimiento e regla en su casa e fazienda; e
por esto de algunos era avido por escaso e cobdiçioso. Pero
aquello que él dava era en tal manera que la forma suplía el
defecto de la materia, porque era luego dado e en dineros
contados e muy secretamente, que son abtos que onrran e 10

---

* Sant: *De don lorenço juarez de figueroa maestre de sanciago. capitulo cxlii.*
M1: *Raçonamiento de D. lorenço suarez.* M2: *capitulo 16 de don lorenço suarez de
figueroa maestre de santiago.* Eg: *Razonamiento de D. Lorenzio Suarez.* Llag, Bae:
reproducen la rúbrica de Santisteban y de M2.
   1. Sant: *Don lorenço juarez.* Eg: *D. Lorenzio Xuarez.*
   2. E: *cae en aquella p.*
   4. M2: *e fue.* Llag, BAE: *é fué.* // E: *apresonado.*
   5. M2, Llag, BAE: Omiten la primera *e.*
   6. Sant: *de grande.* M2: *e de gran.* Llag, BAE: *é de gran.* // E: *r. e fuerça e regla,* si bien *e fuerça* aparece tachado.
   8. E: *en tal mana.*
   9. M2, Eg: *dado en d.* Llag, BAE: *dado en d.*
   10. Llag, BAE: *autos.* // Sant, M1, Eg: *que ornan.*

---

[101] Lorenzo Suárez de Figueroa, 1344-1410, fue maestre de Santiago de 1378
a 1410. Su hija Catalina fue la esposa de Íñigo López de Mendoza.
[102] *apersonado*: de buena presencia.

afeitan mucho los dones e los fazen más graçiosos; ca con tales maneras el que lo reçibe non toma trabajo e el que lo da muestra non querer vanagloria[103].

De su esfuerço nunca oí, salvo que en las guerras era diligente e de buena ordenança, lo qual non podía ser sin esfuerço. Guiávase mucho por estrólogos[104].

Murió en hedad de sesenta e çinco años.

---

11. Sant, Eg: *faze*. BAE: *hace*.
12. Eg: *los recibe*. // Eg: *los da*.
13. Eg: *m. que non quiere v.*
15. E: *ordenaça*.
16. M2: *y seguiase mucho*. Llag: *E seguiase mucho*. BAE: *é seguíase mucho*.
17. Sant, M1: *de lxxv años*.

---

[103] Pérez de Guzmán, «De graçioso e liberal don», en *Viçios e virtudes*, c. 21: «El más dulçe e más graçioso / benefiçio es el que es dado / antes que sea demandado / por el pobre e vergoñoso».
[104] Sobre la valoración que Pérez de Guzmán realiza acerca de la astrología, *vid.*, n. 57 y n. 142.

De don Johan Gonçález
de Avellaneda*

Johan Gonçález de Avellaneda[105] fue un buen cavallero. El solar de su linaje es en Castilla Vieja. De parte de su madre fue de Fuente Almexir, un notable solar de cavalleros, e de Aça, que son ricos onbres. Non ovo así grant patrimonio e estado como los suso[106] nonbrados. Sus vasallos fueron dos mill, e su casa de çient onbres d'armas.   5

De cuerpo alto e muy grueso, muy esforçado de coraçón, de fuertes mienbros, sobervio e escaso, buen amigo de sus amigos.

Murió en hedad de sesenta años.   10

---

* Sant: *De don juan gonçalez de avellaneda. capitulo cxliii.* M1: *Raçonamiento de juan goncalez de avellaneda.* M2: *capitulo 17 de juan gonçalez de avellaneda.* Eg: *Razonamiento de Juan Gonzalez de Avellaneda.* Llag, Eg: *De Juan Gonzalez de Avellaneda.*

   1. M2: *e juan.* BAE: *E Juan.* // E: *goncález.* // Eg: *fue un hombre buen c.*
   2. M2: *la vieja.*
   3. Sant, M1: *almexi.* Eg: *Almexi.*
   4. E: *no.* // Sant: *grande.*
   5. M1: Omite *los.*
   6. M1: *ciento.*
   7. M2: *alto era de cuerpo e tuerto e muy generoso muy esforçado.* Llag, BAE: *Alto era de cuerpo, é tuerto, é muy generoso, muy esforzado.*
  10. Sant: *de setenta a.* M2: *de 70 años año de 1409 años a 10 de mayo.* Llag, BAE: ofrecen también la adición de M2.

[105] Juan González de Avellaneda, 1349-1409. Tate en su edición de las *Generaciones* anota que tal vez se trate de un pariente de la mujer de Pérez de Guzmán, la marquesa de Avellaneda (ob. cit., pág. 89, n. 77).
[106] *suso*: lat. *sursum*, 'arriba'.

De Pero Afán de Ribera,
adelantado mayor de la frontera*

Pero Afán de Ribera[107] fue un noble e onrrado cavallero.
Bivía en Sevilla. De una parte fue de los de Ribera; de otra,
de los de Sotomayor. Fue adelantado mayor de la frontera e
notario mayor del Andaluzía.

5 Alto de cuerpo, apersonado[108] e de buen gesto; onbre de
grant abtoridad e muy cuerdo, e, segund dizían, de buen esfuerço. E como quier que en vasallos non fuese tanto heredado nin de tanto estado como los otros grandes, pero era de
grant coraçón e presumía bien de sí e igualávase e conponía-

---

* Sant: *De pero afan de ribera adelantado mayor de la frontera. ca cxliiii.* M1:
Raçonamiento de pero afan de ribera. M2: *capitulo 18 de perafan de ribera adelantado mayor de la frontera.* Eg: *Razonamiento de Pero Afan de Ribera.* Llag, BAE: reproducen la rúbrica de M2.
  1. M2: *Perafan de r. fue un bueno y honrrado.* Llag, BAE: *Perafan de Ribera
fué un bueno y honrado.* Sant, Eg: *fue bueno e honrado.* M1: *fue bueno y honrrado.*
  2. M2, Llag, BAE: *y de otra.*
  4. M2: *de A.*
  5. E: *apresonado.* M1: *personado.*
  6. M2: *era alto de cuerpo y apersonado y de buen rostro y de gran.* Llag, BAE:
siguen la lectura de M2. Sant: *de grande.*
  7. M2: *no fue.*

[107] Perafán de Ribera, 1340-1425. Sobre este personaje, *vid.* los poemas
que se cruzan Villasandino y Pérez de Guzmán en el *Cancionero de Juan Alfonso de Baena* (ed. cit., vol. I, núms. 112 y 113).
[108] *apersonado: vid.* n. 102.

se con otros de muy mayor estado que él. Tenía bien su esta-¹⁰
do. Era onbre de grandes gasajados[109] e convites, muy ma-
lenconioso e algunas vezes sobervio, bien regido en su comer
e bever.

Murió en hedad de ochenta e çinco años.

10.	Eg: Omite *muy*.
11.	Sant: *estado ca...* M2: *estado ca el mantenia bien su e. era hombre de grande plazer e.* Llag: *estado; ca él mantenia bien su estado. Era hombre de grande placer é.* BAE: *estado, ca él mantenia bien su estado. Era hombre de grande placer é.*
12.	M2: *e muy m.* Llag, BAE: *é muy m.*
14.	M2: *años año de 1425 años.* La misma adición figura en las ediciones de Llaguno y de la BAE.

---

[109] *gasajados*: *vid.* n. 100.

Del mariscal Garçi Gonçález de Herrera, un buen cavallero*

El mariscal Garçi Gonçález de Herrera fue un buen cavallero. Su linaje es antiguo e de buenos cavalleros. De parte de su madre fue de los Duques, onorable linaje.

Alto de cuerpo e delgado e de buena persona. Cuerdo e es-
5   forçado, franco e buen amigo de sus amigos, pero muy malenconioso e triste e que pocas vezes se alegrava, e por esto dizen que el conde don Sancho[110], hermano del rey don Enrique el viejo, que lo crió e amó mucho, que dizía que el nublado de Garçía Gonçález sienpre estava egual.
10 Fue este mariscal muy verdadero en sus palabras. Amó

---

* Sant: *Del mariscal garci goncalez de ferrera un buen cavallero. ca cxlv.* M1: *Raçonamiento del mariscal garcia gonçalez de ferrera.* M2: *capitulo 19 del mariscal garçi goncalez de herrera un buen cavallero.* Eg: *Razonamiento de Garci Gonzalez de Ferrera.* Las ediciones de Llaguno y de la BAE ofrecen la misma rúbrica que M2.
   1.   M1: *graçia goncalez de ferrera.* E: *goncalez de H.* Sant: *ferrera.* Eg: *Ferrera.*
   4.   M2: *y delgado de buena persona y cuerdo.* E: *presona c.* Llag, BAE: *é cuerdo.*
   5.   M2, Llag, BAE: Omiten *franco.*
   6.   M2, Llag, BAE: Omiten la última *e.*
   9.   Sant: *que dezia aquel nublado de garci g.* M2: *que dezia aquel nublado de garçi gutierrez.* Llag: *que decia: aquel nublado de Garcia Gutierrez.* BAE: *que decia aquel ñublado de García Gonzalez.* Eg: *mucho, decia: Que el n. de Garci Gonzalez.* // Sant: *esta.*

---

[110] Conde de Alburquerque. Su hija Leonor se casó con don Fernado de Antequera.

124

mucho mugeres. E es bien de maravillar que franqueza e amores, dos propiedades que requieren alegría e plazer, que las oviese omne tan triste e tan enojoso.

Murió en León, en hedat de setenta años.

---

11. Eg: *a mugeres*.
12. E: *requieran*. // Eg: Omite *que*.

De Johan Furtado de Mendoça,
ayo del rey don Enrrique*

Johan Furtado de Mendoça[111] fue un onrrado cavallero e
ayo del rey don Enrrique el terçero. De su linaje e generaçión
ya se dixo asaz en el capítulo que fabla del almirante don
Diego Furtado, como quier que entre la casa d'este almirante e la d'este Johan Furtado ay grant diferençia en las armas.
Fue onbre de muy buen cuerpo e gesto muy linpio e bien
guarnido, así que aun en su vejez en persona e atavío pareçíe

---

* Sant: *De juan furtado de mendoça ayo del rey don enrique. capitulo cxlvi*. M1:
Raçonamiento de D. juan furtado de mendoça. M2: *capitulo 20 de juan hurtado
de mendoça ayo del rei don enrrique*. Eg: *Razonamiento de D. Juan Hurtado de
Mendoza*. Las ediciones de Llaguno y de la BAE ofrecen la misma rúbrica
que M2.
1. M1: *Don juan f.* M2: *juan hurtado*. Eg, Llag: *Juan Hurtado*. BAE: *E Juan
Hurtado*. // Sant, M1, M2, Llag, BAE: Omiten *un*. // M2, Llag, BAE: Omiten *e*.
2. E, Sant, M1, M2, BAE: *el segundo*. Eg, Llag: *el Segundo*.
4. M2, Llag, BAE: *Hurtado*. // Sant, M2, Llag, BAE: *como quiera*
5. Sant, M1, M2: *del almirante*. Eg, Llag, BAE: *del Almirante*. // Eg: *e de
este*. // M2: *hurtado*. Llag, BAE: *Hurtado*. // Sant: *ay grande*. Eg: *aya gran*.
6. M2: *fue hombre de gran esfuerço y muy buen cuerpo y gesto e muy limpio e
bien*. Llag, BAE: *Fué hombre de gran esfuerzo, é muy buen cuerpo y gesto, é muy limpio é bien*. Sant: *e muy limpio e bien*.
7. M2, BAE: *aunque*. // E: *en presona*. Sant, M1, M2, Eg, LLag, BAE: *en
su persona*.

---

[111] Juan Hurtado de Mendoza, 1351-1426. Pérez de Guzmán le dedica un
poema con motivo de su muerte. *Vid. Cancionero de Juan Alfonso de Baena*,
ed. cit., vol. III, núm. 571.

bien ser cavallero. Fue cuerdo e de buenas maneras. En fecho de armas non oí d'él ninguna obra señalada nin mengua alguna.

Murió en Madrid, en edad de setenta e çinco años.

---

8.   Sant: *pareçia ser bien c.* M1: *pareçia ser bien caballero.* M2: *pareçia ser buen c.* Eg: *parecia bien ser c.* Llag: *parescia ser buen Caballero.* BAE: *parescia ser buen caballero.*

9.   Sant, M2: *no ay del.* Eg: *no ay de el.* Llag, BAE: *no hay dél.*

10.   M1: Omite *nin mengua alguna.*

11.   Eg: Omite *en Madrid.*

De Diego Fernández de Córdova, mariscal de Castilla*

Diego Fernández de Córdova, mariscal de Castilla, fue cavallero de buen cuerpo e gesto, e de buen esfuerço; muy graçioso e mesurado e tanto tenplado e cortés que a persona del mundo non daría una palabra enojosa e áspera; muy linpio en su vistir e comer, asaz discreto.

Su linaje, de parte de su padre, fue de Córdova, de buenos cavalleros, e ovieron comienço de un capitán de almogávares, el qual non temiendo el grant trabajo e peligro de su persona, con grand osadía escaló la çibdad de Córdova[112], que fue una obra notable e famosa, e de aqueste deçendieron

5

10

---

* Sant: *De diego fernandez de cordova mariscal de castilla. capitulo cxlvii.* M1: *Raçonamiento de diego fernandez de cordova mariscal.* M2: *capitulo 21 de diego fernandez de cordova mariscal de castilla.* Eg: *Razonamiento de Diego Fernandez de Cordova.* Llag, BAE: reproducen la rúbrica de Santisteban y de M2.
3.   M2: *e muy graçioso.* Llag, BAE: *é muy graçioso.* // M1: *e tanto trempado.* M2: *e tan templado.* Llag, BAE: *é tanto tremprado.* // E: *presona.*
4.   Sant: *no diria una p. e. nin descortes nin aspera.* M1, Eg: *non diria una p. e. e aspera.* M2: *no diria una p. e. ni a.* Llag, BAE: *no diria una p. e. ni áspera.*
6.   M1: *de parte de su madre.*
8.   Eg: *de Almoganares.* // Sant: *grande.*
9.   E: *persona.* // Sant, M1, M2, Eg, Llag, BAE: *grande.*
10. M2: *deçienden.* Eg, Llag, BAE: *descienden.*

[112] Este episodio también lo recoge Pérez de Guzmán en su *Loores de los claros varones*, en el fragmento que trata «Del rey don Fernando que ganó la frontera», c. 274: «Verdad es que fue atrevida / esta gente al escalar, / e non se puede negar / ser obra muy escogida».

muchos nobles cavalleros. De parte de su madre fue este mariscal de los Carrillos, un bueno e antiguo linaje, e segunt se falla por memoria de onbres antiguos, estos cavalleros ovieron este nonbre por esta cabsa: A Castilla vinieron dos grandes cavalleros alemanes e eran hermanos, porque a esa sazón dizen en Castilla por los hermanos Carrillos, como agora lo dizen los labradores, llámanlos los Carillos. D'estos dos hermanos vinieron después muchos buenos e notables cavalleros.

Murió este mariscal en hedad de ochenta años.

11.   Sant: *muchos y muy nobles c.*
12.   Sant: *muy antiguo.*
13.   M1, M2, Eg, Llag, BAE : *memorias.*
14.   Sant, M1, M2: *estos carrillos ovieron.* Eg: *estos Carrillos hovieron.* Llag, BAE: *estos Carrillos ovieron.* // M2: *ansi fue que a castilla.* Llag: *ansi fué que á Castilla.* BAE: *ansí fué, que á Castilla.*
15.   M2, Llag, BAE: Omiten *grandes.* // M2, Llag, BAE: *y porque.* Sant: *y porque.* // M2, Llag, BAE: *esta.*
16.   Sant: *dezian a los hermanos carillos.* M2: *dezian a los hermanos carrillos.* Llag, BAE: *decian á los hermanos carrillos.* M1, Eg: *deçian...*
18.   Sant: *llamavanlos...* M1: *llamavanlos los carillos e despues errando el bocablo llamaronlos carrillos destos dos h.* M2: *llamavanlos carrillos...* Eg: *llamabanlos los Carillos: e despues errando el vocablo los llamaban los Carrillos. De estos hermanos.* Llag, BAE: *llamábanlos los Carrillos...* // M1: Omite *buenos.*

De Alvar Pérez de Osorio,
onbre de grant solar*

Alvar Pérez de Osorio[113] fue un cavallero en el reino de
León e muy heredado en vasallos. Este linaje de los Osorios
es grande e antiguo, e segunt las estorias vienen del conde
don Osorio, que fue un grant señor[114]. Yo oí dizir a alguno
5 d'este linaje que estos Osorios vienen de Sant Johan Grisós-
tomo, que en latín dizen *os auri*, que quiere dizir «boca de
oro»; pero yo nunca lo leí nin me paresçe cosa creíble, ca
Sant Johan Boca d'Oro fue de Greçia e non se lee que él nin
alguno de su generaçión pasase a España. Mas pienso que
10 fue invençión de algunt onbre sotil e inventivo. Que porque
en latín dizen por boca de oro *os auri*, e este nonbre, Osorio,

---

  * Sant: *De alvar perez osorio honbre de grande solar. capitulo cxlviii.* M1: *Raçonamiento de D. alvar perez osorio.* M2: *capitulo 22 de alvar perez de osorio hombre
de grande solar.* Eg: *Razonamiento de D. Alvar Perez Osorio.* Llag, BAE: reproducen la rúbrica de Santisteban y de M2.
  1. Sant: *grande c.*
  3. M2, Llag, BAE: *viene.*
  4. Sant: *grande.* // M1, M2, Eg: *a algunos.*
  6. Eg: *Chrisostomo.* // Llag, BAE: *auri, quiere.*
  7. E: *bocado de oro.* // Sant, M2: *pero yo no lo lei.* Llag, BAE: *pero yo no lo leí.*
  9. M2: *pasase en españa.* // E: *piensso.*
  11. Sant: *sotil porque en.* M1, Eg: *sotil que porque en.* M2: *sutil porque en.*
Llag: *sotil: porque en.* BAE: *sotil. Porque en.* // M1: *diçen por voca de oro os ari...*
M2: *dizen boca de oro os auri este nonbre.* Eg: *dizen Boca de oro...* Llag: *dicen boca
de oro, os auri, este nombre.* BAE: *dicen boca de oro os auri, este nombre.*

---

[113] Álvar Pérez de Osorio, 1326-1396.
[114] Se alude a Álvar Núñez de Osorio, que fue nombrado por Alfonso XI
conde de Trastamara.

va çerca d'ello, dirían que era todo uno. Yo non lo afirmo nin lo contradigo.

Fue este Alvar Pérez Osorio alto de cuerpo e feo e mal guarnido; de poca administraçión e hordenança en su fazienda. De una dolençia que ovo de perlesía quedó tollido del medio cuerpo, ansí que non podía andar sinon sofriéndose sobre otro. Fue muy esforçado, franco e alegre, pero como dicho es, de tan poco rigimiento era en su casa que menguava mucho su estado, ca todo su tienpo espendía en burlar e aver plazer.

Murió en hedad de setenta años.

12. Sant: *e dirian... pero yo.* M2: *y dirian... pero yo.* Llag, BAE: *é dirían... pero yo.*
14. Sant, M1, M2, Eg, Llag, BAE: Omiten la primera *e.*
16. M1, Eg: *e de una.*
17. M1, Eg: *de medio c.*
18. Eg: *sufriendo.* // M2: *fue mucho.* Llag, BAE: *Fué mucho.*
19. M1, Eg, BAE: Omiten *era.*
21. Eg: *e hacer placer.*
22. M2: *setenta o ochenta años.* Llag, BAE: *ó ochenta años.*

De Pero Suárez de Quiñones,
adelantado de León,
e de Diego Fernández de Quiñones*

Pero Suárez de Quiñones, adelantado de León, fue un
grande e notable cavallero. El solar de su linaje es antiguo e
bueno. Yo oí dizir a algunos d'este linaje que los de Quiñones deçienden de una infanta, fija de un rey de León, e de
5 otra parte de un grant señor llamado don Rodrigo Álvarez de
Asturias, señor de Norueña. Pero non lo leí, ca, como dicho
es, en Castilla non se faze mención de semblantes cosas, aunque se devían fazer.

Fue este Pero Suárez de buena altura, calvo e romo, e de
10 buena persona. Esforçado e sabio en las guerras, e discreto e
diligente en los negoçios. Era muy franco e plazíale de tener

---

*   Sant: *De pero juarez de quiñones adelantado de leon e de diego fernandez de
quiñones. capitulo cxlix.* M1: *Raçonamiento de pero suarez de quiñones adelantado
de leon.* M2: *capitulo 23 de pero suarez de quiñones adelantado de leon e de diego hernandez de quiñones.* Eg: *Razonamiento de Pero Xuarez de Quiñones Adelantado de
Leon.* Llag, BAE: reproducen la rúbrica de M2.
    1.   Sant: *juarez.* Eg: *xuarez.*
    5.   Sant: *grande.*
    6.   M2: *rodrigo alvar perez de asturias.* Eg: *D. Rodrigo... // E,* M1: *señor de
morena.* Eg: *señor de Morena.*
    7.   M2, Eg, Llag, BAE: *de semejantes c.*
    8.   M1: *se avian de facer.*
    9.   Sant: *jurez.* M1, Eg: *Xuarez. //* Sant, M2, Llag, BAE: Omiten *calvo.*
    10. E: *presona. //* Sant, M1, M2, Eg, Llag, BAE: Omiten *e.*
    11. Sant, M1, M2, Eg, Llag, BAE: Omiten *era.*

muy buenos cavalleros en su casa, e dávales mucho. E murió
en hedad de setenta años.

Non dexó fijo ligítimo e fizo su heredero a un buen cavallero, su sobrino, fijo de su hermana, que dizían Diego Ferrández de Quiñones[115], del qual se faze aquí mençión espeçial, ansí por su estado e persona como en especial porque
alcançó en este mundo aquello que muy pocos alcançan,
que es gran prosperidad sin aver grandes infortunios e tribulaçiones[116], ca él non eredó nada de su padre e falló aquel tío
que le dexó un grande patrimonio. E después casó con doña
María de Toledo, fija de Ferrand Álvarez de Toledo e de doña
Leonor de Ayala. E si verdat es que una de las cosas que en
la buena fortuna del onbre se paresçe es en aver buena mu-

15

20

---

12. Sant, M1: *de tener muchos c. e buenos.* M2: *de tener muchos c. y buenos.* Eg:
de tener muchos cavallos, e buenos. Llag: *de tener muchos Caballeros y buenos.* BAE:
de tener muchos caballeros y buenos. // Eg: *daba.* // Sant, M1, M2, Eg, Llag, BAE:
Omiten la segunda *e*.

14. M2: *e no.* Llag, BAE: *é no.* // M2, Llag, BAE: Omiten *buen*.

15. M2, Llag, BAE: Omiten *fijo de su hermana*.

16. M2: *hernandez.* Sant, M1: *fernandez.* Eg: *Fernandez.* Llag, BAE: *Her-nandez*.

17. E: *se faze aquí espeçial ansi.* M2: *se haze mençion ansi.* Llag: *se hace aquí mencion, ansi.* BAE: *se hace aquí mencion, ansí.* // E: *presona*.

18. M2: *como porque a.* Llag, BAE: *como porque alcançó*.

19. Sant: *grande*.

21. M1: *dejo un gram patrimonio.* M2: *dexo buen patrimonio.* Eg: *dexo un gran patrimonio.* Llag, BAE: *dexó buen patrimonio*.

22. Sant: *fernand alvarez.* M1: *fernan dalvarez.* M2: *fernan alvarez.* Eg: *Fernan Dalvarez.* Llag, BAE: *Fernan Álvarez*.

24. Sant: *ayala e ansi verdad... cosas en que la b. f.* M1: *ayala asi verdad... cos-sas en que la b. f.* M2: *ayala e ansi es verdad que una de las cosas que la b. f.* Eg: *Ayala e assi verdad... cosas en que la b. f.* Llag: *E si es verdad que una de las cosas en que la b. f.* BAE: *Ayala, á ansi es verdad, que una de las cosas que la b. f.* E: *la fortuna.* // M1, M2: *es aver.* Llag, BAE: *es haber*.

---

[115] Diego Fernández de Quiñones era hijo de Leonor Suárez de Quiñones. Uno de sus hijos fue Suero de Quiñones.

[116] Comp. Pérez de Guzmán, «De grant prosperidad sin adversidad», en
Viçios e virtudes, c. 206: «Do la grant prosperidad / así es continuada, / que jamás de adversidad / la persona non es tocada, / signo es de ser dañada, /
por quanto dos paraísos / non son oídos nin visos; / cuido que es razón
fundada».

25 ger[117], por çierto éste ovo esta graçia, ca ella fue una de las
onestas e nobles dueñas de su tienpo, de la qual ovo el segundo bien que fueron quatro fijos, buenos cavalleros, e seis
fijas que siguieron bien el enxenplo de su madre en bondat e
onestad, e casaron e ganaron todas grandes e nobles onbres.

30 Este Diego Ferrández ovo algunos debates e quistiones
con algunos grandes onbres en el reino de León, de los quales salió con asaz onrra. E dexó a su fin diez fijos e fijas e
treinta nietos sin ver muerte de ninguno d'ellos.

Murió de más de setenta e çinco años de dolençia natural,
35 muerte paçífica e sosegada, lo qual se nota aquí porque segunt la vida de los omnes es llena de trabajos e tribulaçiones,
e por la mayor parte non ay alguno, espeçialmente el que
mucho bive, que non vea muchas cosas adversas e contrarias.
Este cavallero fue así bienaventurado que nunca sintió ad-
40 versidat de la fortuna.

---

26. M2, Llag, BAE: Omiten *e nobles.*
27. M2: *fue de quatro.* // M1: Omite *buenos cavalleros.*
29. M2: *y honestidad.* Eg: *e honestidad.* Llag, BAE: *é honestidad.* // Sant, M2, Llag, BAE: *y casaron todas con grandes y nobles hombres.* M1: *e casaron todas ellas con grandes e nobles hombres.* Eg: *e casaron todas con grandes e nobles hombres.*
31. Sant: *Este diego fernandez ovo algunos debates y contiendas con.* M1: *es diego fernandez ovo algunos convates e contiendas con.* M2: *y este diego hernandez ovo algunos debates con.* Eg: *Este Diego Fernandez ovo algunos debates e contiendas con.* Llag, BAE: *Y este Diego Hernandez ovo algunos debates con.*
32. M2, Llag, BAE: *de lo qual.* // Sant, M2, Llag, BAE: Omiten la primera *e.*
34. Sant: *Murio de edad de mas de s. y cinco a.* M2: *murio año 1444 años en edad de mas 75 años.* Llag: *Murió año de mil é quatrocientos y quarenta y quatro años, de edad de mas de s. y cinco a.* BAE: *murió año de mil é quatrocientos y quarenta y quatro años, de edad de mas de s. é cinco a.*
35. M1: Omite *porque.*
37. Sant, M2: *o por la.* Llag, BAE: *ó por la.* // E, Sant, M1: *al que.* M2, Llag, BAE: *del que.*

---

[117] La misma idea es poetizada por Pérez de Guzmán en su *Viçios e virtu- des,* c. 49: «La muger, si buena fuere, / es gozo continuado; / si al contrario saliere, / dolor es perpetuado. / El patrimonio heredado / de nuestros padres lo avemos; / si buena muger tenemos, / de Dios nos es otorgado» («De bue- na e contraria muger», cc. 49-51).

De Pero Manrrique,
adelantado de León*

Pero Manrrique[118], adelantado de León, fue un grande e virtuoso cavallero, e porque del linaje de los Manrriques es asaz dicho, resta de dizir cómo su madre, doña Juana de Mendoça, fue una notable dueña.

Era este adelantado muy pequeño de cuerpo, la nariz 5 luenga; muy avisado e discreto e bien razonado e de buena conçiençia e temeroso de Dios. Amó mucho los buenos religiosos e todos ellos amavan a él. Ovo mucho buenos parientes, de los quales se ayudó mucho en sus neçesidades. Fue onbre de grant coraçón e asaz esforçado. Algunos lo razona- 10

---

* Sant: *De pero manrique adelantado de leon. capitulo clx.* M1: *Raçonamiento de Pero manrique adelantado de leon.* M2: *capitulo 24 de pedro manrrique adelantado de leon.* Eg: *Razonamiento de Pedro Manrique Adelantado de Leon.* Llag, BAE: reproducen la rúbrica de M2.
  1. M2: *pedro.* Llag, BAE: *Pedro.*
  2. M2, Llag, BAE: *de los linages.*
  3. Eg: *resta decir.*
  5. Eg: *fue este.*
  6. Eg: Omite la primera *e.*
  7. Eg: *consciencia.*
  9. Sant: *tovo muchos e buenos p.* M2: *tuvo muchos e buenos p.* Llag: *Tubo muchos é buenos p.* BAE: *Tuvo muchos é buenos p.* M1: *muchos e buenos p.* Eg: *muchos, e buenos p.*
  10. M2, Llag, BAE: Omiten *e.* // M1: *alguno.*

---

[118] Pedro Manrique, 1381-hacia 1441.

van por bolliçioso e ambiçioso de mandar e rigir. Yo non lo
sé çierto, pero si lo fue non lo avería a maravilla, porque todos los que se sienten dispuestos e sufiçientes a alguna obra
e acto, su propia virtud los punje e estimula al exerçitar e
15 usar[119], ca apenas verá onbre alguno bien dispuesto a un
ofiçio que non se deleite en lo usar, e ansí este cavallero por
su grand discriçión era bastante a rigir e governar. Veyendo[120]
un tienpo tan confuso e tan suelto que quien más tomava de
las cosas más avía d'ellas, non es mucho de maravillar si se
20 entremetía d'ello. La verdad es ésta: que en el tienpo del rey
don Johan el segundo, en el qual ovo grandes e diversos mudamientos, non fue alguno en que él non fuese, non a fin de
desservir al rey nin de procurar daño del reino, mas por valer
e aver poder, de lo qual muchas vezes se siguen escándalos e
25 males. E ansí en tales abtos pasó por diversas fortunas, prós-
peras e adversas, ca algunas vezes ovo grant lugar en el rigimiento del reino e acreçentó su casa e estado, e otras vezes
pasó por grandes trabajos, ca fue una vez desterrado e otra
preso[121].

---

12. Sant, M2, Eg: *avria*. M1: *abria*. Llag: *habría*. BAE: *habria*.

14. Llag, BAE: *é auto*. // Sant: *los pugne*. // M2: *estimula a tanto exerçitar*.
Eg: *e instimula a la exercitar*.

15. Sant, M2: *y usar dello*. Llag, BAE: *é usar dello*. // M2, Eg: *a alguno*. Llag,
BAE: *á alguno*.

16. M1: *este c. que por*. M2: *este gran cavallero porque*. Llag: *este gran Caballero, porque*. BAE: *este gran caballero, porque*.

17. Sant: *grande*. // M1: *biendo*. Eg: *viendo*. M2: *seyendo*.

19. M1, Eg: Omiten *más*.

20. M2, Llag, BAE: *en ello*.

23. M2: *no por desservir*. Llag, BAE: *no por deservir*. // Sant, M2, Llag,
BAE: *ni procurar d*. M1: *nin deprocar daño*.

24. M1: *sigen*.

25. Llag, BAE: *autos*.

26. Sant, M1: *grande*.

28. M2: Omite *vez*. // M2: *y otra vez*. Sant: *e otra vez*. Llag, BAE: *é otra vez*.

---

[119] *usar*: practicar de costumbre. Comp. Pérez de Guzmán, *Confesión rimada*, c. 110: «ningunos ayunos non quieren usar / que la santa eglesia ordenó
e mandó».

[120] *veyendo*: forma antigua del gerundio 'viendo'.

[121] *Vid. Crónica de Juan II*, ob. cit., págs. 334 y 418.

Algunos quisieron dizir que él allegava bien los parientes 30
de los que avía menester e después los olvidava. D'esto ovo
algunos que se quexaron d'él; otros lo escusavan diziendo
que non avía tanto poder e facultad para que pudiese satisfazer a tantos e tan grandes onbres, o por ventura él faziendo
su poder, ellos non se contentavan. Toda vía[122] el fue buen 35
cavallero e devoto christiano, e tan discreto e avisado que so-
lía d'él dizir don Sancho de Rojas, arçobispo de Toledo, que
quanto Dios le menguara del cuerpo le acreçentara en el
seso.

Murió en hedad de çinquenta e nueve años. 40

31. E: *de que los avia*. M1: *quando los avia*. Sant, M2, Eg: *quando los avia*.
Llag, BAE: *quando los había*.

32. M1: Omite *algunos*. // M1: *que se lo quejaron*. // M2, Llag, BAE: *y
otros*.

34. Eg: *E por v.*

35. E: *el su buen.*

37. Sant: *e tanto d... que solia dezir del.* M1: *e tan tanto d... que solia deçir del.*
M2: *y tanto d... que del solia dezir.* Eg: *e tanto d... que solia dezir de el.* Llag, BAE:
é tanto...

38. M2: *lo mengara.* Llag, BAE: *lo menguara.* Sant: *lo menguara.* // Sant,
M1, Eg: Omiten el segundo *le.*

39. Sant: *creciera en el s.* M1: *cresçiera en el s.* M2: *creçia en el s.* Eg: *cresciera
en el s.* Llag, BAE: *crecia en el s.*

40. M2: *años a 21 de setienbre año de 1440 años.* Las ediciones de Llaguno
y de la BAE ofrecen el mismo añadido.

---

[122] *toda vía*: siempre. Comp. Pérez de Guzmán, *Viçios e virtudes,* c. 306:
«Consiento que en la requesta / aya parte el interese, / todavía si con ese /
va junta la obra onesta».

De don Diego Gómez de Sant Doval, conde de Castro.*

Don Diego Gómez de Sant Doval, conde de Castro, adelantado mayor de Castilla[123], fue un grant cavallero. El solar de su linaje es en Treviño, buena e antigua casa de cavalleros.

Fue grande de cuerpo, grueso, e los onbros altos, los ojos pequeños, la fabla bagarosa. Tardío e pesado en sus fechos, pero cobdiçioso de alcançar e de ganar. Cuerdo e muy esforçado, pero en su casa e fazienda nigligente e de poca aministraçión. Non muy franco, plazíanle armas e cavallos. Cavallero de sana condiçión e sin ufana[124].

---

* Sant: *De don diego gomez de sandoval conde de castro. capitulo clxi.* M1: *Raçonamiento de D. diagomez de sandobal conde de castro.* M2: *capitulo 25 de don diego gomez desadoval conde de castro.* Eg: *Razonamiento de Don Diagomez de Sandoval Conde de Castro.* Llag, BAE: reproducen la rúbrica de Santisteban.

1. E: *Don diega g.* M1: *D. diagomez.* Eg: *Don Diagomez.*
2. M1, Eg: *e Adelantado...* M2, Llag, BAE: Omiten *adelantado mayor de castilla.* // Sant: *grande.*
3. M2: *de linage.* // E: *Trevino.* // Eg: *casa de Zavallos.*
4. M2: *fue de grande c.* Llag, BAE: *Fué de grande c.* // Eg: *grueso, en los hombros alto.* // M2: *y los ojos.* Llag, BAE: *é los ojos.*
8. Sant, M2, Llag, BAE: *no mucho.* // M1: *plaçiale.*
9. E: *sin hufana.* M2: *sin elaçion.* Llag, BAE: *sin elacion.*

---

[123] Diego Gómez de Sandoval, 1385-1455, fue adelantado entre 1411 y 1455. Era sobrino de Sancho de Rojas y enemigo irreconciliable de Álvaro de Luna.

[124] *ufana*: ufanía, orgullo, soberbia, engreimiento. Comp. Berceo, *Libro de Buen Amor*, c. 1318: «Díxom'que conosçía una biuda loçana, / muy rica e bien moça e con mucha ufana».

Quando su padre murió quedó con muy poco hereda- 10
miento, pero después el rey de Aragón[125], quando rigió a
Castilla, le acreçentó mucho en vasallos e ofiçios, e después
el rey de Navarra, su fijo, le dio el condado de Castro e en
Aragón a Denia e Ayora[126], e anssí llegó a ser uno de los mayores cavalleros de Castilla. E quando el infante don Ferran- 15
do, su señor, demandava el reino de Aragón, este conde, con
la capitanía de su gente, entró en el reino de Valençia, e con
él otros cavalleros de Aragón que siguíen al dicho infante, e
ovo batalla con el común de Valençia, e vençiólos, que fue
un abto asaz notable. E después, pasando los fechos de Cas- 20
tilla por grandes e variables movimientos a gran daño e ditri-
mento del reino, este conde de Castro, siguiendo a su señor
el rey de Navarra, fue una vez preso en la batalla de Olmedo,
e dos vezes desterrado, perdiendo todo su grant patrimonio,
e en este estado murió en Aragón de más de hedad de seten- 25
ta años.

E non solamente este notable cavallero se perdió en estos
movimientos de Castilla, mas otros mucho grandes e media-

12. M1: *lo acreçento.*
14. M1: *de castro en aragon a denia e a ayora e alli.* Eg: *de Castro, e a Denia e Ayora: e alli.* Sant: *...e alli.*
15. M1: Omite *el infante.*
16. M1: *D. fernando.* Sant, M2: *don fernando.* Eg: *D. Fernando.* Llag, BAE: *Don Fernando.*
17. E: *aragon de valençia.*
18. M1: *otro.* // M1: *segian.* Sant, Llag, BAE: *siguian.* M2: *seguian.* Eg: *servian.*
19. Sant, M2: *e fue.* BAE: *é fué.*
21. Sant: *grande d.*
22. M2: *destruimiento del r.* Llag, BAE: *é destruimiento del Reyno.*
23. M2: *rey don juan de navarra.* Llag, BAE: *Rey Don Juan de Navarra.*
25. M1: *su patrimonio este e.*
26. Sant, M2, Eg, Llag, BAE: *en edad de mas de setenta años.* M1: *en la hedad de mas de lxx años.*
28. M2: *del reino de castilla mas muchos otros de grandes.* Sant, Eg: *de c. mas muchos otros de grandes.* M1: *de c. mas muchos otros mas muchos otros de grandes.* Llag, BAE: *del Reyno de Castilla; mas muchos otros de grandes.*

[125] Fernando I el Honesto.
[126] *Vid. Crónica de Juan II*, ob. cit., pág. 436.

nos estados se perdieron. Que Castilla mejor es para ganar de
30 nuevo que para conservar lo ganado; que muchas vezes los
que ella fizo ella mesma los desfaze.

30. M1: *ca muchas v.* Eg: *ca muchas v.*
31. M1: Omite *mesma.*

De don Pablo, obispo de Burgos, grant sabio e notable onbre*

Don Pablo[127], obispo de Burgos, fue un grant sabio e valiente onbre en çiençia. Fue natural de Burgos e fue ebreo, de grant linaje de aquella nación. Fue convertido por la graçia de Dios e por conoçimiento que ovo de la verdat, que fue grant letrado en amas las leyes. Antes de su conversión era grande filósofo e teólogo, e desque fue convertido, continuando el estudio, estando en la corte del papa en Aviñón fue avido por grande pedricador. Fue primero arçidiano de Treviño e después obispo de Cartajena; a la fin, obispo de Burgos, e después chançiller mayor de Castilla.

---

* Sant: *De don pablo obispo de burgos grande sabio e notable hombre. capitulo clxii.* M1: *Raçonamiento de D. pablo obispo de burgos.* M2: *capitulo 26 de don pablo obispo de burgos grande sabio e notable hombre.* Eg: *Razonamiento de D. Pablo Obispo de Burgos.* Llag, BAE: reproducen la rúbrica de Santisteban y de M2.

1. Sant: *grande.*
2. Eg: Omite *e.*
3. Sant: *de grande...* M1: *de grannaje de aquella naçion.*
5. Sant: *grande.* // Eg: *ambas leyes.* // M2, Llag, BAE: *ante.*
6. M1, M2, Llag, BAE, Eg: *gran.* // Sant: Omite la primera *e.* // Eg: *e despues que fue c.*
8. M1: *gram.* M2, Eg, Llag, BAE: *gran.*
9. M1: *e a la fin.* M2, Llag, BAE: *e al fin.*

[127] Pablo de Santa María, 1350-1435. Sobre la familia de los Santa María, *vid.* L. Serrano, *Los conversos Pablo de Santa María y Alonso de Cartagena*, Madrid, 1941, y F. Cantera Burgos, *Alvar García de Santa María*, Madrid, 1952.

Ovo muy grande lugar con el rey don Enrrique el terçero e fue muy açebto a él, e sin dubda era muy grande razón que de todo rey o prínçipe discreto fuese amado, ca era onbre de grant consejo e de grant discriçión e de grant secreto, que son

15 virtudes e graçias que fazen al onbre digno de la privança de qualquier discreto rey. Quando el dicho rey murió dexólo por uno de sus testamentarios, e después ovo grand lugar con el papa Benedito xiii°.

Fue muy grande pedricador. Fizo algunas escrituras muy
20 provechosas de nuestra fe, de las quales fue una las *Adiçiones sobre Niculao de Lira*[128], e un tratado *De çena Domini*, e otro *De la generaçión de Jhesu Christo*[129], e un grant volumen que se llama *Escrutinio de las escrituras*[130], en el qual por fuertes e bivas razones prueva ser venido el Mexía e aquél ser Dios e omne.
25 En este lugar acordé de enxerir[131] algunas razones contra la

11. M1, M2, Eg, Llag, BAE: *gran*.
12. Sant, M1, M2, Llag, BAE: Omiten la primera *e*. // Sant: *era grande razon*. M1: *era gran raçon*. M2, Eg, Llag, BAE: *era gran razon*.
13. M2: *e prinçipe*. Llag, BAE: *é Príncipe*. // M1: Omite *discreto*.
14. Sant: *grande c.* // Sant: *grande discrecion e de grande s.*
17. Sant, M1, M2, Eg, Llag, BAE: Omiten *e*. // Sant: *grande*.
18. M2: *benito trezeno*. Llag: *Treceno*. BAE: *tercero*.
19. M1, M2, Eg, Llag, BAE: *gran*.
20. M2: *provechosa a nuestra fe*. Sant, M1, Eg: *a nuestra fe*. Llag: *á nuestra Fé*. BAE: *á nuestra fe*.
21. Eg: *Nicolaz*.
22. Eg: Omite *e un grant volumen*.
23. M1: *con fuertes*.
24. Sant: *misias*. M1: *mexias*. M2: *mixias*. Eg: *Mesias*. Llag: *Mexías*. BAE: *Mesías*.
25. M2: *y en este lugar acordo*. Llag, BAE: *y en este lugar acordó*. // E: *razons*.

[128] Las *Adiciones* se imprimieron en Lyon, en 1545, conservándose un manuscrito del siglo XV *(vid.* Domínguez Bordona, ed. cit., pág. 90, n. 11).
[129] Ambos tratados, *De çena Domi*ni y *De la generación*... no nos son conocidos en la actualidad.
[130] La primera edición del *Scrutinium Scripturarum* es de Roma, 1470, conservándose también un manuscrito del siglo XV *(vid.* Domínguez Bordona, ed. cit, pág. 90, n. 11).
[131] *enxerir*: injertar, insertar. Comp. Pérez de Guzmán, *Que tres virtudes son de grand mérito ante Dios*, c. 3: «alguno se vence del todo fuyendo / lo que la natura en nos enxirió».

opinión de algunos que, sin distinçión e difirençia, absoluta e sueltamente, condenan e afean en grande estremo esta nación de los christianos nuevos en nuestro tienpo convertidos, afirmando non ser christianos nin fue buena nin útil su conversión. E yo, fablando con reverençia de los que así determinadamente e sin çiertos límites e condiçiones lo dizen, digo que non dubdo que una gente que toda su generaçión bivió en aquella ley e ellos naçieron e se criaron en ella e mayormente los que en ella envegeçieron e fueron por fuerça, sin otras amonestaçiones e exortaçiones, traídos a nueva ley, que non sean así fieles e católicos christianos como los que en ella naçieron e fueron enseñados e informados por dotores e escrituras. Ca aun los diçiplos de Nuestro Señor, que oyeron sus santos sermones, e lo que es más, vieron sus grandes miraglos e maravillosas obras, e con todo eso a la pasión lo desanpararon e dubdaron de su resuriçión con mengua de fe[132], fasta que por el Spíritu Santo fueron confirmados en la fee. E aun después, por hordenança de los apóstoles, a los

30

35

40

26.   M2: *que sin discreçion.* Llag, BAE: *que sin discrecion.*
27.   M2, Llag, BAE: *gran.*
29.   BAE: *é afirmando.* // M2: *christiano.*
30.   E: *conversaçion si yo,* con *e* interlineado.
32.   Sant, M1, M2: *no dudo de una gente.* Eg: *non dudo de una gente.* Llag, BAE: *no dubdo de una g.*
33.   M2: *vino en aquella ley.* // Eg: Omite la última *e.*
34.   E: *lo que.* // Sant: *envegecen.* M1: *enbejeçen.* M2: *envegeçen.* Eg: *envegescen.* Llag, BAE: *envejecen.*
35.   Sant: *aministraciones y exortaciones atraidos a.* M1: *amonestaçiones atraidos a.* M2: *exortaçiones e amonestaçiones atraidos a.* Llag, BAE: *exortaciones é amonestaciones atraídos á.* Eg: *atraidos a.*
38.   Sant: *discipulos de nuestro salvador.* M1: *disçipulos de nuestro salvador.* Eg: *Discipulos de Nuestro Señor e Salvador.* Llag: *discípulos de nuestro Salvador.* BAE: *discípulos de Nuestro Salvador.*
40.   M1, M2, Eg, Llag: *milagros.*
41.   M1: *maravillas e con todo eso al tiempo de la passion lo.* Llag: *m. obras, con todo eso al tiempo de la Pasion le.* Sant, Eg: *al tiempo de la passion lo.* M2: *al tiempo de la pasion lo.* BAE: *al tiempo de la Pasion le.* // Sant, M1, M2, Eg: *despues dudaron.* Llag, BAE: *despues dubdaron.*

[132] Episodio bíblico recogido en diversos Evangelios. *Vid.*, por ej., *Marcos* 16, 12-18.

que de nuevo se convirtían, dexavan usar algunas çirimonias
45 de la ley vieja fasta que poco a poco se afirmasen en la fe[133].
 Por todas estas razones non me maravillaría que aya algunos, espeçialmente mugeres e omnes groseros e torpes que
non son sabios en la ley, que no sean católicos christianos.
Ca el sabidor o letrado más ligero es de traer al conoçimien-
50 to de la verdad que el inorante, que solamente cree la fe porque la heredó de su padre, mas non porque d'ella aya otra razón. Pero yo esto non lo creo de todos ansí generalmente;
antes creo aver algunas devotas e buenas personas entre ellos,
e muévenme a ello las razones siguientes: la primera, que de
55 tanta virtud creo ser la santa agua del bautismo, que non sin
algunt fruto sería en tantos esparzida e derramada; la segunda, que yo he conosçido e conosco d'ellos algunos buenos
religiosos que pasan en las religiones áspera e fuerte vida de
su propia voluntad; la terçera, que he visto algunos ansí en
60 hedifiçios de monesterios como en reformaçión de algunas
órdenes que en algunos monesterios estavan corruptas e di-
sulutas, trabajar e gastar asaz de lo suyo, e vi otros ansí como
este obispo e el onorable su fijo don Alfonso, obispo de Bur-

---

45. Eg: Omite *e aun despues... fasta que poco a poco se afirmasen en la fe*. M2,
Llag, BAE: *se confirmasen en la fe*. Llag: *se confirmasen en la Fé*.
46. Sant, Llag, BAE: *E por todas r*. M1: *e por todas estas raçones*. M2: *e por
todas r*. Eg: *E por todas estas r*. // M2: *ayan*. BAE: *hayan*.
49. M1: *sabidor e*. // E: *mas peligro es*.
51. Sant, M2: *porque la ha eredado*. M1: *porque a eredado*. Eg, Llag, BAE:
porque la ha heredado.
52. Eg: *Pero esto yo*. // Eg: *ansi en general*.
53. E: *algunas e devotas buenas presonas*. Eg: *algunas buenas e devotas p*. Sant:
algunas buenas y devoctas p. M1, M2: *algunas buenas e devotas p*. Llag, BAE: *algunas buenas y devotas p*.
54. M1: *e muebeme*. M2: *e mueveme*. BAE: *y muéveme*.
55. Eg: *la agua del Sancto Baptismo*.
57. M1: *que yo he conoçimiento e e conoçido e c*. Eg: *Que yo he conocimiento, e
he conoscido, e c*. // Sant, M2: *a algunos buenos*. Llag, BAE: *á algunos buenos*. M1:
Omite *buenos*.
59. M2: Omite *en*.
61. E: *de algunas heredades*.
63. Eg: *e el notable o*. // Sant, M1, M2: *alonso*. Eg, Llag, BAE: *Alonso*.

---

[133] *Vid. Hechos de los apóstoles* 15, 1-29.

gos, que fizieron algunas escrituras de grande utilidad a nuestra fe. E si algunos dizen que ellos fazen estas obras por temor de los reyes e de los perlados, o por ser más graçiosos en los ojos de los prínçipes e perlados e valer más con ellos, respóndoles que por pecados non es oy tanto el rigor e zelo de la ley nin de la fe, porque con este temor nin con esta esperança lo devan fazer. Ca con dones e presentes se ganan oy los coraçones de los reyes e perlados, mas non con virtudes e devoçiones, nin es tan reguroso el zelo de la fe, porque con temor d'él se dexe de fazer mal e se faga bien.

Por ende, a mi ver, non así preçisa e absolutamente se deve condenar toda una naçión, e non negando que las plantas nuevas o enxertos tiernos han menester mucha lavor e grand diligençia e guarda, fasta ser bien raigadas[134] e presas. E aun digo más: que los fijos de los primeros convertidos devrían ser apartados de los padres, porque en los coraçones de los niños grant inpresión fazen los preçetos e consejos de los padres. E aunque ansí fuese como ellos por la larga manera lo quieren afirmar, yo digo que toda vía[135] su converssión fue útil e provechosa, ca el apóstol Sant Pablo dize: «en esto me alegraré que el nonbre de Jhesu Christo sea loado con verdad

64. M1, M2, Eg, Llag, BAE: *gran.* // Sant: *utilidad e provecho.*
68. Eg: *Respondeseles que por nuestros pecados.* Sant, M1, M2, Llag, BAE: *por nuestros pecados.*
69. Sant, M1, M2, Eg, Llag, BAE: *porque en este.*
73. E: *de fazer bien e se faga mal.* M1: *de façer bien e se faga mal.*
74. E: *no.*
75. Sant, M1, M2, Eg, Llag, BAE: Omite *e.*
76. M1: *enxertos nuebos.* // Sant: *grande.*
77. M1: *raigados e presos.* Eg: *arraigados e presos.*
78. Sant, M1, M2: *devieran.* Eg, Llag, BAE: *debieran.*
80. Sant: *grande.*
81. M1: *los preçetos de los padres e los consejos que les dan.* Eg: *los preceptos de los padres e los consejos que les dan.* // Sant, M1, Eg: *por larga m.* M2, Llag, BAE: *por larga maña.*
82. Llag, BAE: *su aversion fué.*

[134] *raigadas*: lat. *radicari*, 'arraigadas'.
[135] *toda vía*: vid. n. 122.

o con infinta»[136]. Assí mismo, puesto que los primeros non
sean tan buenos christianos, pero a la segunda e terçera generaçión e toda vía más adelante serán católicos e firmes en
la fe. E para en prueva d'esto, en las corónicas de Castilla se
lee: quando los moros ganaron la tierra por pecados del rey
Rodrigo e traiçión del conde Julián, muchos de los christianos fueron tornados a la seta de Mahomad, cuyos fijos e nietos e deçendientes nos defendieron e defienden la tierra e
son asaz contrarios a nuestra ley, ca tanto quedó España poblada d'ellos como de moros. Yo vi en este nuestro tienpo,
quando el rey don Johan el segundo fizo guerra a los moros,
que por división que avían los moros con su rey Esquierdo[137], se pasaron acá muchos cavalleros moros e con ellos
muchos elches[138], los quales, aunque avían asaz libertad para
lo fazer, nunca uno se tornó a nuestra fe, porque estavan ya

85

90

95

---

85. M1: *con verdad o con infinita.* M2: *con verdad e no con infinta.* Eg: Omite *sea loado con verdad o con infinta.* Llag: *con verdad, é no con infinta.* BAE: *con
verdad é no con infinta.*

86. M1: *pero a segunda.* M2: *pero las segunda.* // Eg: *e a la tercera.*

88. Sant, M1, M2, Eg: *por las coronicas.* Llag: *por las Corónicas.* BAE: *por
las corónicas.*

89. Llag: *se lee que quando.* // Sant, M2: *toda la tierra.* M1, Eg: *toda la tierra.*
Llag, BAE: *toda la tierra.*

90. Sant, M2: *don rodrigo.* M1, Eg: *D. Rodrigo.* Llag, BAE: *Don Rodrigo.*

91. M1: *D. Julian muchos christianos.* M2: *Don Julian muchos christianos.* Eg:
D. Julian muchos christianos fueron t. a la ley. Sant: *muchos cristianos.* Llag, BAE:
Don Julian, muchos Christianos. // E: *a la seta de los moros.*

92. M2: Omite la primera *e.*

93. M2: *y defenden la t. son asaz.*

94. Sant, M2: *quedo en españa poblado dellos como de los moros e yo vi.* Eg:
quedo en España poblada de ellos, como de los Moros. E yo vi. Llag: *quedó en España poblado delos, como de los Moros. E yo ví.* BAE: *quedó en España poblado dellos
como de los moros; é yo vi.* E: *Espana.* M1: *como de los moros e yo vi.*

97. Sant: *moros con su rey esquierdo divisos los divisos se pasaron.* M2: *moros
con su rey izquierdo disos los moros pasaron.* Llag, BAE: *Moros con su Rey Izquierdo, divisos los Moros, pasaron.* M1: *con su rey es creido se pasaron.*

99. Sant: *aunque libertad avian asaz para ya lo fazer.* M2: *aunque libertad avian
asaz para ya lo hazer.* Llag, BAE: *aunque libertad habian asaz para ya lo hacer.*

---

[136] *Epístola a los Filipenses* 1, 18. *infinta*: ficción, engaño, fingimiento *(Aut.)*
[137] Se alude a Muhammad VII, el Izquierdo.
[138] *elches*: cristianos renegados que se hacen mahometanos. Covarrubias señala que «en lengua antigua vale tornadico, perfuga, transfuga».

afirmados e asentados desde niños en aquel error, e aun al- 100
gunos d'ellos que acá murieron ansí estavan ya endureçidos
en aquella mala aventurada seta e presos de aquel error, que
aun en el artículo de la muerte, quando ya non esperavan go-
zar de aquellas carnales deleitaçiones nin avían temor de los
moros estando en tierra de christianos, murieron en su mala 105
e porfiada seta, lo qual les vino de ser criados e enveçeçidos
en ella. Pues, ¿por qué yo non pensaré de algunos de los conversos lo que vi de todos aquéllos? E ansí, a mi ver, en todas
aquestas cosas son de dexar los estremos e tener modos e límites en los juizios; o, si de algunos saben que non guardan 110
la ley, acúsenlos ante los perlados en manera que la pena sea
a ellos castigo e a otros enxenplo. Mas condenar a todos e
non acusar a ninguno más pareçe voluntad de dizir mal que
zelo de correpçión.

E tornando al propósito, morió este obispo don Pablo en 115
hedad de ochenta e çinco años, e dexó dos fijos, grandes letrados, don Alfonso[139], obispo de Burgos, e don Gonçalo,
obispo de Plasençia.

---

101. M1: *alguno.*
102. Sant: *malaventurada...* M1: *mal aventurada e mala seta e presos de.* M2: *malaventurada desata e presos en.* Eg: *mal aventurada...* Llag, BAE: *malaventurada de seta, é presos en.*
109. Sant, M1, M2, Eg, Llag, BAE: *en estas cosas.* // M2, Llag, BAE: Omite *de.*
110. Sant: *e tener medios e l.* M2: *e tener medio y l.* Llag, BAE: *y tener medios y límites.* // Sant, M1, Eg: *o si algunos.* M2, Llag, BAE: *y si algunos.*
113. E: *no.*
114. M1: *que que çelo de corretcion.* E: *zelo de corrupçion.* Sant: *zelo de corrupcion.*
115. Sant: *paulo.*
116. M1: *edad 85 años.*
117. Sant, M2: *alonso de burgos.* Eg: *Alonso o. de B.* Llag, BAE: *Alonso de Burgos.*
118. M2: añade *murio año de 1435.* Llag, BAE: añaden *murió año de mil quatrocientos treinta é cinco, en Agosto.*

[139] Alonso de Cartagena es uno de los maestros reconocidos de Pérez de Guzmán, tal y como pone de manifiesto en el decir que le dedica con motivo de su muerte: *Coplas que fizo el noble cavallero Ferrand Pérez de Guzmán sobre el tránsito del reverendo padre don Alfonso de Cartagena, obispo de Burgos.*

De don Lope de Mendoça,
arçobispo de Santiago
e notable onbre*

Don Lope de Mendoça[140] fue primero obispo de Mondo-
ñedo e después arçobispo de Santiago. Natural de Sevilla.
Aquéllos donde él viene se llaman de Mendoça, pero ellos
non han las armas de Mendoça. Toda vía puede ser que lo
5 sean, ca quanto a la división de las armas, aun entre estos
grandes de Mendoça tanbién ay división e diferençia en las
armas, ca los unos traen un escudo verde con una vanda colorada e los otros unas panelas en unos escudos. Éstos de
Mendoça, donde este arçobispo viene, traen una luna esca-
10 cada, e oí dizir que la traen de un cavallero donde ellos vienen, que se llamó don Johan Mate de Luna.

---

* Sant: *De don lope de mendoca arçobispo de santiago e notable hombre. capitulo clxvii.* M1: *Raçonamiento de D. lope de mendoça.* M2: *capi 27 de don lope de
mendoça arçobispo de santiago e notable hombre.* Eg: *Razonamiento de D. Lope de
Mendoza.* Llag, BAE: reproducen la rúbrica de Santisteban y de M2.
    5. M2: *quanto la d.*
    7. Sant, M1, Eg, Llag, BAE: *en un escudo.* M2: *en escudo.*
    9. Eg: *de donde*
    10. M1, Eg: *luna estacada.* Llag, BAE: *luna escarada.* // Sant: Omite *e.* //
M2: *don.* Eg: *de donde.*
    11. M2: *se llamava.* Sant: *se llama.* Llag, BAE: *se llamaba.* // M2: *mateo.*
Llag: *Matheo.* BAE: *Mateo.*

---

140 Lope de Mendoza, hacia 1365-1445. Gómez de Cibdarreal en su *Centón epistolario* (ep. ix) apunta que era hermano de Íñigo López de Mendoza y
primo de Juan Hurtado de Mendoza *(vid.* Tate, ed. cit., pág. 91, n. 100).

148

Fue este arçobispo de Santiago dotor, pero non muy fundado en la çiençia; asaz graçioso e de dulçe conversaçión; muy bien guarnido en su persona e casa, e que tenía maníficamente su estado, ansí en su capilla como en su cámara e mesa, e vistíase muy preçiosamente, ansí que en guarniçiones e arreos ningund perlado de su tienpo se igualó con él. Fue onbre de clara e buena voluntad, pero nin muy sabio nin muy costante. Fue alto de cuerpo e de asaz de buena persona.

Murió en hedad çerca de ochenta años.

12. E: *que fue.*
13. E: *asaz dulçe graçioso e de dulce c.* Eg: *asaz generoso, e de dulce conversacion.*
14. E: *presona.*
15. M2, Llag: *como su.*
17. M1: *en guarneçio.*
18. M2, Llag, BAE: *de buena y clara.*
19. M2: *pero no muy s. ni aun muy c. fue a. de c. asaz.* M1: *e asaz.*
20. Sant, Eg: *e de asaz buena p.* Llag, BAE: *é de asaz buena p.* E: *presona.*
21. Sant: *de acerca de o. a.* M1, Eg: *de çerca o. a.* M2: *de çerca 80 años año de mill y quatroçientos y quarenta y çinco años.* Llag: *cerca de ochenta años, año de mil é quatrocientos y quarenta é cinco años.* BAE: añade *año de mil é quatrocientos y quarenta é cinco años.*

De don Enrrique de Villena,
que fue fijo de don Pedro
e marqués de Villena*

Don Enrrique de Villena[141] fue fijo de don Pedro, fijo de
don Alonso, marqués de Villena, que después fue duque de
Gandía. Fue este don Alonso, marqués, el primero condestable de Castilla, e fijo del infante don Pedro de Aragón. Este
5 don Enrrique fue fijo de doña Juana, fija bastarda del rey
don Enrrique el segundo, que la ovo en una dueña de los de
Vega.

Fue pequeño de cuerpo e grueso, el rostro blanco e colorado, e segunt lo que la espirençia en él mostró, naturalmen-
10 te fue inclinado a las çiençias e artes más que a la cavallería e

---

* Sant: *De don enrrique de villena que fue fijo de don pedro e marques de villena.*
capitulo clxviii. M1: *Raçonamiento de D. enrique de villena.* M2: *capi 28 de don en-*
rrique de villena que fue hijo de don pedro marques de villena. Eg: *Razonamiento de*
D. Henrique de Villena. Llag: reproduce la rúbrica de M2. BAE: reproduce la
rúbrica de Santisteban.
   1. E: *don manrrique.*
   2. Sant: *alfonso.* // M2: *villana.*
   3. Llag: *Fué este Marqués D. Alonso.*
   4. Sant, M2: *y este.* M1: *e este.* Eg: *E este.* Llag: *é este.* BAE: *É este.*
   6. E: *duena.*
  10. M1: Omite *e artes.* // Eg: *a las cavallerias.*

---

[141] Enrique de Villena, 1384-1434. *Vid.* Emilio Cotarelo y Mori, *Don En-*
rique de Villena, su vida y sus obras, Madrid, 1896.

aun a los negoçios del mundo çeviles nin curiales. Ca non
aviendo maestro para ello nin alguno lo costriñiendo a
aprender, antes defendiéndogelo el marqués, su avuelo, que
lo quisiera para cavallero, él en su niñez, quando los niños
suelen por fuerça ser llevados a las escuelas, él contra volun-   15
tad de todos se dispuso a aprender. Tan sotil e alto engenio
avía que ligeramente aprendía qualquier çiençia e arte a que
se dava, ansí que bien pareçía que lo avía a natura. Çiertamente natura ha grant poder e es muy difíçil e grave la resis-
tençia a ella sin graçia espeçial de Dios.   20
  E de otra parte ansí era este don Enrrique ageno e remoto,
non solamente a la cavallería, mas aun a los negoçios del
mundo e al rigimiento de su casa e fazienda, era tanto inábi-
le e inabto que era grant maravilla. E porque entre las otras
çiençias e artes se dio mucho a la estrología, algunos burlan-   25
do dizían d'él que sabía mucho en el çielo e poco en la tierra. E ansí con este amor de las escrituras, non se deteniendo
en la çiençias notables e católicas, dexóse correr a algunas viles e rahezes artes de adevinar e intrepetrar sueños e estornudos e señales e otras cosas tales que nin a prínçipe real e me-   30

---

11. Eg: *no curiales*. // E: *no*.
12. BAE: *maestre*.
13. E: *lo c. e aprender*. Eg: *ninguno le constriñendo a a*. M2: *le costriñendo aprender*. Llag, BAE: *le costriñendo á a*. // E: *avelo*.
14. M2, Llag, BAE: Omiten *el*.
15. Eg: *por fuerça suelen ser*. // Sant: *levados*.
16. E, M1: Omiten *a*. // Sant, M1, M2: *e tan sotil*. Eg: *E tan sotil*. Llag, BAE: *é tan sotil*.
17. Eg: *qualquiera*. // M2: Omite *a*.
18. Eg: *Assi bien*. M1: *asi bien*.
19. Sant: *grande*. // Eg: *poder e cierto es muy dificil*. M1: *mui difil*.
20. M2: *espeçialmente*.
21. M2: *enrique que ageno*.
22. M2: *s. la c. mas aun los n*.
24. M1: Omite *e inabto*. M2: *inabile e inçepto*. Llag, BAE: *é inepto*. // Sant: *grande*. // M1, Eg: Omiten la segunda *e*.
26. Sant, M2, Llag, BAE: Omiten *del*.
27. Sant, M1, M2, Eg, Llag, BAE: *en este*.
29. M2: *dexose coregir a a. viles o raezes*. Eg: *viles e soezes*. Llag, BAE: *ó raeces*.
30. E: *senales*.

nos a católico christiano convenían[142]. E por esto fue avido en pequeña reputaçión de los reyes de su tienpo, e en poca reverençia de los cavalleros. Toda vía fue muy sotil en la poesía e grant estoriador, e muy copioso e mezclado en diversas çiençias. Sabía fablar muchas lenguas, comía mucho e era muy inclinado al amor de las mugeres.

Murió en Madrid, en hedad de çinquenta años.

31. San: *real ni menos*. Eg: *real nin menos*. // Sant: *se convenia*. M1: *se convenian*.

34. Sant: *grande*.

35. E: *sabia f. muchas çiençias lenguas*. Sant, M2, Eg, Llag, BAE: *muchos lenguajes*. // M2: Omite *e*.

36. M1: Omite *muy*.

37. M2: añade *a 15 de diziembre año de 1424 años esta sepultado en el monesterio de la dicha villa junto al altar mayor a la parte de la epistola*. Llag, BAE: reproducen la misma adición, si bien se refieren al año de *mil é quatrocientos treinta y quatro*.

[142] *Vid.* Pérez de Guzmán, *Viçios e virtudes*, cc. 373, 374: «De aquí es la estrología, / inçierta e variable; / (...) / estornudos e cornejas; / de aquí suertes consultorias; / de aquí artes irrisorias / de escantos e de viejas» («De saber lo por venir», cc. 372-380).

De don Gutierre de Toledo, arçobispo de Sevilla e después de Toledo*

Don Gutierre de Toledo[143] fue primero obispo de Palença e después arçobispo de Sevilla, e a la fin arçobispo de Toledo. Omne de grant linaje, que de parte de su padre fue de los de Toledo, que es un linaje de grandes e buenos cavalleros. Dizen algunos d'este linaje, e aun pareçe por alguna escritura, aunque en estoria auténtica non se falla, que vienen de un

* Sant: *De don gutierre de toledo arçobispo de sevilla y despues de toledo. capitulo clxviii.* M1: *Raçonamiento de D. gutierre de toledo.* M2: *capitulo 29 de don gutierre de toledo arçobispo de sevilla y despues de toledo.* Eg: *Razonamiento de D. Gutierre de Toledo.* Llag, BAE: reproducen la rúbrica de Santisteban y de M2.

2. E: *arcobispo.* // Sant: *despues arçobispo de toledo y primero antes que fuesse arçobispo de toledo fue arçobispo de sevilla e a la fin fue.* M1: *despues arçobispo de toledo e primero fue antes que arçobispo de toledo arçobispo de sevilla e a la fin fue.* M2: *despues arçobispo de toledo e primero antes que fuese arçobispo de toledo fue arcobispo de sevilla e a la fin fue.* Eg: *despues Arçobispo de Toledo e primero fue antes que Arçobispo de Toledo Arçobispo de Sevilla: e a la fin fue.* Llag, BAE: siguen la lectura de Santisteban y de M2. // E: *arcobispo.*

3. Sant: *grande linaje ca de parte.* M2, Llag, BAE: *ca de la parte.* Eg: *ca de parte.*

4. M1: Omite *omne de... Toledo.* // M2, Llag, BAE: *y es de un linage.*

6. Eg: *algunas escripturas.* // E: *no.*

[143] Gutierre de Toledo, 1374-1445, primo del propio Pérez de Guzmán y tío del Marqués de Santillana y de Fernán Álvarez de Toledo. Gutierre de Toledo es uno de los poetas recogidos en el *Cancionero de Juan Alfonso de Baena* y el mismo Pérez de Guzmán le dirige un par de preguntas *(vid.* ed. cit., núms. 549 y 550).

conde, don Pedro, hermano del enperador de Costantinopla, que vino a España a la guerra e conquista de los moros.

De parte de su madre fue este arçobispo del linaje de Ayala.

Fue de mediana altura, de buen gesto, blanco e zarco e roxo; asaz letrado, que fue dotor. Onbre de grant coraçón, muy osado e atrevido, e en el meneo de su persona e en su fabla e maneras más pareçía cavallero que perlado. Muy suelto e desenvuelto; non franco nin liberal. Buen christiano católico. Avía asaz buen zelo e buena intençión a los fechos, pero con la forma áspera e rigorosa lo turbava todo.

Murió en hedad de setenta años.

11. M2: *e de m. a.* Llag, BAE: *é fué de m. a.*

12. M1: *çarço roxo.* // M2: *e a. l. e fue d.* Llag: *é a. l., é fué doctor.* BAE: *é a. l.; é fué Dotor.* // Sant: *grande.*

13. Sant: Omite la primera *e.* // M1, Eg: Omiten la segunda *e.* // E: *presona.*

16. Sant, M2, Eg: *e catholico.* M1: *e catolico.* Llag: *é Católico.* BAE: *é católico.* // E: *e a buena.*

17. E: *pero con la fortuna.*

18. M2: añade *año e 1444 en diziembre esta sepultado en alava.* Llag, BAE: ofrecen la misma adición.

De don Alonso de Robles*

Ferrando Alonso de Robles[144] fue natural de Mansilla, una villa del reino de León. Onbre escuro e de baxo linaje.

Fue de mediana altura, espeso[145] de cuerpo, el color del gesto çetrino, el viso turbado e corto. Asaz bien razonado, de gran engeño, pero inclinado a esperaza e maliçia más que a 5
nobleza nin dulçura de condición. Muy apartado en su conversación, fablava mucho, aunque asaz atentado, pero fue muy osado e presuntuoso a mandar, que es propio viçio de los baxos omnes quando alcançan estado que non se saben tener dentro de límites e términos. 10

---

* Sant: *De don alfonso de robles. capitulo clxix.* M1: *Raçonamiento de fernand alonso de robles.* M2: *cap 30 de hernan alonso de robles y leonor lopez de cordova y fernan lopez de saldaña.* Eg: *Razonamiento de Fernan Alonso de Robles.* Llag, BAE: siguen la rúbrica de M2.
   1. E: *Ferando a. de robres.* M2: *hernan.* Llag, BAE: *Hernan.*
   2. Sant: *de escuro e bajo linaje.* M1: *de escuro e baxo linage.* Eg: *de obscuro, e vajo linage.* Llag, BAE: *de escuro é baxo linage.*
   4. Eg: *el color, e el gesto.* // E: *cetrino.* Sant: *muy cetrino.* // M2: Omite *el.*
   5. Sant: *de grande.* M1, Eg: *e de gran.* M2, Llag, BAE: *y de gran.*
   6. M1: *nobleça e dulcura de coraçon.*
   7. M1: *e fablava.* Eg: *e fablaba.* // Sant, M1, M2, Eg, Llag, BAE: Omiten *pero.*
   9. M2, Llag, BAE: *de los hombres baxos.*
   10. M2: *tener de dentro l. e t.*

---

[144] Alonso de Robles, 1380-1430, contador mayor de Juan II. Hacia este personaje Pérez de Guzmán manifiesta una clara animadversión como se observa en la copla ya citada en el estudio introductorio que le dedica a su mujer.
[145] *espeso*: grueso.

155

Su ofiçio fue escrivano e después Leonor López de Córdova fízolo secretario de la reina doña Catalina, con quien él ovo grant lugar e tanta parte alcançó con la reina que ella non se rigía nin governava por otro consejo, sinon por lo
15 qu'él dizía. E ansí con el favor e abtoridad d'ella todos los grandes del reino non solamente lo onrravan, mas se podía dizir que le obedeçían. Non pequeña confusión e vergüeña para Castilla, que los grandes perlados e cavalleros cuyos anteçesores a maníficos e notables reyes pusieron freno, enpa-
20 chando[146] sus desordenadas voluntades con buena e justa osadía por utilidad e provecho del reino e por guardar sus libertades, que a un onbre de tan baxa condiçión como éste así se sometiesen[147]. E aun por mayor reprehensión e increpaçión d'ello, digo que non sólo a este sinple onbre, mas a
25 una liviana e pobre muger ansí como Leonor López, e un pequeño e raez onbre, Ferrand López de Saldaña[148], assí se sometían e inclinavan, que otro tienpo a un señor de Lara o de Vizcaya non lo fazían ansí los pasados.

Por graçia de breviedad non se espresan aquí muchas ma-
30 neras e palabras desdeñosas e aun injuriosas que los suso di-

12. Sant, M2: *hizole*. M1: *fíçole*. Eg: *fizole*. Llag, BAE: *hízole*. // E: *dona*. // M1, Eg: *con que el*.
13. M2: *con la reina doña catalina*.
14. M2: *regia e*. Llag, BAE: *regia é*. // E: *sino*.
17. Sant: *le honravan mas aun...* M1: *le onrravan mas aun...* M2: *le honrravan mas aun se podria dizir...* Llag, BAE: *le honraban, mas aun se podria decir...* Eg: *lo honraban; mas aun lo obedecian*. // E: *verguena*.
19. Sant: *y nobles reyes*. M2: *e nobles reyes*. Llag, BAE: *é nobles Reyes*.
21. Sant, M2: *e por guarda de sus*. Llag, BAE: *é por guarda de sus*.
22. Eg: Omite *que*.
26. Eg: *e soez hombre*. // Sant, M1: *fernan*. M2: *hernan*. Eg: *Fernan*. Llag, BAE: *Hernan*. // E: *Saldana*.
27. M1: *asi se sometia e inclinaba*. M2: *ansi se cometian e inclinavan*. Eg: *assi sometia e inclinaba*.
28. M2: *e vizcaya*. Llag, BAE: *é de Vizcaya*.
29. M1, Eg: *por causa de abreviar*. M2: *por causa de brevedad*.

[146] *enpachando*: fr. ant. *empeechier*, 'impedir, estorbar'.
[147] *Vid. Crónica de Juan II*, ob. cit., págs. 442, 443.
[148] López de Saldaña será el sucesor de Alonso de Robles como contador mayor tras su caída en 1427.

chos dixieron a muchos grandes e buenos, lo qual es çierta prueva e claro argumento de poca virtud e mucha cobdiçia del presente tienpo, que con los intereses e ganançias que por interçesión d'ellos avían, non podiendo tenplar la cobdiçia, consentían mandar e rigir a los tales que poco por linajes e menos por virtudes lo mereçían, non se acordando de aquella notable e memorable palabra de Fabriçio, que dixo: «más quiero ser señor de los ricos que ser rico»[149]; e éstos, al contrario, más quisieron ser siervos de los ricos que señores d'ellos. 40

Para provar la poca vertud del presente tienpo, creo que bastará ver e considerar el regimiento e la regla e buena ordenança de Castilla. Ca, por pecado de los naturales d'ella, a tal punto es venida que tanto es cada uno onesto e bueno quanto su buena condiçión le inclina a ello, e tanto es el onbre defendido quanto él por su esfuerço e industria se defiende[150], mas non porque a lo uno nin a lo otro provea la justiçia nin el temor real nin el buen zelo e loado rigor de los prínçipes e señores.

Ca, en conclusión, a Castilla pose oy e la enseñorea el in- 50

---

35. Sant: *a tales hombres.* M1, M2, Eg: *a tales.* Llag, BAE: *á tales.*
36. M2, Llag, BAE: *virtud.*
37. M1: *aquella memorable.*
38. Eg: Omite *e.*
39. Sant, M1, M2, Eg, Llag, BAE: *quieren.*
41. E: Omite *poca.*
42. Sant, M2: *abastara.* Llag: *abastára.* BAE: *abastará.* // Eg: *ver, e probar, e considerar.*
43. Sant, M1, M2, Eg, Llag, BAE: *por pecados.*
45. E: *quando.* // M1: *inclinaçion lo inclina.* Sant, Llag, BAE: *condicion lo inclina.* M2: *condiçion lo inclinava.*
47. M2: *e a lo otro.* Llag, BAE: *é á lo otro.* // E: *prueria.*
50. Sant, M1, Llag, BAE: *posee.* Eg: *possee.* // E: *ensenorea.*

---

[149] Según Tate, la cita parece ser tomada de Juan de Mena, *Laberinto*, c. 218, o bien de su fuente, Julio Frontino, IV, 3 *(vid.* Tate, ed. cit., pág. 92, n. 115).

[150] Sobre la misma idea poetiza Pérez de Guzmán en sus *Viçios e virtudes*, criticando también la situación de su tiempo, c. 429: «A tal punto es venido / tu fecho, que por cobdiçia / se pervierte la justiçia, / el derecho es peresçido; / cada uno es defendido / tanto quanto él se defiende, / que, si la justiçia atiende, / ante muerto que acorrido» («De concordia e justiçia», cc. 424-435).

terese, lançando d'ella la virtud e humanidat. Plega[151] a la infinida clemençia de Nuestro Señor de remediar atanto peligro e curar enfermedat tan pestelençial. Non aquella cura que mejor se diría pugniçión, que ya otra vez justamente
55 curó los defetos e pecados d'España por las culpas de las gentes d'ella, so[152] enseñorío de dos malos reyes, Vitiça e Rodrigo[153], faziendo açote d'ella al malo e çelerado[154] conde Juliano[155], por cuyo favor e consejo los moros entraron en España. Mas plégale[156] de espirar[157] misiricordiosamente su graçia
60 en los súbditos, assí que emendando sus vidas merescan aver buenos e justos reyes, ca por los pecados del pueblo es el rey mal administrador e rigidor de su tierra, e por su piadad alunbre el entendimiento e esfuerçe el coraçón del rey porque todos le amen e teman, pues, mal pecado, al presente se faze al
65 contrario.

52. Eg: *Plegue a la infinita.* Sant, M1, M2: *p. a la infinita.* Llag, BAE: *P. á la infinita.* // M2: *de remedia a.* Eg: *de r. tanto.*

53. Sant, Llag, BAE: *no con aquella cura.* M1, Eg: *non con aquella cura.* M2: *e no con aquella cura.*

54. M1: *de su puniçion.*

55. E: *despana.*

56. Sant, Eg: *so el señorio.* M2: *que della so el señorio.* Llag, BAE: *so el señorío.*

58. M1: *D. juliano.* M2: *don juliano.* Eg: *D. Juliano.*

63. M2, Llag, BAE: Omiten *e.*

64. M2: *todos llamen.*

65. Sant, M1, M2, Eg, Llag, BAE: *el contrario.*

[151] *plega*: presente de subjuntivo de *plazer*.

[152] *so*: lat. *sub*, 'bajo'.

[153] *Vid.* Pérez de Guzmán, *Loores de los claros varones*, c. 115: «Por culpas del tirano / Vitica, de Rodrigo / indignado e enemigo, / te sintió el reino ispano, / pero tu piadosa mano / del todo non la arredraste; / feriste, mas non mataste, / dexando a Pelayo sano».

[154] *çelerado*: 'malvado', del lat. *sceleratum*, 'criminal', derivado de *scelus*, '*crimen*' *(DCECH)*. Comp. Pérez de Guzmán, *A la singular virginidad de Nuestra Señora*, c. 8: «De vírgines se pagaron / los sçelerados varones, / e con promesas e dones / su santa honestad tentaron».

[155] Se alude al conde Julián, gobernador de Ceuta, quien, según la leyenda, traicionó a Rodrigo e indujo a los musulmanes a invadir la Península para vengarse del monarca visigodo, que había atraído a su hija, La Cava, a la corte, donde la forzó.

[156] *plégale*: *vid.* n. 151.

[157] *espirar*: inspirar, infundir.

Fázese aquí tan singular mençión d'este Ferrand Alonso de Robles, non porque su linaje nin condiçión requiriese que él entre tantos nobles e notables se escriviese, mas por mostrar los viçios e defetos de Castilla en el presente tienpo. Este Ferrant Alonso, después que veinte años assí con la privança de la reina como con favor del condestable don Álvaro de Luna, ovo tan grande poder, faziendo la fortuna sus acostunbrados mudamientos, e usando Castilla de aquella memorable palabra que dixo el notable cavallero don Alfonso Fernández Coronel quando el rey don Pedro lo mandó matar: «esta es Castilla que faze a los omnes e los gasta»[158]; fue preso en Valladolid por mandado del rey, e tomado todo lo suyo, e murió en la prisión, en el castillo de Uzeda en hedad de çinquenta años.

66.   M2: *y se haze*. Llag, BAE: *E hace*. // M2: *hernan alonso*. Sant: *fernand alfonso*. M1: *fernand alonso*. Llag, BAE: *Hernan Alonso*.

67.   M2, Llag, BAE: *requiere*.

70.   E: *f. alfonso*. Sant: *fernan alfonso*. M1: *fernan dalonso*. M2: *fernan alonso*. Eg: *Fernan Dalonso*. Llag, BAE: *Fernan Alonso*. // M1, Eg: *despues de*.

71.   Sant, M2, Llag, BAE: *como por*. // M1: *el favor*.

72.   M1, M2, Eg, Llag, BAE: *gran*.

73.   M1: *la fortuna sus actos cumbrados mudamientos*.

74.   M2, Llag, BAE: *el noble*.

75.   Sant: *alonso f*. M2: *alonso hernandez*. Eg: *Alonso F*. Llag, BAE: *Alonso Hernandez*.

78.   Sant, M1, M2, Eg, Llag, BAE: Omiten *e*. // M1: *muri*.

79.   M2: *en edad 50 a.*, añadiendo *fue preso a 22 dias de setiembre año de 1427 años murio preso en uzeda a 5 dias de agosto año de 1430 años*. Llag, BAE: ofrecen la misma adición.

[158] La cita también se recoge en la *Crónica de Pedro I*, ob. cit., pág. 428.

De don Pedro,
conde de Trastamara*

Don Pedro, conde de Trastamara, fue fijo de don Fadrique, maestre de Santiago, fijo del rey don Alfonso e de doña Leonor de Guzmán.

Fue este don Pedro de asaz buen cuerpo e gesto, un poco
5 gruesso e muy franco e graçioso e acogedor de los buenos, pero en sus maneras e costunbres concordava con la tierra a do[159] bivía, que es en Gallizia. Fue onbre que amó mucho mugeres. Non ovo fama de muy esforçado, non sé si fue por su defeuto o si porque non ovo de lo provar. Él fue el se-
10 gundo condestable de Castilla[160].

---

* Sant: *De don pedro conde de trastamara nieto del rey don alonso. ca clxx.* M1: *Raçonamiento de D. Pero conde de trastamara.* M2: *capi 31 de don pedro conde de trastamara nieto del rey don alonso.* Eg: *Razonamiento de D. Pedro Conde de Trastamara.* Llag, BAE: reproducen la rúbrica de Santisteban y de M2.

1. E: *conde trastamara.* M1: *conde trestamara.*

2. M2: *que fue hijo del rey don alonso.* Llag, BAE: *que fué hijo del Rey Don Alonso.* Sant, M1: *alonso.* Eg: *Alonso.*

4. Sant, M2: *fue este conde don.* M1: *fue este conde D.* Eg: *Fue este Conde D.* Llag, BAE: *Fué este Conde Don.*

5. M1, Eg: Omiten la primera *e.* Sant: Omite *e muy.* M2, Llag, BAE: Omiten *muy.* // M1: Omite la última *e.*

7. Sant, M2: *concordavase con la tierra donde bivia.* M1: *concordavase con la tierra donde vivia.* Eg: *concordábase con la tierra donde.* Llag, BAE: *concordábase con la tierra donde vivia.* // M1: Omite *que es en Gallizia.*

8. M2, Eg: *a mugeres.* Llag, BAE: *á mugeres.* // E: *de muy esforcado.* Sant: *de esforçado.*

9. M1: *no ovo donde lo provar.*

---

[159] *do*: *vid.* n. 51.
[160] Sobre su nombramiento como condestable en lugar del marqués de Villena, *vid. Crónica de Enrique III,* ob. cit., pág. 177.

De don Pedro de Frías,
cardenal d'España*

Don Pedro de Frías[161], cardenal d'España, fue onbre de
baxo linaje, pero alcançó grandes dignidades e poder e estado e grant thesoro. Fue primero obispo de Osma e después
cardenal, e ovo muy grant lugar con el rey don Enrrique el
terçero, que fazía d'él muy grant fiança.   5

Fue onbre de mediana altura, de buen gesto. Non muy
buen letrado, muy astuto e cabteloso, tanto que por maliçio-
so era avido. Non fue muy devoto nin onesto, nin tan linpio
de su persona como a su dignidad se convenía. Vistíase muy
bien, comía muy solepnemente, dávase mucho a deleite e   10

---

  * Sant: *De don pedro de frias cardenal de españa. capitulo clxxi.* M1: *Raçonamiento de D. pero de frias cardenal de españa.* M2: *capi 32 de don pedro de frias cardenal de españa.* Eg: *Razonamiento de D. Pedro de Frias, Cardenal de España.*
Llag: reproduce la rúbrica de Santisteban y de M2. BAE: *Don Pedro de Frias,
Cardenal de España.*

1. E: *despana.*
2. Sant, M1, M2: *e por poder.* Eg: *dignidades por poder.*
3. Sant: *grande.* // Eg: *El fue.*
4. Sant, M1, M2, Eg, Llag, BAE: Omiten *e.* // Sant: *grande.*
5. Sant: *del muy grande fiança.* M1: *del gran fiança.*
7. Sant, M1, M2, Eg, Llag, BAE: Omiten *buen.* // Eg: *letrado, astuto o
cauteloso.*
8. M1, Eg: *era tenido.* // Sant: *muy onesto ni devoto.*
9. E: *presona.* // M2, Eg: Omiten el primer *se.*
10. Sant, M1, Eg: *deleites.*

161 Pedro de Frías, gozó de la privanza de Enrique III desde 1398 hasta 1405,
muriendo en Florencia en 1420 ó 1425. Es uno de los personajes hacia el que
Pérez de Guzmán muestra abiertamente su animadversión en el *Cancionero de
Juan Alfonso de Baena* (ed. cit., vol. I, núm. 119, y vol. II, núm. 547).

buenos manjares e finos olores. En la privança que con el rey
ovo fueron muchos quexosos d'él, espeçialmente grandes
onbres; esto, o porqu'él los tratava mal o porque por conplazer al rey en su fazienda e renta les era contrario, ca ansí
15 los fechos de la justiçia como las rentas del rey todo era a su
hordenança. En su fabla e meneo de su cuerpo e gesto e en
la mansedunbre e dulçura de sus palabras tanto pareçía muger como onbre.

E acaesçió que en la prosperidad de su buena fortuna, es-
20 tando el rey en Burgos, ovo en su presençia malas palabras
con don Johan de Tordesillas, obispo de Segovia, e ese día
mismo fueron dados algunos palos al dicho obispo por escuderos del cardenal. Pero yo oí dizir al que ge los[162] dio que
nunca el cardenal lo mandara, mas que él lo fiziera creyendo
25 que le sirvía en ello, pero todos creyeron el contrario. E
como ya es dicho, él era mal quisto de muchos, e fallada la
cabsa para le dañar, las voluntades estavan prestas. Juntáronse Diego López de Estúñiga, justiçia mayor del rey, e Johan
de Velasco, su camarero mayor, e don Ruy López Dávalos, su
30 condestable, e Gómez Manrrique, adelantado de Castilla,
que a la sazón era en la corte, e fueron al rey a la casa de Mi-

---

11. M1: Omite *e.*
12. E: *quexos.*
13. Llag, BAE, Sant: *y esto...* M1, Eg: *e esto...* M2: *y esto era o porque los.*
14. M2: *porque queria conplazer.* // Sant, M1, M2, Eg, Llag, BAE: *rentas.*
16. E: *e meno.* // Eg: *de su persona e gesto.*
17. E: *e e en la m.* M1, Eg: *gesto en la m.*
22. Eg: *e esse mismo dia.* // Sant: *obispo de segovia.*
23. Sant: *ge los dia.*
24. M2: *el cardenal de españa.*
25. Sant: *lo servia.* // M2, Llag, BAE: *creyendo.* // Eg: *lo c.*
26. Llag: *que como ya.* // BAE: *que el.* // Eg: *de todos.*
28. E: *estuniga.* // M2: *del rey don juan de castilla.* Llag, BAE: *del Rey Don Juan de Castilla.*
30. M1: *juntaronse diego lopez davalos su condestable.* Eg: *Juntaronse Diego Lopez de Avalos su condestable.* Sant: *de davalos su c.* M2: *de avallos su c.* // Sant: *castillo.*
31. M2: *al rey don juan.* Llag: *al Rey D. Juan.* BAE: *al Rey Don Juan.*

[162] *ge los: vid.* n. 25.

raflores, e con tan grant osadía e sentimiento le fizieron querella de aquel fecho, e tanto lo agraviaron[163] que el rey entendió que los devía conplazer e estar a su consejo. Mandóle detener en Sant Françisco, do[164] él posava, pero mucho 35 contra su voluntad. E aquellos grandes onbres, quando esto vieron, entraron con él por otra vía, poniéndole en cobdiçia de aver thesoro, e al rey plogóle d'ello e llevó d'él çient mill florines e mucha plata, e a él mandólo ir al papa.

Tal fin e sallida ovo el grant poder d'este cardenal, de lo 40 qual se pueden avisar los que han grant lugar con los reyes, espeçial en Castilla, do ay continuos movimientos, que así tenpradamente usen del poder, que pues la sallida non se escusa, fallen quando sallieren más graçiosos[165] que quexosos e más amigos que enemigos; ca, o non padeçerán tanto, o si 45 padeçieren, non será por su culpa, que es un grant refrigerio al que padeçe.

---

32. Sant, Eg: *grande*.
33. Eg: *agravaron*.
35. Sant: *y mandolo...* M1, Eg: *e mandolo...* M2: *e mandole detener en el monesterio de*. Llag, BAE: *e mandóle detener en el Monesterio de*. // Sant, M2, Llag, BAE: *donde*.
37. Sant, M1, M2, Eg: *poniendolo*. Llag, BAE: *poniéndolo*.
38. Sant, M2, Eg, BAE: *plugo dello*. M1: *plogo dello*. Llag: *plugó dello*.
39. Sant: *mando ir*.
40. Sant: *grande*.
41. Sant: *grande*.
42. *especialmente de castilla do*. M1: *espeçialmente de castilla do*. M2: *espeçialmente de castilla donde*. Eg: *espeçialmente de Castilla do*. Llag: *especialmente de Castilla donde*. BAE: *especialmente de Castilla, donde*.
43. M2: *del poder que tienen*.
44. M2: *la hallen buena quando salieren y*. Llag, BAE: *la hallen buena quando salieren, y*.
46. Sant: *ca o no padecera tanto o si padeciere*. M1: *Ca o non padesçera tanto o si padesçiere*. M2: *ca el no padecera tanto o si padeçiere*. Eg: *ca non padecera tanto e si padeciere*. Llag: *ca no padescerá tanto; ó si padesciere*. BAE: *ca no padescerá tanto, ó si padesciere*. // Sant: *grande*.
47. M2: añade *este don pedro fundo el monesterio de san jeronimo de espeja murio en florencia en mayo año de 1425 años esta sepultado en la iglesia mayor de burgos a las espaldas del coro en el crucero*. Llag, BAE: incluyen la misma adición.

---

[163] *agraviaron*: agravar o aumentar una cosa *(Autoridades)*.
[164] *do*: vid. n. 51.
[165] *graçiosos*: 'agradecidos'; adj. formado sobre *graçir*, 'agradecer'.

Del rey don Johan el segundo*

Don Johan[166], el segundo de los reyes que en Castilla ovieron este nonbre, fue fijo del rey don Enrrique el terçero e de
la reina doña Catalina, su muger; e naçió en Toro, viernes,
seis días de março, día de Santo Tomás, año de la Encar-
5 nación de mill e quatroçientos e çinco. E començó a reinar
el día de Navidad, año de mill e quatroçientos e siete, que
murió el rey su padre en la çibdad de Toledo el dicho día,
ansí que avía veinte e dos meses que naçiera. E allí fue alçado por rey, estando aí el infante don Fernando, su tío, e don
10 Ruy López Dávalos, condestable de Castilla, e Johan de Velasco, camarero mayor del rey, e Diego López de Stúñiga, su
justiçia mayor, e don Sancho de Rojas, obispo de Palençia,
que después fue arçobispo de Toledo, e don Johan de Illes-

---

* Sant: *Del rey don juan el segundo. capitulo clxxii.* M1: *Raçonamiento de D.*
juan el segundo de los reyes de castilla que ovieron este nombre. M2: no recoge esta
semblanza. Eg: *Razonamiento de D. Juan Segundo de los Reyes de Castilla.* Llag,
BAE: reproducen la rúbrica de Santisteban.
  2. Sant: *reyes de castilla que ovieron.* Llag, BAE: *Reyes de Castilla que ovie-*
ron. // E: *terçero.*
  3. Eg: *D. Catharina su muger. Nacio.*
  5. Sant: *encarnacion de nuestro salvador jhesu cristo de mill.*
  6. M1: Omite *e çinco e començo a reinar el dia de navidad año de mill e qua-*
troçientos. E: *cuatroçientos.*
  9. Sant: *hernando.*
  10. M1: *lope.*
  11. E: *lopez destuniga.*
  13. BAE: *Palencia, é despues.*

---

[166] Juan II, 1405-1454, rey de Castilla entre 1406 y 1454.

cas, obispo de Sigüença. E a la sazón que el rey su padre mu- 15
rió estava en Segovia, que lo tenía allí la reina su madre. E
quedaron por sus tutores e rigidores, por testamento del rey,
la reina e el infante, e la guarda e tenençia del rey niño que-
dava a Diego López de Estúñiga e Johan de Velasco. Pero
porque la reina se sintió d'ello por muy agraviada, e ansí mesmo a los grandes del reino non plazía d'ello, fueles fecha 20
emienda e la reina tovo al rey. E dende[167] a pocos días que el
rey, su padre, murió, partió de Toledo el infante e todos los
cavalleros que con él eran para Segovia, donde el rey estava,
e vinieron allí muchos grandes perlados e cavalleros e los
procuradores de las çibdades e villas; e ansí fue allí un gran- 25
de ayuntamiento[168] de gente, e ovo algunos debates entre la
reina e el infante sobre la forma del rigimiento, pero concor-
dóse en esta manera: Que la reina oviese la governaçión de
allende los puertos contra[169] Burgos, salvo a Córdova e algunos lugares otros que fueron de su regimiento; el infante ovo 30
la parte de aquende los puertos contra Toledo e Andaluzía,

---

16. Sant, M1, Eg, Llag, BAE: *por el testamento*.
17. Eg: *del Niño*.
18. E: *estuniga*. // Sant: *e a juan*. M1: *e a joan*. Eg: *e a Joan*. Llag, BAE: *é á Juan*.
21. M1: *fuele fecha enmienda a la reina e tuvo*. Eg: *fuele fecha enmienda a la Reyna, e tubo*.
22. Llag, BAE: *el Infante Don Fernando*.
23. M1, Eg: *do*.
25. Sant: *de las cibdades del reino e de las villas*. Llag: *de las Cibdades é de las Villas del Reyno*. BAE: *de las cibdades é de las villas del Reyno*.
26. Eg, Llag, BAE: *gran*.
29. Eg: Omite *salvo a cordova*.
30. E: *e algunos regimientos lugares otros*. // Eg: *de su regimiento con Cordova: e el infante*.

---

[167] *dende*: lat. *inde*, 'de allí'.
[168] *ayuntamiento*: juntanza, reunión. Comp. Pérez de Guzmán, *Loores de los claros varones*, c. 128: «¿por qué los reyes ispanos / non serán intitulados / Alfonsos, e ayuntados / al número glorioso / d'este nombre tan famoso / por diez reyes ya pasados».
[169] *contra*: hacia. Comp. Juan de Mena, *Obra lírica*, núm. 20, c. 1: «La lumbre se recogía / de la imagen de Diana / contra la mar occeana» (ed. Miguel Ángel Pérez Priego, Madrid, 1979).

salvo a Burgos e a otros lugares. E esto ansí concordado el infante se partió para la guerra de los moros e con él todos los grandes del reino, e la reina quedóse en Segovia con el rey.

35 Lo que el infante fizo en el año e otro siguiente en aquella guerra, porque ya suso[170] es contado, non se dize aquí más, salvo tanto que si a Nuestro Señor non provocaran a indignación los pecados de Castilla para que viniese en ello algunt enbargo[171], sin dubda este noble infante diera fin a la dicha
40 guerra e tornara a España en su antigua posesión, lançando los moros d'ella e restituyéndola a los christianos. Pero estando este infante sobre Antequera, aviendo vençido una batalla e teniendo a los moros muy afincados[172], murió el rey Martín de Aragón sin fijos, e por derecho suçedía el reino
45 este infante don Fernando, que era fijo de la reina doña Leonor de Castilla, hermana d'este rey Martín. E por eso ovo el dicho infante de dexar la dicha guerra e bolverse a la prosecución del reino de Aragón, lo qual fue grant daño para Castilla, ansí por perderse aquella conquista como por absentarse
50 el infante de la governaçión del reino, que él governava en tanta paz e justiçia, como, mal pecado, se mostró después en los grandes daños e males que por falta de buen regimiento

---

32. M1, Eg: Omiten *salvo a burgos*. // Sant, M1, Eg: *e otros l.* // Sant: *concertado.*
34. Sant: *quedo.*
37. E: *provocara.*
40. M1: Omite *a.*
41. Sant: *a los moros.* Llag, BAE: *á los Moros.*
42. Eg: Omite *estando.*
44. Sant, M1: *en el reino.* Eg, Llag, BAE: *en el Reyno.*
46. M1: *e por esto.*
47. E: *ovo el dicho i. dexar la d. g.* M1: *ovo de dejar el dicho infante la dicha g.*
48. Sant: *grande.*
49. Llag, BAE: *por perder.*
50. M1: *de este reino.* Eg: *de este Reyno.*
51. Eg: *con tanta.* // Sant: *mal pecado demostro.*

---

[170] *suso*: vid. n. 106.
[171] *enbargo*: obstáculo. Comp. López de Ayala, *Libro rimado del Palaçio*, c. 807: «aunque por mis pecados sea meresçedor, / por tu misericordia non sea enbargado».
[172] *afincados*: lat. vulg. *figicare*, derivado del lat. *figere*, 'clavar, hincar', 'fijar, sujetar' (*DCECH*).

son venidos, ca el bien nunca es conoçido sinon por su contrario.

E tornando a fablar d'este rey don Johan, es de saber que 55 él fue alto de cuerpo e de fuertes mienbros, pero non de buen talle nin de grant fuerça; de buen gesto, blanco e ruvio, los onbros altos, el rostro grande, la fabla un poco arrebatada; sosegado e manso, muy mesurado e llano en su palabra. E porque la condiçión suya fue estraña e maravillosa, es 60 nesçesario de alargar la relaçión d'ella, ca ansí fue que él era onbre que fablava cuerda e razonablemente, e avía conoçimiento de los onbres para entender quál fablava mejor e más atentado e más graçioso. Plazíale oír los onbres avisados e graçiosos, e notava mucho lo que d'ellos oía. Sabía fablar e 65 entender latín, leía muy bien, plazíanle mucho libros y estorias, oía muy de grado los dizires[173] rimados e conoçía los viçios[174] d'ellos, avía grant plazer en oír palabras alegres e bien apuntadas e aun él mesmo las sabía bien dizir. Usava mucho la caça e el monte, e entendía bien en toda la arte 70 d'ello. Sabía del arte de la música, cantava e tañía bien, e aun en el justar e juegos de cañas[175] se avía bien.

---

55. Llag, BAE: *es á saber.*
56. Sant, M1, Eg, Llag, BAE: *grandes miembros.* // E: *no.*
57. Sant, Llag, BAE: *grande.*
59. E: *arebatada.* // M1, Eg: *e muy mesurado.* // E: *e pens en su palabra.*
62. Sant: *fue que el hablava.*
65. Llag, BAE: Omiten *e graçiosos.* // E: Omite la segunda *e.*
66. Eg: *y placianle m.* BAE: *placíanle muchos.*
67. M1: *lo diçieres rimados.*
68. Sant: *grande.*
70. Llag, BAE: Omiten la segunda *e.* // M1: Omite *bien.* // Sant: *de la arte.*
71. Llag, BAE: *della.* // Eg: *e cantaba.*
72. Eg: *e aun justaba el e en juego de.* Sant: *y aun justaba bien en juegos de.* M1: *e aun justava el e en juegos de.* Llag: *E aun justaba bien, en juego de.* BAE: *é aun justaba bien; en juego de.*

---

[173] *dizires*: Según la terminología poética de la época se puede definir el decir, frente a la canción, como una composición de estructura abierta, constituida por una sucesión indeterminada y variable de estrofas que mantienen la misma distribución de rimas entre sí, aunque éstas cambien de una estrofa a otra.
[174] *viçios*: placeres, deleites. Comp. López de Ayala, *Libro rimado del Palaçio*, c. 695: «ca rey que paz oviere sienpre bibrá en viçio».
[175] *juegos de cañas*: fiesta o juego ecuestre que celebraban los caballeros y

Pero como quier que de todas estas graçias oviese razonable parte, de aquellas que verdaderamente son virtudes e que
75 a todo omne, e prinçipalmente a los reyes, son nesçesarias,
fue muy defetuoso, ca la prinçipal virtud del rey, después de
la fee, es ser industrioso e diligente en la governaçión e rigimiento de su reino. E pruévasse por aquel más sabio de los
reyes, Salamón, el qual, aviendo mandamiento de Dios que
80 pidiese lo que quisiese, non demandó ál[176], salvo seso para rigir e hordenar el pueblo, la qual petiçión tanto fue agradable
a Nuestro Señor que le otorgó aquélla e otras singulares
graçias[177]. De aquesta virtud fue ansí privado e menguado
este rey, que aviendo todas las graçias suso dichas, nunca una
85 ora sola quiso entender nin trabajar en el regimiento del reino, aunque en su tienpo fueron en Castilla tantas rebueltas e
movimientos e daños e males e peligros quantas non ovo en
tienpo de reyes pasados por espaçio de dozientos años, de lo
qual a su persona e fama e reino venía asaz peligro. Tanta fue
90 la negligençia e remisión en la governaçión del reino, dándose a otras obras más pazibles e deleitables que útiles nin
onorables, que nunca en ello quiso entender.

74. Sant, M1, Eg: *o que.*
75. Llag, BAE: Omiten *e.*
78. Llag, BAE: *del su.*
80. E: *d. salvo.*
82. E: *aquellas.*
85. E: Omite *ora.*
86. Llag, BAE: *é aunque.*
87. Sant: *m. y males daños e peligros quantos no.* M1: *m. e males daños e peligros quantos no.* Eg: *m., e males, e daños, e peligros, quantos no.* Llag, BAE: *é males dañosos e peligrosos, quantos no.* E: *e peligrosos quantas no.*
88. Eg: *en tiempos.*
89. E: *presona. //* Eg: Omite *e fama.*
90. Sant, Eg, Llag, BAE: *su negligencia.* M1: *su negligençia.*
91. Sant: *plazibles e deleitosas.* Eg: *apacibles e deleytables.* Llag: *aplacibles y deleytosas.* BAE: *apacilbes y deleytosas.*
92. Llag, BAE: *é honorables.*

que consistía en lanzarse recíprocamente cañas de las que se resguardaban con las adargas.

[176] *ál*: forma pronominal antigua,'otra cosa'.
[177] Episodio bíblico: *1 Reyes* 3, 5-15.

168

E como quier que en aquellas estorias que leía fallase los
males e daños que vinieron a los reyes e a sus reinos por la
nigligençia e remisión de los reyes, e ansí messmo, como   95
quier que por muchos religiosos e cavalleros le fue dicho que
su persona e su reino estava en grant peligro por él non entender en el regimiento de su reino, e que su fama era menguada por ello, e lo que más grave era, que su conçiençia era
muy encargada[178] e avía de dar a Dios muy estrecha cuenta   100
del mal que a sus súbditos venía por defeuto de su regimiento, pues le diera Dios discriçión e seso para entender en ello;
con todo esto, aunque él mesmo veía la poca obidiençia que
le era guardada e con quan poca reverençia era tratado, e la
poca menção que de sus cartas e mandamientos se fazía,   105
con todo esto nunca un día quiso bolver el rostro nin trabajar el spíritu en la ordenança de su casa nin en el regimiento
de su reino, mas dexava el cargo de todo ello al su condestable, del qual fizo tanta e tan singular fiança que a los que lo

93. Sant: *e como quiera*. // E, M1: *lei*.
94. Eg: *daños e males*.
95. M1: *por la remission e negligençia*.
96. Sant: *como quiera*. // Eg: *le fuesse*.
97. E: *presona*. // Eg: Omite *su*. // Sant: *estavan en muy grande p*. Llag: *estaban en gran p*.
99. E: *menguado*. Sant, M1, Eg, Llag, BAE: *muy menguada*.
100. E: *a Dios de dar*. // Llag, BAE: Omiten *muy*.
102. Eg: *de su governaçion e regimiento*.
103. E: *co todo*. // Sant, M1: Omiten *mesmo*.
104. Sant, M1: *e con tan poca r*. Eg: *e que con tan poca reverencia*. Llag: *y con tan poca reverençia*. BAE: *é con tan poca reverencia*. // Eg: *acatado e tratado*.
105. M1: *que de sus causas e m*.
106. Eg: *con todo esso*. Llag, BAE: *con todo eso*.
107. M1: *ni el regimiento*.
109. Sant, M1: *dexava todo el cargo dello a su c*. Eg: *dexava todo el cargo de ello a su C*. Llag, BAE: *dexaba todo el cargo dello á su C*. // Llag, BAE: *del qual hacia*.

[178] *encargar la consçiençia*: «Phrase mui usada en los despachos que dimana
de la Jurisdicción y Tribunales Eclesiásticos, y también de las disposiciones
testamentarias: y da a entender que se ponga especial cuidado, y debaxo de
obligación de conciencia se cuide del cumplimiento de los que se manda y
encarga» *(Autoridades)*. Aquí *encargada* puede interpretarse como 'cargada'.
Comp. Pérez de Guzmán, *Proverbios*, c. 9: «Non puede mucho alcançar / ninguno, es mi creençia, / sin el cuerpo trabajar / e encargar la consçiençia».

¹¹⁰ non vieron pareçería cosa increíble, e los que lo vieron fue
estraña e maravillosa obra, ca las rentas e thessoros suyos e
en los ofiçios de su casa e en la justiçia de su reino, non solamente se fazía todo por su ordenança, mas ninguna cosa se
fazía sin su mandado. Ca como quier que las provisiones o
¹¹⁵ cartas de justiçia e los libramientos e merçedes e donadíos
fuesen fechas en nonbre del rey e firmadas de su nonbre,
pero nin los secretarios escrivían nin el rey firmava nin el
chançiller sellava nin las cartas avían vigor nin esecuçión sin
voluntad del condestable.

¹²⁰ Tanta e tan singular fue la fiança que el rey fizo del condestable e tan grande e tan exçesiva su potençia que apenas
se podría saber de ningunt rey o príncipe, por muy temido e
obedeçido que fuese en su reino, que más lo fuese qu'él en
Castilla nin que más libremente oviese la governaçión e el re-
¹²⁵ gimiento. Ca non solamente los ofiçios e estados e merçedes
de que el rey podía prover, mas las dignidades e benefiçios
eclesiásticos non era en el reino quien ossase suplicar al papa
nin aun açebtar su provisión si *propio motu* lo fazía sin consentimiento del condestable. Así lo tenporal e spiritual todo
¹³⁰ era en su mano. Toda la abtoridad del rey era firmar las cartas, mas la hordenança e esecuçión d'ellas en el condestable

110.   Llag, BAE: *no lo.* // M1: *vieron fue estraña pareçia cosa i.* Llag, BAE: *parescia cosa imposible.*

111.   Eg: Ómite *e los que lo vieron fue estraña.* E: *estrana.* // Eg: *E en las ren- tas.*

115.   E: *provisions o c. de j.* Llag: *provisiones é capítulos de justicia.* BAE: *pro- visiones é cartas de justicia.*

116.   M1: *libramientos merçedes e d. fuesen fechos.* Sant: *l. e mercedes e dadivas fuesse hechas.* Llag, BAE: *l. y mercedes é donadias fuesen hechas.*

120.   M1: *tanta e singular.* Eg: *Tanta e singular.*

122.   Llag, BAE: *podia.* // M1: *de algun rey.* // Llag: *ó Príncipe que muy t.* BAE: *ó Príncipe, que por muy t.*

123.   Sant, Llag, BAE: Omiten *que* inicial.

124.   M1: *en castilla e que.*

125.   Eg: *la governacion ni el r.*

126.   Sant, M1, Eg: *podria.* Llag: *podrá.*

128.   Llag, BAE: Omiten *aun.* // Llag, BAE: *si de propio motu la hacia.*

129.   Sant: *ansi que lo spiritual e lo temporal.* M1: *ansi que lo t. e s.* Eg: *Ansi que lo t. e spiritual.* Llag: *Ansi que lo t. é lo espiritual.* BAE: *ansí que lo t. e lo espiritual.*

131.   M1: *mala ordenança.*

era. Atanto se estendió su poder e tanto se encogió la virtud del rey que del mayor ofiçio del reino fasta la más pequeña merçed muy pocos llegavan a la demandar al rey, nin le fazían graçia[179] d'ella, mas al condestable se demandava e a él se regraçiava. E lo que con mayor maravilla se podía dizir e oír, aun en los actos naturales se dio assí a la ordenança del condestable, que seyendo[180] él moço e bien conplisionado e teniendo a la reina, su muger, moça e fermosa, si el condestable ge lo[181] contradixiese non iría a dormir a su cámara d'ella, nin curava[182] de otras mugeres, aunque naturalmente asaz era inclinado a ellas.

En conclusión, son aquí de notar dos puntos muy maravillosos: el primero, un rey comunalmente[183] entendido en muchas cosas e ser de todo punto remisso e negligente en la governaçión de su reino, non le moviendo nin estimulando a ello la discriçión nin las espirençias de muchos trabajos que pasó en las contiendas e rebueltas que ovo en su reino, nin las amonestaçiones e avisamientos de grandes cavalleros e religiosos que d'ello le fablavan, nin, lo que más es, la inclinaçión natural pudo en él aver tanto vigor e fuerça que de

134. E: *dellegavan a la d.* M1: *la llegavan a demandar.*
135. Sant, Eg, Llag, BAE: *gracias.* M1: *graçias.*
136. Eg: *con maravilla se puede dezir.* Sant: *se puede dezir.* M1: *se puede de deçir.* Llag, BAE: *se puede decir.*
137. Llag, BAE: *que aun en los autos.*
138. M1, Eg: *siendo.*
141. Llag, BAE: *á su cama della.*
142. Sant: Omite *asaz.* M1, Eg, Llag, BAE: *era asaz.*
143. M1: *e en conclusion.*
145. Sant: *negligente e remiso.* Llag, BAE: *negligente é remiso.*
150. Llag: *ni lo que es mas.*
151. M1: *que nin la inclinaçion.* Eg: *que nin la inclinacion.*

[179] *fazían graçia*: agradecían. Comp. López de Ayala, *Libro rimado del Palaçio.* c. 279: «tú l'deves perdonar e a Dios en graçia aver».
[180] *seyendo*: vid. n. 47.
[181] *ge lo*: *vid.*, n. 25.
[182] *curava*: se preocupaba. *Vid.* n. 48.
[183] *comunalmente*: comúnmente.

todo punto[184] sin algunt medio se sometiese a la hordenança
e consejo del condestable con más obidiençia que nunca un
fijo omill[185] lo fue a un padre, nin un obidiente religioso a su
155 abad o prior. Algunos fueron que veyendo[186] este amor tan
espeçial y esta fiança tanto exçesiva tovieron que fue arte e
maliçia de fechizos, pero de esto non ovo cosa çierta, aunque
algunas diligençias ovo en ello.

El segundo punto, que un cavallero sin parientes e con tan
160 pobre comienço en un reino tan grande e donde tantos e tan
poderosos cavalleros avía, e en tienpo de un rey tan poco
obedeçido e temido oviese tan singular poder. Ca, puesto
que queramos dizir que esto era en virtud del rey, ¿cómo podía dar a otro el que para sí non lo tenía?, o ¿cómo es obe-
165 deçido el lugarteniente quando el que le pone en su lugar
non falla obidiençia? Verdaderamente, yo cuido que d'esto
non se pudiese dar clara razón, salvo si la diere aquél que
fizo la condiçión del rey tan estraña, que ése puede dar razón
del poder del condestable. Que yo non sé quál d'estas dos
170 cosas es de mayor admiraçión: o la condiçión del rey o el poder del condestable.

---

152. Sant, Eg, BAE: *medio no se.* M1: *medio non se.* Llag: *medio, no se.*
154. Sant: *umilde.* M1, Eg, Llag, BAE: *humilde.* // Eg: *a su p.*
155. M1: *obediente religioso a su perlado.* Eg: Omite *o prior.* // M1, Eg: *viendo.*
156. E: *fianca tanto excesiva.* M1: *f. tan esçesiva.* Eg: *f. tan excessiva.* // E: *que su arte.*
157. Sant: *pero destos.*
158. Llag, BAE: *a. d. se hicieron sobre ello.* Sant, M1, Eg: *sobre ello.*
160. Eg: *grande adonde tantos.*
164. Llag: *no le tenia.*
165. Sant, M1, Eg, Llag, BAE: *lo pone.*
166. E: *fallan.*
167. M1: Omite *dar.*
168. E: *condición del rey tan estrana que a ese puede.* Llag, BAE: *estraña; ni se puede.*
169. M1: *ca yo.*
170. M1: *cosas son de m. a.*

---

[184] *de todo punto*: en todo momento. Comp. López de Ayala, *Libro rimado del Palaçio*, c. 387: «non ha punto en el día que yo pase sin pecado».
[185] *omill*: forma antigua de 'humilde', del lat. *humilis.*
[186] *veyendo*: vid. n. 120.

En el tienpo d'este rey don Johan acaeçieron en Castilla muchos actos más grandes e estraños que buenos nin dignos de memoria nin útiles nin provechosos al reino. Ca asi fue, que absente d'esta vida el rey don Ferrando de Aragón, su [175] tío, por consiguiente se absentaron de Castilla la paz e la concordia. E muerta otrosí la reina doña Catalina, madre del rey, juntáronse en Valladolid el infante don Enrrique, maestre de Santiago, e don Sancho de Rojas, arçobispo de Toledo, e don Alfonso Enrriquez, almirante de Castilla, e don Ruy [180] López Dávalos, condestable, e Johan de Velasco, camarero mayor del rey, e Pero Manrrique, adelantado mayor de Castilla[187], e muchos otros grandes del reino. E de acuerdo e común consentimiento de todos sacaron al rey de aquella casa que es çerca de Sant Pablo, en la qual la reina, su madre, le [185] tovo por espaçio de seis años e más, que non sallió de allí temiendo que ge lo[188] tomarían, e ansí que pareçía que este día que de allí sallió era otro segundo nasçimiento suyo. Ca ansí

---

172.   Llag, BAE: *Y en el tiempo deste Rey D. Juan el Segundo acaescieron.* BAE: *Y en el tiempo deste Rey Don Juan el segundo acaeció.*

173.   Llag, BAE: *autos.*

175.   Sant: *utiles e provechosos al r. ca ansi fue ausente.* M1: *que el ausente.* Eg: *que al absente.* // Sant, M1, Eg: *fernando.* Llag, BAE: *Fernando.*

176.   Sant, Llag, BAE: Omiten *su tío.*

177.   E: *dona.*

178.   Llag: *del Reyno de Castilla la paz é la concordia. Empero tornando á hablar de algunas cosas que acaescieron en el tiempo deste Rey D. Juan, seyendo niño, teniéndolo la Reyna Doña Catalina madre del Rey, juntáronse en la Villa de Valladolid.* BAE: sigue la lectura de Llaguno.

180.   Sant: *alonso.* Eg, Llag, BAE: *Alonso.*

181.   Sant: *de dævalos c.* Llag, BAE: *de Avalos, Condestable de Castilla.*

182.   Eg, Llag, BAE: *Pedro.*

184.   Llag: *al Rey D. Juan.* BAE: *al Rey Don Juan.*

185.   Sant: *que es a cerca.* // Llag, BAE: *la Reyna Doña Catalina.*

186.   E: *sallo.*

187.   Sant: *e ansi que este dia.* Eg: *e assi parecia que este dia.* Llag: *E ansi que este dia.* BAE: *é ánsí que este dia.*

---

[187] Según ya había observado Tate, debe ser *adelantado mayor de León*, por cuanto Fernando de Antequera había nombrado adelantado mayor de Castilla a Gómez de Sandoval en 1411, siendo su predecesor Gómez Manrique (*vid.* Tate, ed. cit., pág. 93, n. 131).

[188] *ge lo: vid.* n. 25.

como el día que naçió salió a la luz d'esta vida, ansí este día
190 que de aquella posada sallió vio su reino e conoçió su gente
que antes non conoçía, sinon a las guardas que allí con él estavan e quando algunos cavalleros le venían a fazer reverençia. E como de allí sallió, lleváronlo a Tordesillas, e eran
los prinçipales que el reino governavan e rigían don Sancho
195 de Rojas, arçobispo de Toledo, e el almirante don Alfonso
Enríquez, e el condestable don Ruy López Dávalos, e el adelantado Pero Manrrique. Ca como quiera que allí estavan los
infantes don Johan e don Enrrique, fijos del rey don Ferrando de Aragón, pero eran muy moços e tocados de aquella
200 dolençia real que es común e general a todos los reales
moços que son rigidos e governados por ayos e maestros, e
aun algunos son que nunca d'esta dolençia sanan. Otrossí estavan allí otros grandes señores, pero por estos quatro pasa-
van todos los fechos.
205   E de Tordesillas fueron a Medina del Canpo e allí se des-
posó el rey con la infanta doña María, fija del rey don Ferrando de Aragón[189], e dende fue el rey a Madrid, adonde

---

189.   Llag, BAE: *aquel dia.*
190.   Sant, Llag, BAE: *vido.*
191.   Sant, M1, Eg, Llag: *ca antes.* // BAE: *ca ántes.* // Sant: *sino a los grandes
que alli.* Llag, BAE: *sinó á los Grandes que alli.*
193.   Llag: *reverencia no los conoscia.* BAE: *reverencia, no los conoscia.* // E: *sallo.* // Sant: *llevaronle.*
194.   Llag, BAE: *que el Reyno de Castilla.*
195.   Eg. Omite *e.*
196.   Eg: *Enriquez, el Condestable D. Ruy Lopez Davalos, el.* Llag: *y el Condestable de Castilla D. Ruy Lopez de Avalos, y el.* BAE: *y el Condestable de Castilla
Don Ruy Lopez de Ávalos, y el.* Sant: *de davalos: y el.*
197.   Llag, BAE: *Pedro.*
199.   Llag: *D. Juan que despues fué Rey de Navarra, é Don Enrique, hijos del
Rey D. Fernando.* BAE: *Don Juan, que despues fué Rey de Navarra, é Don Enrique,
hijos del Rey Don Fernando.* Sant, M1: *fernando.*
200.   Eg: *e tocados de aquella real moderacion que.*
201.   Llag, BAE: *a todos los Reyes mozos.* E: *mocos.* // Llag, BAE: Omiten *e
governados.*
202.   E: Omite *nunca.* // Eg: *nunca de aquesta.*
203.   M1: *por esto.*
207.   Sant, M1, Eg: *fernando.* Llag, BAE: *Fernando.* // Sant, M1, Eg, Llag,
BAE: *donde.*

---

[189]   *Vid. Crónica de Juan II*, ob. cit., pág. 376.

tomó la governación de sus reinos porque avía conplido hedad de los catorze años, e fízose allí una grande fiesta e solepnidad, ca estavan allí juntos todos los grandes del reino e todos los procuradores. E como quier qu'el regimiento del reino le fue allí entregado, pero él usando de su natural condiçión e de aquella remissión e nigligençia cassi mostruosa, todo el tienpo que reinó se pudo más dizir tutorías que regimiento nin administraçión real. Así que él tovo título e nonbre real, non digo abtos nin obras de rey, çerca de quarenta e siete años, del día que su padre murió en Toledo fasta el día que él murió en Valladolid que nunca tovo color nin sabor de rey, sinon sienpre regido e governado; ca aun después de muerto su condestable don Álvaro de Luna, sobre el qual bivió poco más de un año, lo rigió e governó don Lope de Barrientos, obispo de Cuenca, e Fray Gonçalo de Illescas, prior de Guadalupe, e aun algunos omnes baxos e de poco valor. E si después de muerto el condestable algund vigor e voluntad se mostró en él non fue salvo en cobdiçia d'allegar thesoros, a la qual él se dava con todo deseo, mas non de rigir sus reinos nin restaurar e reparar los males e daños en ellos venidos en quarenta e siete años que él tovo nonbre e título de rey.

E estando en Valladolid adoleçió de quartana doble, que le duró grandes días, e segunt se dize rigíese muy mal, ca era

209. M1, Eg: *gran.*
210. E: Omite *grandes.*
212. Eg: *le fuesse.*
213. Llag, BAE: *remision quasi.* Sant, M1: *quasi.*
214. Eg: *que vivio y reyno.*
216. E: *no digo abto.* Llag: *auto.* BAE: *autos.*
217. E: *anos.* // Eg: *su madre murio.*
219. Eg: *que nunca tuvo sabor, nin olor de Rey.* // E: *sino.* // Llag: *Y aun.* BAE: *y aun.*
221. Llag: *le rigio.*
222. E: *barientos.*
223. M1: *alguno.* // Sant: *hombres de poco valor.* Llag, BAE: *valer.*
226. E: *no.*
228. M1: *ni en rrestaurar ni reparar los daños en ellos v.*
230. Eg: Omite *e.*
231. Sant, M1: *regiase.* Eg: *rigiose.* Llag: *regiase.* BAE: *regíase.*

muy comedor e mal rigido. E como quier que fue libre de la
quartana, quedó mal dispuesto de la persona, e continuando su mal rigimiento ovo primero algunos açidentes muy
235 fuertes.

Murió en Valladolid a veinte e dos días de jullio, año de
mill e quatroçientos e çinquenta e quatro años, e fue enterrado en el monesterio de Miraflores, en qu'él avía puesto
frailes de Cartuxa.

240 Antes que este rey don Johan muriese poco más de un
año, contra opinión de todos, pungido e estimulado, segunt
se cree por voluntad de Dios, o porqu'el su condestable lo
traía más apoderado e estrechado que nunca lo troxo, e non
le dava lugar de fazer nada de lo que quería, ca sienpre esta-
245 van çerca d'él personas de su mano sin las quales non podía
fazer nin dizir cosa alguna, e aun se dize que en el serviçio e
mantenimiento de su mesa era tan pobre e menguado que
todos avían que dizir, nin le dexava estar nin usar quando
quería con la segunda reina, su muger. Si ésta fue la cabsa, o
250 lo que más es de crer, si como dize Sant Agostín, era ya con-
plida la cobdiçia del Amorreo[190] e non pudo nin devió la divina justiçia tolerar nin sufrir su tiranía e usurpaçión de señorío, que estando el rey en Burgos, sintió el condestable

232. Sant: *y como quiera.* // E: *que quedo libre.*
233. E: *presona.*
236. Sant: *e murio.* Llag, BAE: *é murió.*
238. M1: *año 1454 e fue e.* Llag: *mil quatrocientos cinquenta é cuatro, é fué e.*
Eg: *e quatro. E fue sepultado.* BAE: *y quatro, é fué e.*
239. M1: *de la cartuxa.*
242. Sant, Llag, BAE: *la voluntad.*
243. Sant, Llag, BAE: *traxo.*
244. M1: Omite *nada de.*
245. E: *personas.*
247. Eg: *de su casa e mesa.*
250. Sant, Llag, BAE: *asi como* // M1: *gustin.*
251. Sant, Eg, Llag, BAE: *la malicia.* M1: *la maliçi.*
253. Llag: Omite *que.*

[190] Como anota Tate se alude, en última instancia —puesto que la cita de
San Agustín no se localiza— a *Génesis* 15, 16 (Cfr. ed. cit., pág. 93, n. 133).
No se puede considerar la cita bíblica aludida por Domínguez Bordona,
quien reseña *Josué* 24, 11-12 (ed. cit., pág. 126, n. 22).

que Alonso Pérez de Bivero, el qual él avía levantado del sue-
lo e fecho muy grande onbre e dado grant lugar çerca del rey, 255
que tratava con el rey su apartamiento e desfazimiento, non
podiendo en ello aver paçiençia, fízolo venir a su casa, viernes de la cruz, asaz inportuno día para tal abto, fízolo matar
e luego adelante, el miércoles, las ochavas[191] de Pascua flori-
da, queriendo Nuestro Señor fazer obra nueva, el día que de- 260
viera ser Resureçión fue pasión del dicho condestable. Con
grande admiraçión e casi increíble a todo el reino, el rey lo
mandó prender a Don Álvaro de Stúñiga, que fue después
conde de Plasençia, e tomóle lo que allí le falló, e partiendo
de Burgos llevólo consigo a Valladolid e fízolo poner en Por- 265
tillo en fierros en una jaula de madera.

¿Qué podemos aquí dizir, sinon temer e obedeçer los escuros juizios de Dios sin alguna interpetraçión[192], que un rey

254. Eg: *al qual.*
255. Sant: *muy grande l.* M1, Eg: *grande l.* Llag, BAE: *muy gran hombre...
mucho gran l.*
256. Llag: Omite *que.*
257. Llag, BAE: *é no p.*
258. Sant: *el viernes de la cruz asaz impropio dia.* M1: *el biernes de la asaz in-
propio dia.* Eg: *el viernes de la cruz; asaz su propio dia.* Llag: *el viernes de la Cruz
(asaz impropio dia.* BAE: *el Viernes de la Cruz, asaz impropio dia.* // Llag, BAE:
auto. // Sant, Eg: *e fizolo.* Llag, BAE: *e hizolo.*
259. Sant, M1, Eg, Llag, BAE: *de las.*
261. Sant: *devia ser resurecion.* Llag: *debia ser resurecion.* BAE: *debia su Re-
surreccion.*
262. Llag, BAE: *gran.* // Llag, BAE: *quasi.*
263. E: *Stúñiga.* // Sant: *que despues fue.*
264. Sant: *e t. lo que alli fallo.* Llag, BAE: *é tomó lo que allí halló.*
265. Sant: *levolo.*
266. Eg: *e en jaula de madera.*
267. E: *sino.* // Sant: *obedecer y temer.* M1: *obedeçer y temer.* Eg: *obedecer e temer.* Llag, BAE: *obedescer y temer.*
268. M1: *ca un rey.*

[191] *ochavas*: octavas.
[192] La providencia divina, inescrutable para los hombres es un motivo rei-
terativo en la poesía de Pérez de Guzmán. Basten un par de ejemplos: *Proverbios*, c. 57: «Los que cuidan que ay ventura / esto les basta saber, / que es obra
de Dios escura / e corto nuestro entender»; *Coplas... sobre el tránsitu del reverendo padre don Alfonso de Cartagena*, c. 7: «¡O fortuna!, si fortuna / es verdad que
hay en el mundo, / o más claro e más profundo, / Señor de la alta tribuna, /

177

que fasta los quarenta e siete años fue en poder d'este con-
270 destable con tan grandísima paçiençia e obidiençia que solamente el senblante non movía contra él, que agora súpita-
mente con tan grande rigor lo fiziese prender e poner en fierros? E aun es de notar que aquellos prínçipes reales, el rey
de Navarra e el infante don Enrrique, con acuerdo e favor de
275 todos los grandes de reino, muchas vezes se trabajaron de lo
apartar del rey e destruirlo, e non solamente non lo acaba-
ron, mas todos o los más d'ellos se perdieron en aquella demanda, por ventura porque se movían con interese e non
con buena intençión. E si queremos dizir qu'el rey fizo esta
280 obra pareçe el contrario, porque, muerto el condestable, el
rey se quedó en aquella misma remisión e nigligençia que
primero, nin fizo abto alguno de virtud nin de fortaleza en
que se mostrase ser más onbre que primero. E ansí resta que
devamos crer que ésta fue la obra de sólo Dios, que segunt la
285 escritura él sólo faze grandes maravillas[193].

E tornando al propósito, quedando el condestable en Portillo, fue el rey a Escalona por aver la villa e el thesoro que
allí estava, e estando en aquella comarca, por algunas infor-

---

271.   M1: Omite *el senblante.* // Eg: *y que.*
272.   Eg: *gran rigor le.* M1: *gram rigor le.* Sant, Llag, BAE: *le.*
273.   Sant, M1, Eg: *es de notar aqui.* Llag, BAE: *es de notar aquí.*
275.   M1: Omite *todos.*
276.   Sant: *t. por lo apartar.*
277.   Llag, BAE: Omiten *o.*
279.   Sant: *porque se movian no con intencion buena mas con interese e si queremos.* M1: *porque se movian non con intençion buena mas con interese assi queremos.*
Eg: *porque se movian no con intencion buena, mas con interesse E si queremos.* Llag,
BAE: *no con intencion buena, mas con interese. E si queremos.*
280.   Llag, BAE: *al contrario.*
282.   Llag, BAE: *auto.* // Eg: Omite *alguno.*
283.   Llag: *ni fortaleza en que se mostrase mas ser hombre.* BAE: *ni fortaleza, en
que se mostrase mas ser hombre.* // M1: *hombre que antes.* Eg: *hombre que de antes.*
284.   Sant: *devemos.* // Sant, M1, Eg, Llag, BAE: Omiten *la.*
287.   Sant: *por la aver y el tesoro.* Llag: *por la aver, y el tesoro.* BAE: *por la haber, y el tesoro.*

¡quánto escura e quán sin luna / es tu hordenança secreta!, / aunque justa,
santa e neta, / sin contradiçión alguna».
[193] *Vid.*, por ej., *Éxodo* 15, 11.

178

maçiones que ovo, e proçediendo como en cosa notoria, con consejo de los letrados que en su corte eran dio sen- 290 tençia que le degollasen, e fue llevado de Portillo a Valladolid, e allí públicamente e en forma de justiçia fue degollado, a la qual muerte, segund se dize, él se dispuso a la sofrir más esforçada que devotamente. Ca segunt los abtos que aquel día fizo e las palabras que dixo más perteneçían a fama que a 295 devoçión.

D'este señor rey don Johan, segund la opinión de algunos que lo conoçían, él era de su natural condiçión cobdiçiosso e luxurioso e aun vindicativo, pero non le bastava el ánimo a la esecuçión d'ello. Las maneras e condiçiones tanto estra- 300 ñas d'este rey e los males que por ello vinieron a sus reinos, al juizio de muchos, son atribuidos a los pecados de los naturales d'este reino, concordando con la Santa Escritura, que dize que por pecados del pueblo faze Dios reinar al ipócrita[194]. Verdaderamente quien bien le conoçió e consideró verá 305 que tal condiçión de rey e tantos males como d'ella se siguieron fue por grandes pecados del pueblo.

Dexó este rey a su fijo, el prínçipe don Enrrique que oy reina, e al infante don Alfonso e a la infanta doña Elisabet.

---

289.   M1: *por algunas raformaçiones.*
291.   Sant: *levado.*
293.   Sant: *de justicia le fue cortada la cabeça en la plaça publica a la qual m.* Llag, BAE: reproducen la lectura de Santisteban.
294.   Llag, BAE: *autos.*
295.   Eg: Omite *e las palabras que dixo.* E: *que siz dixo; siz* aparece tachado. // La edición de Santisteban omite el texto a partir de *perteneçían,* no retomándolo hasta iniciada la semblanza siguiente.
297.   M1: *e deste.*
298.   Eg: *opinion de los que lo.* Llag, BAE: *que le.* // Eg, Llag, BAE: Omiten *él.* // M1: *de su condiçion natural.*
300.   Eg: *el animo a ello, ni para ponerlo en execucion.*
301.   E: *estranas.* // M1: *por ellos.*
302.   Eg: *a juicio.*
303.   Llag, BAE: Omiten *santa.*
305.   M1: *lo conosçio.* Eg: *lo conoscio.* Llag, BAE: *lo conosçió.*
308.   M1: *dejo este rey a su fin a su fijo.* Eg: *Dexo este Rey a su fin a su hijo.* Llag, BAE: *Dexó este Rey á su fin á su hijo.*
309.   M1: *alonso.* Eg, Llag, BAE: *Alonso.* // E: *dona E.* M1: *isabel.* Eg, Llag, BAE: *Isabel.*

---

[194] *Job* 34, 29-30.

De don Álvaro de Luna,
maestre de Santiago
e condestable de Castilla*

Don Álvaro de Luna, maestre de Santiago e condestable
de Castilla[195], fue fijo bastardo de Álvaro de Luna, un cavallero noble e bueno. Esta casa de Luna es de las mayores del
reino de Aragón, e ovo en ella asaz notables personas, así ca-
5 valleros como clérigos, entre los quales floreçió aquel vene-
rable e discreto padre apostólico don Pedro de Luna, llamado Benedito papa trezeno. E fueron todos los d'esta casa de
Luna muy servidores del reino de Castilla.

Quando su padre d'este condestable murió quedó el niño
10 pequeño en asaz baxo e pobre estado, e crióle un tienpo su

---

* M1: *Raçonamiento de D. alvaro de luna maestre de santiago e condestable de
castilla.* M2: *capi 34 de don alvaro de luna condestable de catilla y maestre de santiago.* Eg: *Razonamiento de D. Alvaro de Luna Maestre de Sanctiago Condestable de
Castilla.* Llag, BAE: reproducen la rúbrica de M2.

2. M1, Eg: Omiten *don alvaro... de castilla.* // Eg: *El fue.* // M1: *bastardo
D. albaro de luna de un.* M2, Llag, BAE: Omiten *un.*

3. M1: *e bueno del mesmo nombre.* // Eg: *E esta casa.* // E: *los mayores.*

4. E: *presonas.*

6. M1: *aquel berable padre e muy discreto.* M2: *aquel v. e muy santo padre.*
Eg: *aquel v. , e muy discreto padre.* Llag: *aquel v. é muy Sancto Padre.* BAE: *aquel
v. é muy sancto Padre.* // M1: Omite *de luna.*

10. M2: *y criole.* Llag, BAE: *y crióle.*

[195] Álvaro de Luna, 1390-1453, condestable de Castilla a partir de 1423,
cargo en el que sucedió y del que despojó a Ruy López Dávalos.

tío don Pedro de Luna, que fue arçobispo de Toledo. E muerto él, quedó muy moço en la casa del dicho rey don Johan, el qual le ovo aquel exçesivo e maravilloso amor que ya es dicho.

Es de saber que este condestable fue pequeño de cuerpo e menudo de rostro, pero bien conpuesto de sus mienbros, de buena fuerça e muy buen cavalgador, asaz diestro en las armas e en los juegos d'ellas. Muy avisado en el palaçio, muy graçioso e bien razonado, como quier[196] que algo dubdase en la palabra, muy discreto, grant disimulador, fingido e cabteloso[197], e que mucho se deleitava en usar de tales artes e cabtelas, assí que pareçe que lo avía a natura. Fue avido por esforçado, aunque en las armas non ovo gran lugar de lo mostrar, pero en esos lugares que se acaeçió mostró buen esfuerço: en las porfías e debates del palaçio, que es otra segunda manera de esfuerço, mostróse muy onbre. Preçiávase mucho de linaje, non se acordando de la homill[198] e baxa parte de su madre. Ovo asaz coraçón e osadía para açebtar e

---

12. M1, M2, Eg, Llag, BAE: Omiten *e*.

13. M2, Llag: *le ovo en aquel.*

17. M1, M2, Eg, Llag, BAE: Omiten *buen*.

20. M2, Llag: *como quiera que algo durase en la p.* Eg: *en la habla o palabra.* // M2: *e gran d.* Llag, BAE: *é gran d.*

21. M2: *se deleita usar.* Llag, BAE: *se deleytaba usar.*

22. Eg: *artes, e naturalezas e cautelas.*

23. M2, Llag, BAE: *grande.*

24. M2, Llag, BAE: *en estos l.*

26. M2: Omite *segunda.*

27. Eg: *mucho del.* // M1, M2, Eg, Llag, BAE: *humilde.*

28. M2: *e baxa parte de su madre llammavase su madre la cañeta porque era de un lugar que se llama cañete çerca de quenca que agora es de diego hurtado y el alcaide de alli que se llamava çerezuela ovo un hijo en ella que fue hermano de madre del dicho condestable como abaxo lo toca fernan perez y este paso pone mas largamente alonso de palençia en la coronica de latin de aquel tiempo este su hermano se llamo don juan de çerezuela que fue hermano de madre porque entrambos eran hijos de maria de cañete y este fue primero obispo de osma y despues arçobispo de sevilla por privaçion de don diego maldonado o de añaya natural de salamanca que entonçes era arçobispo de sevilla*

---

[196] *como quier*: *vid.* n. 29.

[197] *Vid.* Pérez de Guzmán, *Viçios e virtudes*, c. 187: «Simular por maestría / es avido e por arte, / mas yo espeçia e parte / de falsedad la diría» («De simular e fengir», cc. 187, 188).

[198] *homill*: *vid.* n. 185.

usar de la grande potençia que alcançó, ca o porque duró en
30 ella grant tienpo e se le avía convertido como en natura, o
porque su audaçia e presunçión fue grande, más usó de poderío de rey que de cavallero.

Non se puede negar que en él non ovo asaz virtudes quanto al mundo, ca aplazíale mucho platicar sus fechos con on-
35 bres discretos e gradeçíales con obra los buenos consejos que
le davan. Ayudó a muchos con el rey e por su mano ovieron
merçedes del rey e grandes benefiçios, e si fizo daño a muchos tanbién perdonó a muchos grandes yerros que le fizieron. Fue cobdiçioso en un grande estremo de vasallos e de
40 thesoros, tanto que así como los idrópigos nunca pierden la

que fundo el colegio de san bartolome de salamanca y fue privado con fabor de don al varo
de luna e hizieronle arçobispo de tarso una dinidad no mucho a su proposito pero luego que
cerezuela fue promovido a la iglesia de toledo dizen que don diego maldonado fue reduzi-
do a su iglesia de sevilla en la qual dignidad despues de muchos trabajos acabo esta sepul-
tado en la claustra de la iglesia mayor de salamanca en su capilla ovo por hijo a juan
gonçalez canonigo que alli fue un gran vandejador y acogia muchos hombres sueltos tanto
que de alli vino el refran andar con el que de juan gomez es fue su madre doña maria de
horosco hija de iñigo lopez de horosco el que mato el rey don pedro en la de najara de quien
se dira en otra parte y el dicho juan gomez canonigo ovo a diego de añaya que llamaron el
tuerto porque de un pasador en tiempo de vandos le quebraron el ojo este ovo hijo a pedro
y a françisco de añaya que siguieron al rey de portugal en las bueltas pasadas fue muerto
este don diego por don martin de guzman por la injuria que le hizo un dia de corpus
christi dende mucho tiempo esta sepultado en la capilla de su padre el arçobispo ovo otro
hijo el dicho arçobispo que se llamo iñigo de añaya el qual fue bien conoçido a los que al-
guna platica tuvieron de las cosas de salamanca y desta traslaçion del dicho arçobispo se
pone en la coronica del rey don juan donde se dira quien fueron sus padres ovo asaz c.

29. M2, Llag, BAE: *para usar de la gran.* M1, Eg: *gran.* // M2, Llag, BAE:
Omiten *ca.*

30. Eg: *e se avia.* // M2, Llag, BAE: *ya convertido.*

31. E: *o porque su andança e p. fue.* M1: *o por su andancia e presumçion fue.*
M2: *o porque su audaçia fue.* Eg: *o por su audacia e presumpcion, que fue.* Llag,
BAE: *ó porque su audacia fué.*

34. M1: *plaçiale.* M2: *plaziale.* Eg, Llag, BAE: *placiale.*

35. M2, Llag, BAE: *con los hombres.* // M1: *e deçiales con obra.* M2: *e agra-*
deçiales con obras. Eg: *e agradeciales con obras.* Llag: *é agradeçiales con obras.* BAE:
é agradecíales con obras.

36. M2: *ayudandoles mucho.* Llag, BAE: *ayudándoles mucho.*

37. M1, M2: *muchas merçedes.* Eg, Llag, BAE: *muchas mercedes.* // M2: *del*
rey de grandes. // M1, M2: Omiten *si.*

39. Eg: *en un gran.*

40. M1, Eg: *e thesoros.* // M1, M2: *idropicos.* Eg: *hidropicos.* Llag, BAE: *hi-*
drópicos.

sed, ansí él nunca perdía la gana de ganar e aver, nunca reçibiendo fartura su insaçiable cobdiçia. Ca en el día que el rey le dava o mejor diría él le tomava una grant villa o dignidad, aquel mismo día tomaría una lança del rey si vacase; assí que deseando lo mucho non desdeñava lo poco. 45

Non se podría bien dizir nin declarar la grande cobdiçia suya, ca quedando después de la muerte de su padre pobre e desnudo de toda sustançia e aviendo el día que murió más de veinte mill vasallos sin el maestrazgo de Santiago e muchos ofiçios del rey e grandes quantías de maravedís en sus libros, ansí que se cree que subíen sus rentas açerca de çient mill doblas sin las aventuras[199] que le venían del rey e de serviçios de thesoreros e de recabdadores, los quales eran muchos e de muchas maneras. Tanto era el fuego de su insaçiable cobdiçia que pareçe que cada día començava a ganar, con lo qual llegó tanto tesoro que aunque non se pudo saber el número çierto d'ello por su prisión e su muerte ser en tal manera, pero segund su ganar e guardar, opinión fue de él solo tener más tesoro que todos los grandes onbres e perlados 50 55

---

41. M1: *perdia la cobdiçia de g.* M2: *perdio la codiçia de g.* Eg: *perdia la codicia de g.* Llag, BAE: *perdia la cobdicia de g.*

42. Eg: *su insaciable hartura: ca en el dia en que el.* Llag: *á su insaciable cobdicia; ca el dia quél.* M2: *ca el dia aquel.* BAE: *ca el dia quel.*

43. M1: *le dava o por mejor deçir el le dava una gram v.* M2: *llevava o mejor diria el tomava una grande v.* Eg: *el se tomaba una g. v.* Llag: *él tomaba, una grande Villa.* BAE: *él tomaba una grande villa.*

44. Eg: *si vacara.*

45. E: *non deseava lo poco.* Al margen, *non desdeñava.*

46. M1, Eg, Llag, BAE: *gran.* M2: *gra.*

48. Eg: *substancia: tenia el dia.* M1: *s. e avia el dia.*

49. M1: *e sin.*

51. M1, M2, Eg, Llag, BAE: *subian.*

53. M1: *e recaudadores.* Eg: *e remudadores.* Llag: *y Recabdadores.* BAE: *y recabdadores.* // M1: *les eran.*

55. M2, Llag, BAE: *pareçia.*

56. M1: *bien saver.* M2, Llag, BAE: *bien saber.*

58. M2, Llag, BAE: *y su guardar.* Eg: *e su guardar.*

59. M1: *opinion fue tener el mas thesoro solo.* Eg: *opinion fue tener el solo mas thesoro.*

---

[199] *aventuras*: venturas.

60 d'España. Qualquier villa e posesión que çerca de lo suyo estava, o por canbio o por conpra lo avía de aver. Así se dilatava e creçía su patrimonio como la pestilençia que se pega a
los lugares çercanos, e por esta manera ovo logares e pose-
siones de órdenes e de iglesias por troques e ventas que nin-
65 guno se osava contradizir, e esto que así dava por las ventas
e canbios todo lo pagava el rey. Las dignidades de la iglesia
muchas d'ellas fizo aver a sus parientes, non faziendo
conçiençia de la indignidad e insufiçiençia d'ellos; e en esta
manera ovo para un su hermano la iglesia de Sevilla e des-
70 pués la de Toledo, e para un su sobrino moçuelo la iglesia de
Santiago, porque el papa non negava ninguna petiçión suya.
¿Quién podría dizir quánto se estendió su cobdiçia e potençia d'él?; ca de treinta e dos años que el governó e rigió el
reino, en los veinte d'ellos non se fizo provisión en lo ten-

---

60. Eg: *Qualquiera v. o possession.* M1, M2: *o posesion.* Llag, BAE: *ó pose-sion.* // M2: *çerca de lo suso de lo suyo.*
61. M1, M2: *la avia.* Llag: *la había.* BAE: *la habia.*
62. M1: *asi se la dilatava su p.*
63. E: *cercanos.*
64. La edición de Santisteban retoma el texto en este punto, *por troques...* M2, Eg: *por trueques.*
65. Sant, M1, M2: *le osava.* Eg, Llag, BAE: *le osaba.*
66. M2: *y las dinidades.* // Sant, M1, M2: *de las iglesias.* Eg, BAE: *de las Igle-sias.*
67. Eg: *non se faziendo.*
68. Sant, M1, M2, Eg, Llag, BAE: Omiten la segunda *e.*
69. Sant, M2, Llag, BAE: *para su.*
70. Sant: *y para un sobrino moçuelo.* Eg: *E para un sobrino moçuelo de poca edad.* M1: *e para un su s. moçuelo de poca hedad.*
71. Sant: *no negava al rey ninguna peticion suya.* M1: *non negava a el ningu-na peticion suya.* Eg: *no negaba al Rey ninguna peticion.* Llag, BAE: *no negaba al Rey ninguna peticion suya.* M2: *no negava al rey ninguna petiçion suya este arcobis-po de santiago se llamo d. rodrigo de luna sobrino del condestable fue hijo de d. juan de luna primo hermano del condestable que fue comendador de bamba y despues prior de san juan poco tiempo y ovo asi mesmo el dicho don juan de luna a doña leonor de luna que caso con don alonso de cardenas maestre de santiago dizen que la madre de los di-chos arçobispos y doña leonor era de tordesillas muger de bajo linage.*
72. M2, BAE: *podrá.*
73. Llag: *é potencia? Cerca de treinta.* // Sant, M1, M2, Eg, Llag, BAE: Omiten *e rigio.*

poral nin espritual sinon por su mano e por su consenti- 75
miento.

Non se puede negar que él ayudó e fizo mucho bien a muchos, en alguno de los quales falló poco conoçimiento, así
que en esto sólo e en los fijos le fue muy contraria la fortuna,
fallando en algunos poco agradeçimiento de grandes bienes 80
que les fizo, e en un fijo que ovo asaz indescreto²⁰⁰. Pues si
tanto fue cobdiçioso de villas e vasallos e riquezas, non fue
menor su ambiçión de onores e preminençias. Ca un pun-
to²⁰¹ non dexó de quanto aver pudo, como él escrivió una
vez a un su amigo que en una letra le escrivió que se devía de 85
tenplar en el ganar, e respondióle con aquella abtoridad
evangelical: *Qui venid ad me non eiçiam foras*, que dize: «lo que
viniere a mi non lo lançaré fuera»; aunque quando el Nues-

---

76. Sant: *ni en lo spiritual...* M2: *ni en lo espiritual sino por su mano e por su nonbre y consentimiento.* Llag, BAE: siguen la lectura de M2.

77. Sant: *qu'el non hizo mucho bien.* M2: *que el no hizo mucho bien.* Llag, BAE: *que el no hizo mucho bien.*

78. Sant, M1, Eg: *algunos.*

79. Eg: *le fue contraria.* Llag, BAE: *le fué muy contra.*

80. Sant: *gradecimiento.* M1: *gradesçimiento.*

81. Sant, M2: *e un hijo.* Llag, BAE: *é un hijo.* // M2: *pero si.* Llag, BAE: *Pero si.*

82. Eg: *e lugares e vasallos, e r.*

83. Eg: *su ambicion de honras e.* M1: *su ambiçión de onrras e.* M2: *su anbiçion e onores y.*

84. Sant, M2: *no dexo de todo quanto aver pudo.* M1: *non dexo de todo quanto pudo aver.* Eg: *non dexo de todo quanto pudo haber.* Llag, BAE: *no dexó de todo quanto aver pudo.*

85. M1, Eg: *que una letra.*

87. Sant: *evangelica qui venit ad me.* M2: *evangelica quid quid venerit ad me.* Llag: *Evangélica: Quid quid venerit ad me.* BAE: *evangélica: Quidquid venerit ad me.* M1: *qui venit at me.* Eg: *omne quod veniat ad me.*

88. Sant, M1, M2, Eg: *a mi viniere.* Llag, BAE: *á mí viniere.* // E: *lançaré.* // Eg: *Y aunque.* // M1, M2, Eg, Llag, BAE: Omiten *el.*

---

²⁰⁰ Álvaro de Luna tuvo dos hijos varones, Pedro de Luna, señor de Fuentidueña, y Juan de Luna, segundo conde de Santisteban, que prendió a su padre en Burgos.

²⁰¹ *un punto*: un instante, un momento por mínimo que sea. Comp. López de Ayala; *Libro rimado del Palaçio*, c. 288: «segunt ley de Partida caería en traición / el que lo encubriese un punto nin sazón».

tro Señor esto dixo non lo dixo a tal fin[202]. La diligençia e
90 cura[203] de conservar e guardar su potençia e privança açerca
del rey fue tanta que pareçía que non dexava a Dios que fiziese, ca ansí como el rey mostrava a alguno buena voluntad
luego era lançado de allí, e non dexava ninguno estar çerca
del rey, sinon aquéllos de quien él mucho fiava.

95 Era este condestable mucho sospechoso naturalmente, e
creçía en él la sospecha por açidente, porque muchos le avían
enbidia e deseavan tener su lugar, e ansí con estas sospe-
chas e temores ligeramente creía qualquier cosa que le fuese
dicha e non le fallecían dizidores, como es propio a los gran-
100 des los lisonjeros e los dezidores. E con esto fizo al rey fazer
muchas e grandes esecuçiones de prisiones e de destierros e
confiscaçiones de bienes e aun muertes, para lo qual fallava
asaz favores, porque, repartiendo entre los unos lo que tomava a los otros, avía asaz ayudadores; ca la antigua e loable
105 costunbre de los castellanos a tal punto es venida que por
aver el despojo de su pariente e amigo, le consintrán prender
o matar[204]. Pero porque en estas esecuçiones que el rey fizo
por su consejo ovo algunas muertes, yo non quiero mentir
nin darle a él el cargo o culpa que non tuvo, ca yo oí dizir a

89. Eg: *dixo esto*.
91. BAE: *cerca del Rey*.
92. E: *mostrava alguno*.
93. M2, Eg: *a ninguno*. BAE: *á ninguno*.
94. Eg: *cerca de alli*. // Sant, M1, M2: *se fiava*. Llag, BAE: *se fiaba*.
98. Eg: *qualquiera*.
100. Sant, M1, M2, Eg, BAE: *grandes señores*. Llag: *grandes Señores*.
101. Sant, M1: *muchas grandes*. M2: *a muchos grandes*. BAE: *á muchos gran-des*. // E: *esecuçins de p. e de d.* Eg: *vejaciones de prisiones, e destierros*.
102. E: *biens*. // Sant, M2: *hallava*. Llag, BAE: *hallaba*.
107. Sant, M2, Llag, BAE: *consentian...* M1: *consentiran...* Eg: *consentiran prender e matar*.
109. M1: *a el cargo o culpa*. M2: *a el cargo y culpa*. Llag, BAE: *á él cargo é cul-pa*. // E: *no*. // E: Omite la segunda *a*.

[202] *Juan* 6, 37.
[203] *cura*: preocupación. *Vid.* n. 12.
[204] Pérez de Guzmán, *Viçios e virtudes*, c. 430: «... tal ay que consintiría / la muerte de su pariente, / sabiendo qu'el remanente / de su patrimonio avría» («De concordia e justiçia», cc. 424-435).

algunos que lo podían bien saber, si verdat quisieron dizir, ¹¹⁰ qu'el estorvó algunas muertes segund el rey lo quisiera fazer, que naturalmente era cruel e vindicativo, e yo bien me allegaría a crer esta opinión.

Ovo en su tienpo grandes e terribles daños, e non sólo en las faziendas nin sólo en las personas, mas, lo que más es de ¹¹⁵ doler e de plañir, en el exerçiçio e uso de las virtudes e en la onestad de las personas, con cobdiçia de alcançar e ganar. E de otra parte con rencor e vengança unos de otros, prospuesta toda vergüeña e onestad, se dexaron correr a grandes viçios. Ca de aquí naçieron engaños, maliçias, poca verdad, ¹²⁰ cabtelas, falsos sacramentos e contratos, e otras muchas e diversas astuçias e malas artes, ansí que los mayores engaños e daños que se fazían eran por sacramento o por matrimonio, ca non fallavan otra más çierta vía para engañar.

Non callaré aquí nin pasaré so silençio esta razón, que ¹²⁵ quanto quier que la prinçipal e la original cabsa de los daños de España fuese la remisa e nigligente condición del rey e la cobdiçia e ambiçión exçesiva del condestable, pero en este casso non es de perdonar la cobdiçia de los grandes cavalle-

110. M2: *podran bien saber.* BAE: *podrán bien saber.* Eg: *p. saber bien.*

113. M1: *allegaria crer.* // E: *esta opión.*

114. M1, Eg: *e teribles males.*

115. E: *presonas.*

116. E: *e de plañir.* Sant, M2, BAE: Omiten *e de plañir.* M1: *e planir.* Eg: *e plañir.*

117. M1: *en el huso e exerçiçio de las virtudes e en la onestidad.* Sant: *y en la onestidad.* M2, BAE: *y en la honestidad.* Eg: *e en la honestidad.* Llag: *é en la honestidad.* // E: *de las virtudes presonas con c. de alcancar.* M1: *con codiçi de a.*

119. Sant, M1, M2, Eg, Llag, BAE: *pospuesta.* // E: *verguena.* // M2, Llag, BAE: *honestidad.* // M1: Omiten *a.*

120. Llag: Omite *ca.* // M2: *y maliçias.* BAE: *é malicias.*

121. M1: Omite *otras.*

123. Sant: *por sagramento o por matrimomios.* M1, Eg: *por s. o por matrimonios.* M2: *por sacramentos y matrimonios.* Llag, BAE: *por sacramentos é matrimonios.*

125. E: *no.*

128. Eg: *e ambicion del Condestable escessiva.*

129. M2: *pero este caso.* Llag: Omite *pero.*

¹³⁰ ros que por creçer e avançar sus estados e rentas, prospo-
niendo la conçiençia e el amor de la patria por ganar, ellos
dieron lugar a ello. E non dubdo que les plazía tener tal rey,
porque en el tienpo turbado e desordenado, en el río buelto
fuesen ellos ricos pescadores²⁰⁵. E ansí algunos se movieron
¹³⁵ contra el condestable diziendo qu'él tenía al rey engañado e
aun malifiçiado, como algunos quisieron dizir, pero la final
entençión suya era aver e poser su lugar, non con zelo nin
amor de la república. E de aquí quántos daños, insultos, movimientos, prisiones, destierros, confiscaçiones de bienes,
¹⁴⁰ muertes e general destruiçión de la tierra, usurpaçiones de
dignidades, turbaçión de paz, injustiçias, robos, guerras de
moros se siguieron e vinieron. ¿Quién bastara a lo relatar nin
escrivir, como sea notorio que en treinta años, non digo por
intervalo o interposiçión de tienpo, mas continuamente,
¹⁴⁵ nunca çesaron males e daños?

E de la muchedunbre de los quales contaré algunos pocos.
Ca en esta confusión e turbación de tienpo fue preso el noble príncipe don Enrrique, maestre de Santiago, fijo del ilus-

---

131.   M1: *avarcar sus estados e rentas posponiendo la conçiençia.* M2: *aventajar sus estados y rentas posponiendo la consçiençia.* Eg: *abarcar sus estados e rentas,
posponiendo la consciencia.* Llag, BAE: *aventajar sus estados é rentas, posponiendo
la consciencia.* Sant: *posponiendo la conciencia.*
132.   Eg: Omite *dubdo.*
133.   M2, BAE: *rebuelto.* Llag: *revuelto.*
134.   Sant, M1, Eg: *ca si.*
135.   Eg: *tenia la culpa, y al rey.* // E: *enganado.*
136.   M1: *malificado.* M2: *maleficado.*
138.   Sant: *zelo ni amor de republica.* M2: *zelo y amor de republica.* Llag, BAE:
zelo é amor de r. // M1, Eg: *e insultos.*
139.   E: *confiscaçions de biens.*
141.   Eg: *de la dignidad, turbacion de la paz.*
142.   Eg: *quien podra, o bastara.* Llag, BAE: *bastará.*
143.   M1: *lo escrivir.* Eg: *lo escribir.* // Sant, M2, Llag, BAE: *que treinta.*
144.   M2, Llag, BAE: *del tiempo.*
146.   Sant, M1, M2, Eg, Llag, BAE: Omiten *e.* // Eg: Omite *contare.*
147.   Sant: *turbacion e confusion.* Llag, BAE: *turbacion é confusion.* M1: *turbaçion e confusion.* M2: *turbaçion y confusión.*

²⁰⁵ Pérez de Guzmán alude al refrán tradicional «A río vuelto ganancia de
pescadores». *Vid.* O'Kane, *Refranes y frases proverbiales españolas de la Edad Media*, Madrid, 1959, pág. 204.

trísimo don Ferrando, rey de Aragón, e desterrados el adelantado Pero Manrrique e con él dos buenos cavalleros sus 150
parientes, Gómez de Benavides e Lope de Rojas. E fue desterrado don Ruy López Dávalos, condestable de Castilla, e
murió en el destierro perdiendo todo su patrimonio. E fue
preso don García Ferrández Manrrique, conde de Castañeda,
e Ferrant Alfonso de Robles, e el duque don Fadrique e don 155
Fadrique de Luna, conde[206]; estos dos murieron en las prisiones, non de muerte natural segunt algunos dizen. E después fueron presos don Gutierre de Toledo, arçobispo de Toledo, e su sobrino don Ferrand Álvarez de Toledo, conde de
Alva, e con ellos Ferrand Pérez de Guzmán e Garçi Sánchez 160
d'Alvarado. E perdió el maestrazgo de Alcántara don Johan
de Sotomayor e fue desterrado, e preso Mosén Diego de Va-
dillo, alcaide de las Taraçanas, e desterrado el obispo de Segovia[207] e Pero Niño, que después fue conde. E fue preso el

149.   Sant, M2, Eg: *fernando*. M1: *enrique fernando*. Llag, BAE: *Fernando*.
152.   Sant: *de davalos*. M2: *de avalos*. Llag, BAE: *de Avalos*.
153.   M1: *e perdio*.
154.   Sant: *graci fernandez*. M1: *garçia fernandez*. M2: *garçi fernandez*. Eg: *Garcia Fernandez*. Llag: *Garci Fernandez*. BAE: *Garcifernandez*. // M1: *de casta-ñeda conde de castañeda*.
155.   Sant: *fernan a*. M1: *fernand alonso*. M2: *fernand alonso*. Eg: *Fernando Alonso*. Llag, BAE: *Fernand Alonso*.
156.   M1, Eg: omite *e don fadrique de luna conde*. M2: *y el conde don fadrique de luna*. Llag, BAE: *é el Conde Don Fadrique de Luna*. // Sant, M1: *estos dos pos-treros*. M2, Llag, BAE: *estos postreros*. Eg: *Estos dos postreros*.
159.   Sant: *don gutierre arçobispo de toledo*. M1: *D. gutierre arçobispo de toledo*. M2: *don gutierre arçobispo de todelo*. Eg: *D. Gutierre Arcobispo de Toledo*. Llag: *D. Gutierre Arzobispo de Toledo*. BAE: *Don Gutierre, Arzobispo de Toledo*. // Sant: *fernan a*. M1: *fernand a*. M2: *fernan dalvarez*. Eg: *Fernan a*. Llag: *Fernand a*. BAE: *Fernandálvarez*.
160.   E: *conde de luna*. // Sant, M1, M2: *fernan*. Eg, Llag, BAE: *Fernan*. // M1: *garçia*. Eg: *Garcia*.
161.   Sant, M2, BAE: Omiten *d'*. // E: *maestrago*. // M2; *e don juan*.
162.   Sant, M1, M2, Eg: *e fue preso*. Llag, BAE: *é fué preso*.
163.   Eg: *Diego Vayllo*. // M2: *alcalde de las ataraçanas*. Llag: *Alcalde de las Atarazanas*. BAE: *Alcayde de las Atarazanas*.
164.   M2: *predo*. Llag, BAE: *Pedro*.

[206] Fadrique, duque de Arjona y conde de Trastamara, y Fadrique, duque de Arjona a la muerte de aquél y conde de Luna.
[207] Juan de Tordesillas, obispo de Segovia.

165 conde de Castro[208] e Ferrand López de Saldaña, e después, libre de la prisión e desterrado, murió en el destierro. E preso
el adelantado de Gallizia[209], e segunda vez preso el conde
d'Alva e el conde de Benavente e Pedro de Quiñones e su
hermano Suero de Quiñones. E dos vezes preso don Enrri-
170 que[210], hermano del almirante don Fadrique, e desterrados el
dicho almirante don Fadrique e el conde de Castro. E muerto por justiçia Garçi Sánchez d'Alvarado, e desterrados segunda vez los nobles prínçipes, rey de navarra e infante don
Enrrique, e otra vez repartido su patrimonio[211].

175 ¿Quién bastará a relatar e contar el triste e doloroso proçeso de la infortunada España e de los males en ella acaesçidos?
Lo qual, a juizio de muchos, es venido por los pecados de los
naturales d'ella e açidentalmente o açesoria por la remisa e
nigligente condiçión del rey e por la cobdiçia e ambiçión de-
180 sordenada del condestable, dando en alguna parte cargo a los

165.   Sant, M1, M2: *fernan*. Eg, Llag, BAE: *Fernan*.
166.   M1, M2: *fue libre*. // M1: *e fue desterrado e murio en la prision del destierro*. Eg: *e fue desterrado e murio en el d.* Sant, M2: *e murio en el d.* Llag, BAE: *é murió en el d.*
168.   Sant, M2, Llag, BAE: Omiten *e el conde de benavente*.
169.   M2: Omite *e su hermano suero de quiñones*.
170.   E: *preso don Manrrique*. // Sant, M1, M2, Eg, Llag, BAE: *desterrado*.
171.   Sant, M1, M2, Eg, Llag, BAE: Omiten *don fadrique*.
172.   M1: *de albarado e eso mesmo fue desterrado juan de tovar e desterrados*.
Eg: *de Alvarado: e esso mismo fue desterrado D. Juan de Tovar: e desterrados*. M2:
y desterrado.
173.   M2: *rei don juan de navarra y el infante*. Llag: *Rey D. Juan de Navarra,
y el Infante*. BAE: *Rey Don Juan de Navarra y el Infante*. Sant: *y el infante*. M1: *e
el infante*. Eg: *e el Infante*.
174.   M2: *enrrique su hermano*. Llag, BAE: *Enrique su hermano*.
175.   M2: *a contar y relatar*. Llag, BAE: *á contar é relatar*.
176.   M1: *de infortunada*. // M2: *en ella aconteçidos*.
177.   M1: *al juicio*. Eg: *al juicio*.
178.   E: *e açidental o mente o açesoria*. Sant: *e acidentalmente o cesoria*. M2: *e
asidentalmente o a*.

[208]   Gómez de Sandoval, conde de Castro.
[209]   Diego Sarmiento, adelantado de Galicia.
[210]   Enrique Enríquez, conde de Alba de Liste.
[211]   La gran mayoría de los episodios históricos aludidos por Pérez de Guzmán se recogen en la *Crónica de Juan II* (ob. cit.).

grandes señores e cavalleros, non negando que, segunt por las estorias se falla, sienpre España fue movible e poco estable en sus fechos, e muy poco tienpo caresçió de insultos e escándalos. Pero non ovo alguno que tanto tienpo durase como esto que dura por espaçio de quarenta años, nin fue en ella rey que todo el tienpo de su vida assí se dexase rigir nin governar, nin privado que tanto exçesivo poder oviese e tanto durase. Algunos ovieron que, o con mala voluntad o non sintiendo discretamente, quisieron disfamar al rey de Navarra e al infante don Enrrique, e con ellos al almirante e conde de Castro e conde de Benavente e adelantado Pero Manrrique, e muchos otros que siguieron su opinión dixieron que tratavan muerte al rey e usurpaçión del reino, lo qual sin dubda fue maliçia e falsedad. 185 190

E dexando las palabras, viniendo a la ispiriençia que en muchos lugares mostró la verdad del fecho, a todos es notorio que quando en Tordesillas[212] el infante don Enrrique e el condestable don Ruy López e don Garçía Ferrández Manrri- 195

---

181.   E: *señors*.

183.   M1: *acaesçió*. Eg: *acaescio*.

184.   M2: Omite *caresçió de insultos e escandalos pero non ovo alguno que tanto tienpo*.

185.   Sant, Llag: *como este*.

186.   M2: Omite *rey*.

187.   M1, Eg: *regir e governar*. // M2: *ni privar*.

188.   Llag, BAE: *ó tanto*. // Sant: *algunos fueron que o con*. M1, M2: *algunos fueron que con*. Eg: *Algunos fueron que con*. Llag, BAE: *Algunos fueron que, ó con*.

189.   Eg: *e no sintiendo*.

190.   M2: *el almirante*.

191.   M2: *pedro*. Llag, BAE: *Pedro*.

192.   M1: *e juan de tovar e muchos otros*. Eg: *e Juan de Tobar, e muchos otros*. // Llag: *diciendo*.

193.   Sant, M1, M2: *muerte del rey*. Eg, Llag, BAE: *muerte del Rey*. // M2: *de su reino*. Llag, BAE: *de su Reyno*.

194.   Eg: *fue maldad*.

196.   M1: *e veniendo a la esperiençia que mucho*. M2: *viendo la esperiençia que en m*. BAE: *viendo la esperiencia que en m*. // M2: *y a todos*.

198.   Sant: *lopez de davalos e y don garcifernandez*. M2: *lopez de avalos e don garçi fernandez*. Llag: *Lopez de Ávalos, é Don Garci Fernandez*. BAE: *Lopez de Ávalos, é Don Garcifernandez*. M1: *fernandez*. Eg: *Fernandez*.

---

[212]   *Vid. Crónica de Juan II*, ob. cit., págs. 380, 381.

que, conde de Castañeda, e el adelantado Pero Manrrique
200 entraron en el palaçio del rey, que fue el primero insulto de
aquel tienpo, e se apoderaron del palaçio, sacando fuera d'él
a Johan Furtado de Mendoça, mayordomo mayor del rey,
que entonçes era muy çerca del rey, e dexaron aí a Álvaro de
Luna, que después fue condestable, e estovieron con el rey
205 más de siete meses. Si alguna maliçia quisieran fazer asaz
ovieron lugar para ello, pero todo el contrario pareçió, ca dexaron allí al dicho Álvaro de Luna por conplazer al rey, e
casó el rey en Ávila e sienpre fue acatado como rey e señor
natural. E después quando el rey de Navarra e el infante e to-
210 dos los grandes del reino se juntaron en Valladolid[213] e se dio
sentençia que el condestable salliese de la corte, quedó el rey
en poder d'ellos çerca de un año. Si alguna deslealtad contra
el rey quisieran fazer asaz facultad e libertad avían para lo fazer, pero el contrario pareçió por la obra, que toda vía[214] le
215 acatavan aquel señorío e reverençia que devían e le fazían
quanto serviçio e plazer podían. Es la verdad que a él non le
agradavan nin satisfazían por estar apartado del condestable.
E después, por algunt discurso de tienpo, quando en Castro-
nuño[215] los dichos señores, rey e infante e el adelantado Pero

199. M1: *pedro.* Llag, BAE: *Pedro.*
200. Llag: *el primer i.*
201. M1: Omite *e.*
202. M2: *hurtado.* Llag, BAE: *Hurtado.*
203. M1: *que estonçes...* Sant, M2, Llag, BAE: Omiten *que entonçes era muy çerca del rey.*
204. Eg: *Luna, que estonce era muy cerca del Rey, e despues fue C.*
207. Sant: *don alvaro.*
211. Sant: *e fue dada sentencia.* // Llag: *é quedó.*
213. M1: *e libertad tad avian.*
214. Sant, M2, Llag, BAE: *ca.*
215. Sant, M1, M2: *le catavan.* Eg, BAE: *le cataban.*
216. Sant, M1, M2, Eg, Llag, BAE: Omiten *la.*
219. E: *e ell a.* M2: *y adelantado.* Llag, BAE: *y Adelantado.* // M2: *pedro.*
Llag, BAE: *Pedro.*

[213] *Vid. Crónica de Juan II,* ob. cit., pág. 441.
[214] *toda vía: vid.* n. 122.
[215] *Vid. Crónica de Juan II,* ob. cit., pág. 557.

Manrrique e el marqués de Santillana e el almirante e don 220
Gutierre de Toledo, arçobispo de Sevilla, e el conde de Benavente e el conde de Plasençia e otros grandes señores e el
conde de Haro costrinieron al condestable sallir de la corte,
quedó el rey en poder d'ellos más de un año, serviendo e tra-
tándole como a rey. 225

Ansí mesmo, en Medina del Canpo, que fue el mayor e
más grande de los insultos fasta allí fechos, seyendo[216] la villa entrada por fuerça en el mayor rigor e escándalo de las armas, sienpre el rey fue guardado e acatado con toda homill[217]
reverençia[218]. E en tal tienpo quando la gente d'armas suele 230
ser más orgullosa e destenplada, le besaron la mano e le on-
rraron en la reverençia que devían, e nunca de aquel abto tan
reguroso se le siguió ningunt peligro. Después, quando en
Ramaga, çerca de Madrigal[219], el rey de Navarra e el almirante e el conde de Benavente, con abtoridad del príncipe don 235
Enrrique, que después reinó, prendieron a Alfonso Pérez de

220. Sant: *santillana iñigo lopez de mendoça*. M2: *santillana e iñigo lopez de mendoça*. Llag: *Santillana Iñigo Lopez de Mendoza*. BAE: *Santillana, é Iñigo Lopez de Mendoza*. // E: *e ell a*.

222. Eg: Omite *e el conde de plasençia*.

223. Eg: *e el Conde de Haro, e otros Grandes Señores*. M1: *e el conde de haro e otros grandes señores*.

224. Eg: *a salir de la Corte, estuvo el Rey*. // Sant: Omite *mas de un año*. // Llag: *sirviéndole*.

225. Sant, M1, M2, Eg: *tratandolo*. BAE: *tratándolo*.

227. M1, M2, Eg: *siendo*.

230. Sant: *con toda humildad y reverencia*. M1: *con toda humildad e reverençia*. M2: *con toda la humilde reverençia*. Eg: *con toda humildad, e reverencia*. Llag, BAE: *con toda la humilde reverencia*. // M2: Omite *d'armas*.

232. Sant: *y honraron en la reverencia*. M1: *e honrraron en la reberençia*. M2: *y honrraron con la r.* Sant: *e honraron con la reverencia*. Llag, BAE: *é honraron con la reverencia*. // Llag, BAE: *auto*. // M2, Eg: *tanto*.

233. Sant, M2, Llag, BAE: *algun p.* // Sant, M1, M2: *e despues*. Eg, Llag, BAE: *E despues*.

235. E: *a. e conde de benavente*. Eg: *A., el c. de B.*

236. E: *prendieron alfonso*. M1, M2: *alonso*. Eg, Llag, BAE: *Alonso*.

[216] *seyendo*: vid. n. 47.
[217] *homill*: vid. n. 185.
[218] *Vid. Crónica de Juan II*, ob. cit., pág. 587.
[219] *Vid. Crónica de Juan II*, pág. 614.

Bivero, contador mayor del rey, e otra vez se apoderaron del palaçio e estovieron çerca del rey un año en Tordesillas, toda vía la onrra e persona del rey fue guardada.

240 Es verdad que todo aquello él reputava a injuria e peligro de su persona e estado, por non se ver con el condestable; e assí toda la difirençia de las opiniones era ésta: que el rey dizía que quería que su persona fuese libre, e el rey de Navarra e el infante e aquellos grandes onbres que siguían su opinión

245 dizían que les plazía la libertad de su persona junta con la libertad de su coraçón, que estava opreso o sujebto al condestable, e que mostrándose él libre de la opresión de su voluntad e que como rey e señor fuese común a todos, ellos eran contentos de se apartar d'él. Pero el rey dizía qu'él era libre

250 de la voluntad si ellos le dexasen.

E ansí en esta diversidad de opiniones trabajava el reino e se gastava. Pero en todos estos tienpos non se podía dizir con verdad que açerca de la persona del rey oviese de fecho nin aun de dicho peligro alguno. Pero la verdad es ésta, esclusas

255 e eçebtas todas otras opiniones, que quanto quier que los señores prínçipes e los grandes onbres que los siguían dixiesen que lo fazían por fazer libre la voluntad del rey del poder del condestable, porque él, por buen consejo e por sí mesmo, ri-

---

237. Eg: *de Biveros*. // M2: *se le apoderaron*.
238. E: *cerca*.
239. E: *presona*.
240. Sant: Omite *él*.
241. E: *presona*. // M1: *por no ser con su condestable*.
242. Sant, M2, Llag, BAE: *ca*. Eg: Omite *que*.
243. Sant, M2: *dezia que su persona*. M1: *deçia que su persona*. Eg, Llag, BAE: *decia que su persona*. E: *presona*.
244. E: *sigian*. M2: *seguia*.
245. M2: *que le*. // M2: *desplazia*. // Sant: Omite *fuese libre... que les plazia la libertad de su persona*. E: *presona*. // Sant: *justa*. Eg: Omite *junta*.
247. M1: *que estava opreso a la voluntad del condestable*. Eg: *opreso, e sugeto al C.*
248. M2: Omite la primera *e*. // M2: *o señor*. BAE: *ó Señor*.
249. Eg: *ellos serian contentos*. // Eg: Omite *d'él*. // Eg: *que el estaria libre*.
252. Sant, M1, M2, Eg, Llag, BAE: *podria*.
253. M2: *çerca*. Llag, BAE: *cerca*. // E: *presona*. // M1: *obiese defecto*. Eg: *huviesse defecto*.
256. M1: *señores e prinçipes*. // M1: *grandes grandes hombres*. // E: *sigian*.
258. Sant, M1, M2, Eg, Llag, BAE: *con buen c.*

194

giese e governase el reino, e por amor de la república e por
amor e utilidad e provecho comunal, pero, salva[220] su mer- 260
çed, que la su entençión final era poser e aver aquel lugar
del condestable; e veyendo[221] que el rey era más para ser rigido que rigidor, creían que qualquier que d'él se apoderase
le governaría a él. e por consiguiente al reino, e podrían
acresçentar sus estados e casas, ca sabían que estando el con- 265
destable allí non lo podían ansí fazer, e trabajavan de le sacar
de allí. E juntóse con esto el rencor e enimistades que algunos grandes avían con los otros, e por valer más que ellos e
aun dañarlos fazían estos insultos. E porque non avían buena entençión nin tendían a fin de serviçio de Dios nin del 270
rey, nin amor de la república, non avían efeto de sus enpresas; antes con los tales insultos e movimientos se gastava e
destruía el reino, e muchos d'ellos se perdieron como suso[222]
es dicho.

Ca como quier que los juizios de Nuestro Señor sean a 275
nos secretos y escuros e nos paresca muchas vezes que van
contra razón porque los non entendemos, pero quien dili-

260.   Sant, M1, Eg: *e por la utilidad... M2: e por la utilidad y provecho comun.*
Llag: *é por la utilidad é provecho comun.* BAE: *é por la utilidad y provecho comun.*
261.   M2, Llag, BAE: Omiten *que.*
262.   M1: *biendo.* M2, Eg, Llag, BAE: *viendo.*
263.   Eg: *que para regidor. //* M2, Llag, BAE: *qualesquier. //* M1: *se apodera-
re.* M2, Llag: *se apoderasen.*
264.   M2, BAE: *governarian.* Llag: *gobernarian.*
265.   E: *acrescentar.*
266.   E, M1: Omiten *e. //* Sant: *e trabajavan de lo sacar.* M1: *trabajabanse de
le s.* Eg: *e trabajabanse por le s.*
267.   M2, Llag, BAE: *y enemistad.*
268.   M2: Omite la primera *e.*
269.   M2, Llag, BAE: Omiten *e.*
270.   M1: *nin lo façian a fin del.* Eg: *ni lo facian a fin de.*
271.   Eg: Omite *amor.*
273.   E: *se gastavan e d.* M1: *se g. e destruian.*
276.   M2, BAE: *que va.*
277.   Eg: *los non bien entendemos.*

220   *salva*: «hacer la salva vale asimismo pedir la venia, permiso y licencia
para hablar, contradecir, o representar alguna cosa» *(Autoridades).*
221   *veyendo*: *vid.* n. 120.
222   *suso*: *vid.* n. 106.

gentemente los querrá especular e considerar bien verá que grandes enpresas e fechos nunca han buen fin sin buena e
280 recta intención, e ansí a estos señores prínçipes e a los grandes cavalleros que los siguían o consejavan yo bien los escusaría de deslealtad o tiranía çerca la persona del rey e de su corona, creyendo que nunca a ello mal respeto ovieron. Pero non los osaría salvar de la errada forma e non recta intención
285 por la qual creo que cayeron en todas sus vías, non sólo non acabando sus enpresas, mas aun perdiéndose en ellas e padeçiendo con ellos e por su cabsa los pueblos inoçentes e sin culpa. Nin callaré nin consintiré la opinión que algunos con inorançia e sinplemente tienen e algunos en su favor propio
290 predican e publican, diziendo que siguían la opinión del condestable e la voluntad del rey por solo zelo de lealtad e amor. Non digo, nin plega[223] a Dios que yo lo diga en injuria de tantos nobles e grandes onbres que ellos non oviesen leal e buen respeto al rey, pero digo qu'esta lealtad iva buelta
295 e mezclada con grandes intereses, tanto que creo que quien los intereses sacara de en medio e si a los que al rey siguían non les lançaran delante los despojos de los otros, ellos fue-

---

278. M2: *los quiera.* // E: *entender especular e c.*

279. M1, Eg: *que grandes presas.* // M2: *nunca aran buen fin.* Llag, BAE: *nunca habrán buen fin.*

281. M2: *siguian e.* Llag, BAE: *seguian é.*

282. Eg: *o de tirania cerca de la p.* Sant, M1, Llag, BAE: *cerca de la p.* M2: *çerca de la p.* E: *presona.*

283. M2: *a ella.* Llag, BAE: *á ella.*

287. M2, Llag: *con ellas.* BAE: *con ella.*

288. E: *consintere.*

289. Eg: *innocencia.*

290. M1: *la condiçion.*

292. Eg: *por solo zelo, lealtad, e amor.* // Sant: *e no digo.* M2: *y no digo.* Llag, BAE: *E no digo.*

293. M2: *nobles grandes y hombres.*

294. M2, Llag, BAE: *ni buen.*

295. M1: Omite *que.*

296. M1: *de de medio.* Eg: Omite *de en medio.* // Sant, M2, BAE: *que si.* Llag: *é que si.* // Sant: *el rey.*

---

223 *plega*: *vid.* n. 151.

196

ran ante avenidores e despartidores graçiosos que rigorosos esecutores como lo fueron. E ansí concluyo que en quanto a la verdad, aunque los unos toviesen más colorada[224] e fermosa razón que los otros, pero la prinçipal entençión toda era ganar, en manera que se podría dizir que, quanto a la pura verdad, en este pleito ninguna de las partes tenía derecho, nin actores[225] nin reos[226], salvo que los unos tenían más claro nonbre e más colorada[227] e ligítima o ligitimada razón, e los otros por el contrario. Pero quanto a la guarda de la persona del rey e a conservaçión de su persona e corona, yo dó[228] testimonio a Dios que yo nunca sentí nin conoçí aver mal respeto.

E porque llana e verdaderamente fable de la batalla d'Olmedo[229], que fue el último e más criminoso abto, yo non puedo juzgar porque non fui allí, nin por opinión los puedo bien salvar, porque eran venidos los fechos a tan grande es-

298.   Sant: *avenidores que d.* M1: *advenidores e d.* M2, BAE: *avenideros y d.*

299.   Sant, M1, M2, Eg, Llag, BAE: *que quanto.*

301.   Sant: *e mas fermosa.* M2: *y mas hermosa.* Llag, BAE: *é mas hermosa.*

304.   M2: *derechos actores.* Llag, BAE: *derechos, actores.*

305.   M2: *tenian mas clara e mas c.* Sant: *colorado.* // M1, Eg: Omite *o ligitimada.* M2: Omite *ligitima o.* BAE: *y legitimada.*

307.   E: *presona.* // M2: *y conservaçion.* Eg: *e conservacion.* Llag: *y conservacion.* BAE: *é conservacion.* // E: *presona e c.* Sant, M1, M2, Llag, BAE: Omiten *persona e.* Eg: Omite *e corona.*

308.   M2, Llag, BAE: *doy.*

310.   Sant: *y porque llena.* Eg: *Porque llana.*

311.   M1: *criminoso e peligroso acto.* Eg: *peligroso, e criminoso acto.* Llag, BAE: *auto.*

313.   E: *venidos at los fechos; at* aparece tachado.

[224] *colorada*: 'compuesta', 'adornada', significado que se refuerza con la iteración sinonímica *colorada e fermosa.* Comp. Berceo, *Milagros de Nuestra Señora*, c. 51: «Fizo della un libro de dichos colorados».

[225] *actores*: término tomado en su sentido jurídico, 'personas que presentan alguna demanda o acusación en juicio'.

[226] *reos*: también utilizado en su acepción jurídica, 'personas demandadas en juicio civil o criminal'.

[227] *colorada*: aquí se refiere a 'lo que se funda en alguna apariencia de razón o de justicia'.

[228] *dó*: forma etimológica del presente, 'doy'.

[229] *Vid. Crónica de Juan II*, ob. cit. págs. 627 y ss.

trecho e punto que estavan las personas en perder sus esta-
315 dos, que es un caso en que la justiçia e la lealtad muchas vezes claudican e falleçen. E fállanse pocos en que la verdad e
lealtad enteramente permanesca; tanto que d'esto sólo el rey
David ovo el más singular loor e gloria, porque seyendo perseguido cruelmente del rey Saúl, non quiso tocar en él dos
320 vezes que le pudiera matar[230]. Non me pareçe de otro aver leído tan perfetamente usar d'esta virtud, e como en el Decre-
to dize: «El previlejo de pocos non faze ley común»; e ansí
non es regla general un solo acto, lo uno por el estremo peligro de las personas e estados en que estavan, e porque de fe-
325 cho se movieron en batalla ordenada a ir contra el rey. E non
puedo juzgar sus entençiones, pero la muestra nin apariençia
non era buena, aunque pudiera ser que si ovieran la vitoria,
vengándose de los otros, guardaran al rey como otras vezes
fizieron. Pero esta determinaçión non es mía, ca, como he di-
330 cho, en tan extremo peligro usar de pura lealtad fuera grant

---

314.   Sant, M1, M2, Eg: *a tan estrecho punto*. Llag, BAE: *á tan estrecho punto*.
315.   E: *las presonas en p. sus e.* Sant, Llag, BAE: *en perder las personas y estados.* M1: *en perder las personas e los estados.* M2: *en poder las personas y estados.* Eg:
en perder las personas, e estados. // E: e lealtad.
316.   M2, Llag, BAE: Omiten *e falleçen. //* M2: *en quien.*
317.   Eg: *entera p.* Sant: *e. permanezcan.*
318.   Sant: *desta solo el rey d. o.* BAE: *desta solo el Rey David oyó.* M2: *desto
solo el rey david oyo.* Llag: *desto solo el Rey David oyó.*
319.   M1: *siendo p.* E: Omite *perseguido.*
320.   M1, M2, Eg, Llag, BAE: *lo pudiera.*
322.   E: repite *el previllejo,* si bien tachado la segunda vez.
323.   M2, Llag, BAE: *no haze regla. //* Llag, BAE: *auto.*
324.   Sant: *e lo uno...* M1: *e lo uno por el estremo e peligro de las p.* Eg: *e peligro
de las p.* E: *presonas. //* M1: *e de estados.*
325.   Sant: *se metieron.*
326.   Sant: *ordenada e ir contra el rey yo no p.* M1: *ordenada ir...* M2: *hordenada y contra el rey yo no p.* Llag, BAE: *ordenada ir contra el Rey. Yo no p.*
327.   Sant: *e aparencia no era b.* M1: *e aparesçençia non era b.* M2: *e aparençia
no era muy buena.* Eg: *e apariencia non era b.* Llag, BAE: *é apariencia no era b. //*
Sant: *ser si oviera v.* M2, Llag, BAE: *ser si ovieran v.*
330.   Sant: *grande.* Eg: *de gran.*

---

[230] Alude a los episodios bíblicos recogidos en *1Samuel* 24 y *1Samuel* 26,
ya evocados por el autor con anterioridad. *Vid.* n. 44.

perfeçión. Ca léesse en el *Libro de los Reyes* que quando aquellos dos condestables de David e de la casa de Saúl, Joab e
Abner, ovieron su encuentro çerca la laguna de Gabaón e fue
vençido Abner, el qual, como vio que Joab lo siguía, bol-
viéndose a él díxole: «¿por qué non mandas al pueblo que   335
çesen de seguir a sus hermanos?; ¿non sabes quánto es peligrosa la desperaçión?»[231]. E luego Joab çessó de lo más persi-
guir, como quier que Abner en aquel conflito o pelea le avía
muerto un su hermano, buen cavallero. Puédese enpero pensar si, escogiendo la más sana parte e aun los abtos pasados,   340
queremos congeturar que si estos señores ovieran la vitoria
guardaran la persona del rey como otras vezes fizieron. Pero
esto digo por opinión, non determinando, e toda vía yo non
los quiero así escusar que de dos cosas non les dé cargo: Una,
que el propio e primero movimiento fue por intereses e an-   345
biçiones e cobdiçias, non por dar buena orden nin rigimiento en el reino; otra, que en sus fechos la forma iva torçida e
errada con escándalos e rigores, la qual muchas vezes suele
dañar la materia.

---

331.   Sant, M2: *ca se lee*. Llag, BAE: *Ca se lee.*
333.   Sant, Eg: *cerca de*. M1: *çerca de.*
336.   Llag: *cese.*
337.   M2: *quanto peligrosa es la desesperaçion*. Llag, BAE: *quanto peligrosa es
la desesperacion*. Sant, Eg: *desesperacion*. M1: *desesperaçion.*
338.   Sant: *de los mas persegir*. M1: *de los persegir*. M2, Eg, Llag, BAE: *de los
mas perseguir*. // Sant: *como quiera.*
339.   M1, Eg: *e pelea le avia m. un hermano*. M2: *o p. le avian muerto un hermano suyo*. BAE: *ó p. le habian muerto un hermano suyo*. Sant, Llag: *un hermano
suyo.*
340.   Llag, BAE: *autos.*
341.   E: *congentuar.*
342.   E: *presona.*
343.   M1: *non determinadamente.*
344.   M2, Llag, BAE: *no les quiero e.* // M1: *non les descargo.*
345.   Sant, M2: *e primero motivo e movimiento*. Llag, BAE: *é primero motivo
é movimiento.* // Eg: Omite *intereses e.*
346.   E: *abiçiones.* // Eg: *dar una orden.*
348.   E: Omite *errada con.* // Eg: *e rumores.*
349.   Sant: *puede dañar*. Eg: *podia dañar.*

---

[231] La cita se encuentra en *2Samuel* 2, 26.

350 　E ansí concluyendo, digo mi pareçer, que de todos estos
males fueron cabsa los pecados de los españoles, ansí de aver
un rey remiso e negligente, como de un cavallero aver tanta
presunçión e osadía de mandar e governar tan grandes reinos
e señoríos, non escusando la cobdiçia de los grandes cavalle-
355 ros. Plega[232] a Nuestro Señor que, pues nuestros pecados que
d'esto son la causa non çessan nin se corrigen, antes se dize
e aun se cree que se multiplican e agravian ansí en calidat
como en cantidad, que las penas non crescan con los pecados; mas por su infinita piadad e misericordia, interçediendo
360 su santísima madre, se mitigue e amansse su sentençia, dando tan devotos pueblos que merescan aver buenos reyes. Ca
mi gruesa e material opinión es ésta, que nin buenos tenpo-
rales nin salud non son tanto provechosos e nesçesarios al
reino como justo e discreto rey[233], porque es príncipe de paz.
365 E Nuestro Señor, quando se partió d'este mundo, en su testamento e postrimera voluntad non nos dexó sinon la paz, e
ésta el buen rey la puede dar, que tiene lugar de Dios, la qual
non puede dar el mundo segunt la iglesia canta: «quam mun-
dus dare non potest»[234].

---

350. Eg: *digo por mi parte.* E: *d. mi parecer.*

351. M1: *que todos estos m.*

352. M1: *de un cavallero ver.*

355. M1: *non escusando la grande cobdiçia de los caballeros plega.* Eg: *Plegue.*

356. Sant: *e aun antes se dize.* M2: *que aun antes se dize.* Llag, BAE: *que aun antes se dice.*

357. M1: Omite *e agravian.* BAE: *é agraban.*

359. Sant, M1, M2, Eg, Llag, BAE: Omiten *piadad e.*

362. M1: *que a mi.*

365. Sant, M2, Llag, BAE: Omiten *se.*

366. E: Omite *non.*

367. M2: *e esta buena regla puede dar el que tiene lugar.* Llag, BAE: siguen la lectura de M2.

369. E: *data non potest.*

---

[232] *plega*: vid. n. 151.

[233] Pérez de Guzmán, *Viçios e virtudes*, c. 86: «Buen rey, más que buena ley, / es nesçesario al reinado, / ca al enxienplo del rey / es todo el reino reglado» («De buen rey e buena ley», cc. 86-93).

[234] *Juan* 24, 27.

Colección Letras Hispánicas

DE PRÓXIMA APARICIÓN